· 教育家成长丛书 ·

# 马培高
# 与首善教育

MAPEIGAO YU SHOUSHAN JIAOYU

中国教育报刊社·人民教育家研究院　组编

马培高　著

北京师范大学出版集团
BEIJING NORMAL UNIVERSITY PUBLISHING GROUP
北京师范大学出版社

图书在版编目（CIP）数据

　　马培高与首善教育/马培高著；中国教育报刊社人民教育家研究院
组编. —北京：北京师范大学出版社，2016.9
　　（教育家成长丛书）
　　ISBN 978-7-303-20347-5

　　Ⅰ.①马…　Ⅱ.①马…②中…　Ⅲ.①德育－教学研究－中小学
Ⅳ.①G631

　　中国版本图书馆 CIP 数据核字（2016）第 084009 号

营 销 中 心 电 话　010－58802181 58802123
北师大出版社高等教育教材网　http://gaojiao. bnup. com
电 子 信 箱　gaojiao@bnupg. com

出版发行：北京师范大学出版社　www. bnup. com
　　　　　北京市海淀区新街口外大街 19 号
　　　　　邮政编码：100875
印　　刷：大厂回族自治县正兴印务有限公司
经　　销：全国新华书店
开　　本：787 mm×1092 mm　1/16
印　　张：19
字　　数：350 千字
版　　次：2016 年 9 月第 1 版
印　　次：2016 年 9 月第 1 次印刷
定　　价：40.00 元

策划编辑：倪　花　　　责任编辑：齐　琳　陈　倩
美术编辑：焦　丽　　　装帧设计：焦　丽
责任校对：陈　民　　　责任印制：陈　涛

# 总　序

教育是国家发展的基石，教师是基石的奠基者。古人云："国将兴，必贵师重傅。"兴国必先强教，强教必先重师。党中央、国务院高度重视教师队伍建设。2013 年教师节，习近平总书记在给全国广大教师的慰问信中指出："百年大计，教育为本。教师是立教之本、兴教之源，承担着让每个孩子健康成长、办好人民满意教育的重任。"2014 年，在第 30 个教师节前夕，习总书记到北京师范大学视察并发表重要讲话，指出："一个人遇到好老师是人生的幸运，一个学校拥有好老师是学校的光荣，一个民族源源不断涌现出一批又一批好老师则是民族的希望。"《国家中长期教育改革和发展规划纲要（2010－2020 年)》也明确提出，"有好的教师，才有好的教育"，要"努力造就一支师德高尚、业务精湛、结构合理、充满活力的高素质专业化教师队伍"。"倡导教育家办学"，要创造有利条件，鼓励教师和校长在实践中大胆探索，创新教育思想、教育模式和教育方法，形成教学特色和办学风格，造就一批教育家。"两个一百年"奋斗目标的实现、中华民族伟大复兴中国梦的实现，归根到底靠人才、靠教育，而支撑起教育光荣梦想的，是千百万的教师。

时代呼唤好老师。有一流的教师，才有一流的教育；有一流的教育，才有一流的国家。出名师、育英才、成伟业，是时代赋予我们教育战线的神圣使命。"大学者，非有大楼之谓也，有大师之谓也。"好学校、好教育的最重要标准，就是要有好老师。一所学校、一个地区乃至一个国家，如果教师有理想、有爱心、有学识、有高超的教育艺术，那么硬件设施即使有些简陋，家长、学生也会心向往之。教师是中国梦的奠基者。教师的重要使命，就是为每个孩子播种梦想、点燃梦想，并帮助他们实现梦想。每一间平凡的教室，每一节朴实的课堂，都不仅是知识的传递，更是人类文明精神的接续、人生梦想的起航。正是有亿万个孩子梦想的放飞、绽放，中国梦才更加光彩夺目。如果说中国梦最坚实的土壤是在学校，那么教师就是最伟大的"筑梦师"，他们用默默无闻、孜孜不倦的智慧劳动，让每一颗年轻的心灵都与中国梦激情相拥。

倡导教育家办学，造就一批好老师，首先要尊重、珍惜我们的本土智慧、本土创造。教育家不是凭空产生的，而是扎根于自己的民族文化土壤，同时吸收一切人类文明成果，从而创造出独特而生动的教育实践、教育智慧和教育文明。五千年源远流长的中华文明，不但形成了有我们民族特色的教育理论话语体系，而且涌现出了千千万万优秀的教育家，有被推崇为"大成至圣先师""万世师表"的孔子，有"匹夫而为百世师，一言而为天下法"的韩愈，有"捧着一颗心来，不带半根草去"的人民教育家陶行知，等等。改革开放30多年来，随着教育改革的不断深入，教育战线涌现出了一大批杰出教师。他们痴情教育事业，坚守理想信念和教育良知，在三尺讲台上默默耕耘、刻苦钻研，同时以敢为天下先的精神大胆创新，不断进取、不断超越，形成了各具特色的教育思想和教学风格。正是他们的成功探索和实践，创造了具有中国风格的教育经验，丰富了具有中国特色的教育理论宝库。原由教育部师范教育司组织编写，现由中国教育报刊社人民教育家研究院具体组织编写的《教育家成长丛书》，就是要向这些可贵的本土创造性的教育经验致敬。

当前，教育领域综合改革正在深入推进，考试招生制度改革的大幕已经拉开，立德树人、培育和践行社会主义核心价值观成为大中小学教育的头等任务。可以预见，中国教育将发生深刻的变革，将从"中国制造"向"中国创造"转变。"没有革命的理论，就没有革命的运动。"没有适合中国土壤、具有中国智慧的教育理论，就不可能为未来的中国教育改革提供有效的指导。我们的教育要向"中国创造"飞跃，必然要首先创造属于我们自己的教育理论，而不是"言必称希腊"或者老是贩卖欧美的教育理论。170多年前，美国思想家、诗人爱默生发表了著名演说《美国学者》，号召美国知识界："我们依赖旁人的日子，我们师从他国的长期学徒期时代即将结束。在我们周围，有成百上千万的青年正在走向生活，他们不能老是依赖外国学识的残余来获得营养。"由此，美国迈入精神立国阶段。

如今，我们也面临与爱默生同样的情形。随着我国GDP已从世界第二向第一迈进，我们的经济崛起已成为事实，但在道德文明、文化精神等方面，我们还需急起直追。没有文明的崛起，经济崛起就难以持续。当务之急，是我们需要化解内心深处的文化自卑情结、摆脱对他国文明的精神依附，自觉养成强烈的"中国意识"、独立的中国文化品格，并由此去俯视世界，去改造本土实践，去创造属于我们自己的精神养料——这在教育界显得尤为紧迫。《教育家成长丛书》，就旨在把我们本土教育实践中蕴含的中国智慧提炼出来，从而形成具有时代意义的中国特色的教育话语体系，再以此去观照、引领、改造中国的教育实践，为伟大的教育改革提供经验、理论支持，也为未来的教育家提供丰富、可资借鉴的精神养料。

让我们为中国教育的伟大未来一起努力吧！

2015年3月9日

# 前　言

　　见证着中国基础教育半个世纪的春华秋实，代表着中国基础教育教学成果最高成就的"首届基础教育国家级教学成果奖"中，闪耀着李吉林、窦桂梅、吴正宪、张思明、洪宗礼、唐江澎、邱学华、于永正、孙双金、薄俊生、龚春燕等一大批优秀教师的名字，而上述这些中小学教师的杰出代表恰恰都是《人民教育》"名师人生"栏目中最受读者喜爱的名师，都是《教育家成长丛书》的作者。

　　《教育家成长丛书》（以下简称《丛书》），是在第 20 个教师节前夕，"为了研究、总结、宣传和推广我国众多优秀中小学教师的先进教育思想和鲜活的宝贵的教育教学经验，培养造就一大批德才兼备的优秀教师和杰出的教育家，促进教师队伍整体素质的提高，根据教育部党组安排，由师范教育司组织编写"的一套凝聚着一大批教育家成长智慧的大型教育丛书。

　　《丛书》自 2006 年问世以来，不但得到国务院和教育部领导同志的高度重视，而且先后印刷多次尚不能满足广大读者的需求。这其中的奥秘何在？

　　当你翻开《丛书》，每一部著作都讲述着一位教育家成长的故事。这些著作主要从"成长历程""思想概述""课堂实录"和"社会反响"等方面全景式反映其教育思想、教育智慧、专业精神和专业人格的形成过程和教学实践过程，这是教育家成长的基本素质所在。

　　当你沿着教育家成长的足迹走近他们的时候，你会融进这些带有"草根色彩"，扎根中华教育实践大地，充满田野芳香的真实感人的教育故事中。

当你从《丛书》中，从这些当年和自己一样的普通教师，成长为今天受人尊敬的教育家的成长过程中受到启迪，当你触摸着自己的爱心，把学生的成长和祖国的未来紧紧连在一起的时候，你会真切地感受到教育家离我们并不遥远。

当你用整个身心蘸着自己的生活积累去品味《丛书》中的每一部著作的"成长历程"时，在其浓缩着一位位名师在不断学习、不断超越自我、不断超越学科教学的求索足迹中，你会读懂"教育是事业，其意义在于奉献"的丰富内涵。

当你研读《丛书》中的每一部著作的"思想概述"，和每一位名师展开心灵对话的时候，都会深深地感受到，一个教师对教育独立的理解与执著的追求有多么重要。从一位普通的教师成长为受人尊敬的教育家的过程中，你会读懂"教育是科学，其价值在于求真"的深刻含义。透过《丛书》，你会看到一代代教师用爱与智慧塑造民族未来的教育理想。

随着我们从"知识核心时代"走向"核心素养时代"，教师教育教学活动的视野已拓展到人的生存与发展的方方面面。作为一名教师，要结合自己的教学实践去感悟"教育理念是指导教育行为的思想观念和精神追求"，应该把爱化为自己的教育行为，让爱充盈课堂、触摸到一个个灵动的生命，让爱产生智慧，让爱与智慧在学生心中留下岁月抹不去的美好回忆，让教育者和受教育者都感受到教育的幸福，这是《丛书》给我们的启示，也是每位教师应有的胸怀和视野。

时代呼唤教育家。为了进一步把我们本土教育实践中蕴含的中国智慧提炼出来，从而形成具有时代意义的中国特色的教育话语体系，以此去观照、引领、创新中国的教育实践并在更大范围加以推广，《教育家成长丛书》将由中国教育报刊社人民教育家研究院继续组织编写，希望能够在更广大教师的心田中播种教育家成长的智慧，从而出更多的名师、育更多的英才、成就中华民族复兴的伟业，这是时代赋予广大教育工作者的神圣使命。如果广大教师能在每位教育家成长、探索教育智慧的过程中受到启迪，形成自己的教育智慧，则实现了我们编辑这套丛书的初衷。

《教育家成长丛书》
编 委 会
2015 年 3 月

# 目 录
CONTENTS
马培高与首善教育

# ［他人与社会评价］

# 附录　个人著述及研究课题

# 我的成长之路：
## 爱无止息，奋斗不息

曾经有人问我，你从一个农村普通教师，到重庆市重点中学校长，再到直辖市主城区教委行政管理一把手，感觉如何？细细思量，走过的这 28 个年头，有很多的人和事在我脑海里闪现，幸福、快乐、心酸、委屈在心中翻涌。我从成都科技大学毕业，被分配到位于有江上明珠美誉的石宝寨的忠县石宝中学任教之日起，就与教育产生了难舍难分的一生之缘。

　　人生就是一道道选择题。我先后担任过政治教师、班主任、教研组长、团委书记、教办主任、校长、教委副主任、教委主任等多种职务，在教育实践、教育管理、教育研究等领域得到了不同的成长和历练。无论外界有多少诱惑，变换过多少角色，我始终没有离开钟爱的教育事业，也因为这份对教育的真挚的爱与信念，让我不停地追求、坚守、奋斗，走出了一条独特的成长之路。

# 一、初为人师：满腔热情，在艰难困苦的磨砺中探求素质教育之路

　　初为人师，既教学政治又当班主任的这五年，是我教育职业生涯的起步阶段。凭着"初生牛犊不怕虎"的闯劲，大胆地突破常规，在不断地学习、思考、摸索中成长，探出了一条既具有教育情怀，又符合素质教育规律的道路。

## （一）把政治课上出"素质教育"的味道

　　1987 年，我到石宝中学的第一年，学校就安排我教高中政治，并担任高 1990 级 2 班班主任。这对初出茅庐的我来说，实在是一个不小的挑战。

　　中学政治课教学迫于高考的压力，常常囿于书本知识、理论、考点的讲授，结果"教师灌得口干舌燥，学生学得枯燥乏味，考试考得不甚理想"。我从教之初就决心突破常规，走出一条既能激发学生兴趣，培养学生政治素养，又能高效实用地应对高考的政治教学改革之路。

　　然而，理想丰满，现实骨感。由于石宝中学地处农村，交通不便、信息闭塞、资源匮乏、生源较差，要在教学上取得突破，对于一个连教学常规都不太熟练的新人来说，实在不是一件容易的事情。怎么办？唯有加强学习一条路。于是，我自费

订阅了《半月谈》《思想政治课教学》《中学政治参考》《政治教育》《班主任之友》《新华文摘》等书刊，研读了《西方经济学》《哲学的思考》《中小学管理》等 10 余本理论书籍，提升理论修养和专业水平，让自己的政治教学紧跟时代步伐。

在学习的过程中，我多次向教研组长龙建华等教师请教，敢于用批判性的眼光去看问题，并将其与教育教学工作结合起来思考。有一次，我在一本政治教学杂志上看到某个权威专家的文章，发现他的观点存在可商榷之处，随后把自己的思考写成文章，"不知天高地厚"地投给了编辑部。不料，杂志主编徐大贵老师不但认真读了我的文章，还给我回了信，表示赞赏。在一来二去的书信交流中，我不但加深了对那个问题的思考，更增强了自信心——即便自己只是一个毫无名气的教坛新秀，也可以向书本、向权威发出自己的声音，做出自己的探索。

政治是一门极为讲究思维方法的学科，传统的死记硬背知识点的方式，只会让学生心生厌倦。基于此，我在教学中，注重把知识传授与思维方法训练相结合，把学生的"懂、信、用"相结合。在借鉴名师名家教学经验的基础上，结合自身实际，先后探索过"三步法""四步法""三共三段教学法"等教学模式，逐渐形成了自己的教学风格，还总结出了一套科学的学习方法，做到授之以渔。课堂上，我经常将书本知识与时事热点结合起来，给学生提供贴近实际的丰富素材，引导学生分析讨论，学以致用。所教的学生常常说："听马老师的课，一点不觉得枯燥，反而感觉很轻松、很有趣。"县教研室得知情况后，还将我撰写的《高中政治课论述题教法初探》在全县推广。这本书得到了同行的好评，我也赢得了"后起之秀"的赞誉。

20 世纪 80 年代末 90 年代初，正是社会主义市场经济方兴未艾的时期。为了让学生更深刻地理解政治经济学的相关理论，我带领学生到工矿企业、农贸市场参观、调研，组织学生到县城、万县市（今万州区）等地开展社会实践活动，然后组织学生写政治小论文。正是这种课内与课外、理论与实践的结合，让学生丰富了体验，拓展了视野，增强了能力。

学生在我的指导下，政治考试取得了优异的成绩。我所教的班级连续三届高考政治学科的平均分均获全县第一名，超过了全县重点中学。这对一所农村普通高完中来说，算得上是一个不大不小的"奇迹"了。

所谓"不为考试，赢得考试"，当学生掌握了科学的学习方法，要想在考试中取得好成绩，就不是一件困难的事情。更为首要的是，学生在学习中习得的世界观、价值观和方法论将影响他们一生，这是比考试成绩更为重要的价值所在。

图 1-1　师生同台演出

### (二)在学生心中播下爱心和善良的种子

我常常在思考，教育是一项充满爱心和善意的事业，是需要情怀的。没有爱，就没有教育。但同时，爱又是需要讲原则和方法的，只有基于道德和智慧的爱，才能真正起到教育的作用。教师的道德之爱，便是关爱每一个学生，不放弃任何一个"差生"；教师的智慧之爱，便是讲究爱的策略和方法，让学生理解和接纳。

作为班主任，我始终把爱心放在首位，用最大的努力去关爱每一个学生。班上曾经有一名学生，调皮捣蛋，不合群，成绩一直在中下游徘徊。我多次做他的思想工作都不见效果。为了更好地了解情况，我对他进行了深入的家访，发现这个孩子从小家庭就出了问题，缺乏亲情关爱，心理上留下了阴影，经常通过一种极端的形式表现出来。我除了在生活上和学习上给予他更多的关心、鼓励和指导，还安排了几个同学跟他做朋友，共同帮助他、督促他。慢慢地，这个学生的生活习惯和学习成绩都有了长进，三年后考上大学本科。后来，这个学生经常在他人面前提起我，说要不是当年马老师对他无微不至的关心，就没有他的今天。

我也很注意以身示范，潜移默化地影响学生。当时学校的学生寝室礼堂脏乱不堪，污水淤积，臭气熏天。面对这种情况，我没有指使学生去做清洁工作，而是穿着短裤、拖鞋，拿着工具，带领学生们一起把礼堂清理得干干净净。有一段时间，班上接连有四五个学生生病住院，我用微薄的工资买了麦乳精等营养品，去医院看望，学生看到我来了，十分感动。一件件小事，逐渐让我在学生心目中树立起了良好的形象。

我当班主任时，不过是二十出头的年纪，比班里的学生大不了几岁。尽管我也会严格要求学生，但与学生之间没有代沟，能够尊重、理解学生，真诚、友善地对待学生。我喜欢把学生当朋友看，平等地与他们相处。很多学生私下里都亲昵地称我为"高儿"。

四年的班主任工作让我与学生之间建立起了亦师亦友、亲密有度的关系，也让我逐渐学会了班级管理的基本方法——太严或太松，都不利于学生的管理。而应该在尊重基本规则的前提下，用"严、爱、实、勤、责、活"相结合的方式去引导学生实现民主管理、自主管理。

初为人师，既教学政治，又当班主任的这几年，虽然是我教育职业生涯的起步阶段，但让我对"教书育人"有了深切的体会。我教学的班级，高1990级高考上大学统招线的达到10人，高1991级达到19人，都创造了石宝中学的最高纪录，但在那个高考升学率极低的年代，绝大多数高中生难以挤过高考的独木桥，而是在高中毕业后走向社会的广阔天地。因而，高中教育对学生健康人格、未来成长的意义，远远超过了知识传授和考上大学本身。

多年后，许多学生回忆起我与他们相处的情境，记忆最深的不是我所教给他们的知识，而是从我这里学到的思考问题和为人处世的方式，以及我在他们心中播下的爱心和善良的种子培养了他们对未来的自信心。学生的反馈，让我进一步加深了对"教育无他，唯爱与榜样"这句话的理解，看到了德行的教育价值，懂得了首要的教育力量正是"爱与榜样"。

## 二、拔擢而出：初露锋芒，从校团委书记 直升区教育"分局长"

　　我在教育教学上的表现和成绩很快赢得了学校领导的认可。在我原来工作的基础上，冉隆华校长又安排我做校团委书记的工作。这个带有一定行政管理色彩的岗位，给了我进一步锻炼、提升的舞台。

　　我在担任团委书记期间，大胆创新德育工作机制。1991年，我创建了中学生团校，设立了德育形成班，通过建立健全制度，增强了团组织的凝聚力，保证了德育工作的有效落实。农村学校师生的精神生活单调贫乏，我认识到活动的重要性，于是利用一些重要的节假日、纪念日等节点，策划、组织、实施了一系列丰富多彩的活动。我主演的"长江之歌""血染的风采"等大型活动，师生同台演出，取得了令人激动的效果，用一把热情之火点燃了整个青春洋溢的校园。一次精心策划的活动的育人价值，远远超过了单纯的道德说教。为了达到更好的育人效果，我创立了"三层三线网络一体化"的德育模式，构建了立体育人、全员育人、全程育人的德育新机制。

　　同时，我没有将视野局限于学校内部，而是主动承担起了石宝片区学校以及部门之间的联络工作，策划组织了一些有创意的联谊活动、实践活动，增进了大家的交流。1991年11月，我被县委宣传部和教育局表彰为"学做"活动优秀组织者，石宝中学团委被万县地区团委表彰为社会实践活动先进集体。

　　做团委书记期间，我初步展现出了一定的领导、统筹、组织能力，得到了上级领导部门的充分肯定。1992年3月，正在带高三毕业班的我，接到了一个出人意料的任命——出任忠县石宝区教办主任（相当于教育局的片区"分局长"），成为万县地区"最年轻的教办主任"。这次"火速拔擢"，让很多人包括我自己在内都大吃一惊。因为我当时年仅26岁，工作不到五年，连学校的副校长都没做过，无论从阅历、资历，还是管理经验来说，都比较缺乏，如何去管理区内的八所中小学校？我内心既充满了被寄予厚望的成就感和大展雄图的力量，又有些惶恐不安，怕自己辜负了这份重托。

　　上任教办主任后，我面对的第一个考验就是要召开春季开学工作会，安排新学期的工作。由于缺乏行政管理经验，我连什么是"两基""普九""巩固率""辍学率"等基本术语都不甚了解，怎么布置工作也不十分在行。于是我开始恶补相关的教育法律法规、文件、书籍，虚心地向前辈、同事请教，了解区内学校的基本情况，终于艰难地熬过了第一关。

刚上任的那半年时间，由于兼任石宝中学高三两个班的政治教学，我在学校和教办之间来回奔波，经常深更半夜备课，一大早要赶到学校守早自习，上完课后，又要急急忙忙赶往区教办。别人每次看到我风风火火的样子都说："你这哪里是在走路，明明是在跑嘛！"这样的工作状态，给我的身体和精神都造成了极大的压力。好在，执着、不怕苦的性格支撑着我挺了过来。而这种时不我待的状态也促使我学会了如何科学高效地安排和开展工作，养成了雷厉风行、日事日毕、日清日高的习惯。

出任区教办主任后，我必须站在更高的层面思考、布局全区的教育工作，同时面临的形势和问题也更为复杂多样，到底该从哪里抓起呢？这时，我在哲学中学到的方法论开始发挥作用。我没有好高骛远，而是坚持实事求是的原则，开展了大量的调研工作。因为有朝气，有激情，我跋山涉水，走遍了全区每一个村小。

图 1-2　组织学校青年教师座谈

我在一次调研中发现，一个学校的辍学现象非常严重。该校校长在开学后，不但自己没有去学生家里做工作，也没有安排教师去，他甚至连学校也没去，而是待在家里"干私活"。经过深入调查，该校辍学率连年升高，就跟校长的"不作为"有直接的关系。这个案例引发了我的思考：校长是学校的灵魂人物，很大程度上决定了学校的办学水平。区内有八所学校，抓住了校长这一关键，就等于抓住了"牛鼻子"。

　　我决心把干部队伍建设作为突破口，大力推行校长任职目标责任制和干部竞争上岗制，引领全区教育的新气象。经过仔细研究，我们依据考核情况，计划对区内五所学校的主要负责人进行调整。这样大刀阔斧的人事变动，对石宝教育来说，无异于一场地震，因而遭遇了重重阻力，还出现了一个乡镇初中校长跳楼事件。幸好在忠县教委主任李永平的关心下，这件事得到了妥善解决。那时，各种说情的、通过上级领导施加压力的情况纷至沓来，甚至教办内部也有分歧，认为"这样容易影响团结"；但我认为只要是不违背原则、符合全区教育发展大局的事情，就应该坚持。而对于被调整的学校负责人，一方面，我们尽力做好思想工作，最大限度地消除其负面情绪；另一方面，我们突破按资排辈的陋习，采取"竞争上岗"的方式，任人唯贤唯能，大胆选任德才兼备、有能力、有干劲的新人，先后提拔了教学骨干 16 人为学校行政干部。

　　在对学校干部进行人事调整后，我们接着开展了学校领导班子的思想、组织建设和教职工培训工作。我在全区教职工培训会上，先后做了"加强职业道德修养，努力造就一支优秀的教师群体"和"学陶行知，堪为人梯"的发言和讲座，解决了大家的思想问题。坪山小学有个叫曾绍繁的校长，为人老实正派，工作兢兢业业。为了保护和尊重老同志，弘扬正气，我破天荒地以教办的名义组织全区校级干部集体为其办了一个庆祝 60 岁的生日会。这个平时不苟言笑的校长，热泪盈眶地说："我几十年老实教书育人，今天终于得到组织肯定，我今后要教育自己的儿女踏实工作，正派做人。"

　　为保证考评的科学性，我率先在全县推出了量化考评的制度，制定了《对中小学校长工作实施量化考核的办法》《全区民办教师工资乡筹部分评价标准》。这两项措施得到了县里领导的认可，并在全县推广实施。实践证明，有规矩才成方圆。这种基于制度和竞争的管理方式，极大地调动和激发了校长、教师队伍的积极性，让管理变得实用高效。

　　20 世纪 90 年代正处于"普九"的关键时期，我深知，仅凭教育系统内部的力量，很难实现教育的快速发展。于是，我抓住"人民教育人民办"这一思想精髓，积极激发政府部门、社会企业、学生家长等各方主体参与教育的积极性，筹集教育经费，整合教育资源，形成了大家都来关心、支持教育的良好局面。

由于有了一系列的政策保障和资源保障，区内各中小学校展现出了新气象、新面貌。万金小学的杜淑芳老师在北京受到团中央的表彰；坪山小学的"三算"（笔算、珠算、口算）教学实验，获得全市七项冠军中的六项冠军。全区的"普九"工作取得新突破，小学、初中"四率"均位居全县前茅。我任教办主任期间，石宝区教办连续两年获得全县年终教办综合评比第一名。

从 1992 年 3 月至 1994 年 8 月，两年半的教办主任经历使我对全区各阶段的学校发展情况以及教育管理工作都有了比较深入和宏观的了解，逐渐形成了自己的教育管理思路和策略，为今后的工作打下了坚实的基础。

# 三、首任校长：沉潜躬耕，在教育实践的
# 田野里获得丰厚滋养

1994 年 8 月，万县市人民政府行文，任命我为忠县石宝中学校长（副县级）。全县只有四五个校长具有这样级别的待遇。28 岁的我成为万县地区"最年轻的高完中校长"。

当时石宝中学正处于移民搬迁过渡时期，状况并不太好。回到曾经工作的学校任校长，我原来的很多领导、同事都成了我的下属，这种微妙的关系多少让人感到不太适应。但我并没有因这些外在的因素而缩手缩脚，做个"维持校长"，而是延续了在教办做主任时的一贯敢想敢做、锐意改革、雷厉风行的作风，推动实施了一系列的改革措施。

在我看来，要想办好一所学校，首先要有一个团结的领导班子，做好表率，营造出积极向上的良好风气。作为年轻的校长，我"从来不把自己当什么领导，就是个教书匠"，就是跟大家一起来干事业的，所以我没什么架子，虚心地向同事们学习。

每逢教师家里有红白喜事，我还会召集大家凑点小小的份子上礼，但不是直接给现钱，而是全部拿来买鞭炮放，让教师们"有面子"，真正感受到学校集体的尊重和身为教师的自豪感，从而增强教师教书育人的动力和团队凝聚力。

图 1-3　忠县石宝中学新学年开学典礼

如果说办好学校的核心在于学校的领导班子，那么关键则在于优秀的教师团队。要提高教学质量，唯有抓好教师素质这一条路。我做校长期间，主要是从以下几个方面来推动教师队伍建设的。

一是建立能上能下的竞争机制。我对教师不看资历，重看能力，竞争上岗，破格提拔了一批优秀的年轻教师做学校中层干部，让年轻教师看到上升的通道；对不思进取的老教师则调岗换岗，增强其危机意识。

二是建立量化考核制度。这一制度的实施着实遇到了不小的阻力。有一次，在职称评定时，有些教师因为量化考核不过关，没有评上职称，他们便组织起来在食堂"围攻"我。危急时刻，我当教办主任时处理"调整校长风波"的经验起了作用，我耐心细致地跟教师们解释，最终得到了教师们的理解和信任。

三是大力引进和培养年轻教师。石宝中学由于地处农村，很难留住"成熟"的教师，往往"成熟"一个，调走一个。因此，我特别重视对年轻教师的引进和培养。我在担任校长的四年多时间里，从重庆、成都等高校招聘了多名优秀的大学毕业生。对内，我带头上一个班的政治课，坚持在第一线进行教育教学研究，从实践上指导青年教师成长，同时还发挥教研组的作用，组织开展了大量的赛课、教研活动，推行教学改革实验；对外，在经费困难的条件下，想方设法组织教师们外出学习、交流，开阔其视野，推行教师们做高中考题的活动，教学上实行台账管理。这些举措赢得了教师们的肯定，加快了教师们的专业成长步伐。之后，从石宝中学调出的几十个教师都成了成都、重庆、万州、忠县不少学校的骨干力量。

我当校长之后，跟学生打交道的时间少了，但对学生的关注从未减少。我深知，办学的最终目的是为了学生的成长。出生于农家的我，深切地体会过教育对于改变农村孩子、农村家庭命运的重要性，因而更加尊重每一个学生。

学校曾有个叫黎万连的学生，家庭十分贫困，母亲身体不好，父亲病逝后，连处理后事的钱都没有。我得知此事后，连忙号召全校师生为其捐款，并走了很远的路赶到他家中，看到他家家徒四壁的场景，我内心十分难过。为他父亲处理了后事后，剩余的钱全部供他上学。最后，这个学生考上重庆师范大学，毕业后找到了理想的工作。后来，与以前的同事聊起这件事，他们觉得我当时确实做了一件"大善事"，因为这件事不仅影响了学生，更是改变了一个学生的一生。

我一直有个观点，学校教育是为社会培养人，是为学生终身发展奠基，要体现树人为本的价值取向，因此不能脱离社会成为一座孤岛，而要与社会建立起深度互动的联系。在学校，我重视学生综合素质的培养，鼓励和引导师生策划、开展丰富多彩的活动，培养学生的社会实践能力。同事回忆起当时的情境都记忆犹新，感受到学校始终充满着积极向上的力量。

不少同事说我"点子多，敢想、敢说、敢做，有一种超前思考的意识和视野"。1996年，石宝中学面临迁建，我在做学校规划时，把占地面积从二十几亩（1亩≈666.7平方米）扩大到了七十几亩，这让很多人感到不可思议，"一所农村中学要那么大的面积干什么？哪里有钱修？"直到现在，生源增多，面积不足，大家才觉得当时的决策是对的。如果不提前规划，将来连扩大规模的余地都没有了。

我一直觉得，在石宝中学工作的那几年是我从教生涯中最能静下来学习、思考的阶段，也让我真切地感受到了从教的快乐。有空的时候，我喜欢一个人坐在石宝寨二蹬岩的石凳子上静静地看书，也喜欢与同事一起下河洗澡，就着油炸面条喝点小酒，摆摆龙门阵。在这样简单却充实、朴素而纯粹的岁月中，我对教育的情感一点点浓郁起来，对教育理想的追寻也一步步清晰起来。实现一个学校的变革，激活每一位教师的活力，关注每一个孩子的发展，是一项多么有挑战且有意义的事情！

图 1-4　忠县石宝中学搬迁新校区奠基仪式

# 四、上调教委：钟情教育，在教育管理的岗位上打开视野的天窗

1998 年 5 月，我迎来了从教生涯中的一个新角色——忠县教委副主任。那一年，我 32 岁。

随着高校扩招，忠县大量师资涌进成都、重庆两市，优质师资流失严重。我预料到高中教育高速发展的时代即将到来，即将面临师资不足的严重问题。我向教委主任曹隆裕汇报后，得到大力支持，于是从 2001 年起，我在县里举行后备高中师资培训，与县教研室沈仕洲主任等负责抓落实。教委行文鼓励乡镇初中教师参加培训，集中学习高中 1～3 年级各个学科的教材。通过三年系统的学习，我们培养了一百多名基本合格的高中教师，解决了高中教育膨胀式发展对教师需求的燃眉之急。

图 1-5　在长沙学习考察

　　我在忠县当教委副主任期间,分管教育教学。面对穷县办大教育的现实环境,如何才能提高全县各级学校的教育教学质量呢? 我采取了几条腿走路的方式。

　　一是扎扎实实做好入校督导,在督导中发现问题,提出对策。我经常跟教研室的教研员们到一些偏远的山区学校督导检查,一天要听五节课,语文、数学、外语、物理、化学、生物、政治、历史、地理,碰到什么听什么,课后与教师交流探讨,虚心向教师们请教。晚上马不停蹄地组织大家开会讨论,撰写督导报告,然后及时给予学校反馈指导。这种督导方式解决了很多具体的现实问题。几年下来,我坚持工作重心在课堂,狠抓教研和课程改革(或称课改),以毕业班质量为抓手,对每个学段、每个学科的课堂都有了一些了解,都能说出一些道道来,对全县各学科有名的优秀教师多数都能叫出名字。

　　在督导的过程中,我被教师们崇高的师德师风感染着、净化着。一次到一所偏远小学,学校领导在汇报工作中说到他们的奖励金额,获乡镇级奖奖金一元,获片区(原行政区)级奖奖金两元,获县级奖奖金三元。其奖金金额低到如此程度,确实让人震撼,但那个学区的教师却能心安理得,无怨无悔,教育教学、课程改革科研搞得有声有色,这种精神一直鞭策着我淡泊名利,激励着我拼搏进取。

　　二是分层分类加强师资培训。我在进校督导检查中,看到一些偏远山区学校的教师，既很少与外界交流，又疏于看书读报，更不用说吐故纳新、接受新知识，以其"昏昏"，怎能使学生"昭昭"？教学质量自然难于提高。我提议在全县进行乡镇、片区、县三级教师培训。乡镇学校主抓小学教师培训，举办公开课、示范课活动，要求人人献课、说课、评课。片区举办各乡镇中小学赛课、教研示范课活动，进行巡回优质课、示范课讲评，要求所有学科、所有教师参与。县级主抓各学科教研，在统测统评后，初高中教师参与各科研讨会，以论文形式介绍经验，总结得失。县里还邀请外地专家现场讲学，还多次组织中小学校长赴北京、上海、广东等地考察课程改革与素质教育情况，使其开阔了视野，更新了观念，适应了课程改革的要求。

图 1-6　邀请原西南师范大学校长宋乃庆指导工作

　　三是以教育信息化抢占制高点。我在偏远农村学校调研中感到，农村教育的问题，归根结底是优质资源不足的问题。教育信息化是解决这一问题的有效途径。2001 年，校校通刚兴起不久，虽然我自己也不太懂信息化技术，但我意识到这肯定是将来的大趋势，便大胆提出要在全县搞校校通，实现全县教育资源的共享，这个想法得到了陈定凡主任的首肯。没有技术怎么办？我带队到湖南等地考察取经，初步估算要花 450 万元。没有钱怎么办？我的想法就是"不等靠要，没有条件创造条件也要上"，后来想出了"三个一点"的办法，即县财政拿一点，教委拨一点，学校筹一点。为了节约成本，我们不追求硬件的豪华，而是抓住网络的核心——软件，合理配置硬件。2003 年，我们只花了 300 万，就在全县 105 所中小学实现了校校通，成为全重庆第一个校校通全覆盖的农村县。

　　那些曾经不理解、不支持的人，现在也由衷地说："马主任确实有眼光，有魄力，有方法。如果没有当年的力排众议，就没有今天忠县教育信息化的领先地位。"

　　古人云："三十而立，四十不惑。"我进教委时，正在"立"和"不惑"之间，我既不敢说"已立"，更不敢说"不惑"，但我越来越深深地感受到，学无止境，惑伴终生，我更笃信"三人行，必有我师焉"。

图 1-7　和儿子马昂在新疆天池

在县教委工作五年，我感到教育视野的天窗被打开了，视野更开阔，思维更缜密，思考问题更全面，更切合实际。我深刻地认识到，对教育管理者来说，既需有屹立潮头、把脉未来的教育理想，也要有脚踏实地、关注民生的教育情怀，要学会用发展的眼光、求实的风范、灵活的方法来引领教育，使之既符合规律又能超越常规，从而实现跨越式发展。

## 五、再任校长：锐意改革，在突破常规的 逆袭中创造"十八中奇迹"

2003 年，在忠县教委做了五年副主任的我在一个偶然的机会了解到，重庆市十八中正面向全国公招校长，一种突破自我的情绪在内心蔓延。如果能进入主城的老牌市级重点中学，对我来说又是一场人生的挑战。江北区教委得知我的情况后，虽然知道我在忠县干得不错，但他们心里也没底，领导还亲自到忠县来考察我。最终，我跟十八中牵手成功，而且一牵就是九年。这九年，我带领团队创造了所谓的"十八中奇迹"，也入选了重庆市"未来教育家"培养对象，达到了人生事业的一个高峰。

图1-8　重庆十八中学校级管理团队

### (一)逆境中找准学校发展的"坐标系"

来到十八中，我发现这所学校跟之前的想象有着明显的落差。学校虽处于"六校联盟"的第二集团中，但位居末尾，更别说跟第一集团的"直属七校"相提并论了。更让我焦虑的是，全校教师安于"二流学校"的现状，近十年未曾有人考上清华大学(以下简称清华)和北京大学(以下简称北大)，考上重点本科的仅百余人，人心不齐，士气不振。

2003年9月，我在一次全校会议上给教师们鼓劲："我们十八中在历史上出过四川省高考文科、理科'状元'，现在虽暂时遭遇低谷，但我们不要气馁。今天，我到这来，就是要跟大家一起创造十八中新的辉煌，考几个北大清华出来!"不料，一位学校领导幽幽地来了一句："马校长，你就别难为老师们了，好的生源都被直属学校抢走了，怎么跟别人比?考几个排前十名的名校就不错了。"教师们一片哈哈大笑。

　　让我焦虑的还有十八中的社会知名度。我好几次打车去学校，跟师傅说："去十八中。""十八中在哪里？""就在观音桥 324 医院旁边。"知道 324 医院，却不知道相邻的十八中，当时我真是又急又气。学校地处商圈繁华地段，可居然连出租车司机都找不到，一般老百姓就更不知道了，还有谁愿意把孩子送来读书？为了扩大学校的影响力，我曾突发奇想：给全校 2000 多名走读生每人发 20 元钱，让他们第二天集体在同一时段打车上学，这样出租车不就知道十八中在哪儿了吗？

　　不过冷静下来思考，我最终打消了这个念头。一个学校的声望岂能是仅仅靠制造点轰动效应就能建立和长久的？反而是一次偶然突发事件成就了十八中。2004 年 4 月 16 日，江北发生了天原化工厂氯气泄漏事件，几万居民紧急疏散转移，十八中作为主要的安置接受点，紧急接收了几千名居民，在社会危急关头承担起了巨大的社会责任，很快被全市市民所知晓和肯定。所谓"有为才有位"，一所学校对社会做出了贡献，奉献了价值，才会被社会认可和接受。

　　然而，学校的根本在于教育质量，这样的偶然事件提升的知名度并不是学校解困突围的路径。我时常不停地在心里问自己：十八中目前最需要解决的问题是什么？我能带领十八中走向何方？改革的步骤是渐进式还是跨越式？

　　思路决定出路，观念是行动的先导。经过一段时间的调研，在纷繁复杂的问题中我发现十八中的首要问题是思路和观念问题，学校领导和教师对学校发展缺乏高目标定位，懈怠思想严重。

　　事物的发展规律告诉我们，要发展，要跨越发展，就必须创新思路，必须锐意改革。在发展的突围之路上，我带领领导班子提出了"追赶、跨越、腾飞，尽早全面进入重庆市基础教育第一军团"的奋斗目标，走一条"创建示范高中，打造品牌强校，提升办学品位"的快速发展道路。我反复在全体教职工中强调："不服输，不畏难，不懈怠，别人走一

图 1-9　赴英国剑桥大学学习考察

步，我们必须走两步。"

### （二）啃下人事分配制度改革的"硬骨头"

学校的奋斗目标明确了，可关键的第一步如何走？经过反复深入细致地调研和思考，我认为重庆十八中要在激烈的竞争中焕发青春，实现第二次创业、腾飞，不从学校现有的机体内部换血，显然不行。这时，我在忠县当教办主任和校长时的成功经验告诉我，必须深化人事分配制度改革，建立一套科学有效的运作机制，为学校这个肌体注入强心剂。

人事制度改革历来是一块难啃的硬骨头。以往的改革往往只是做做表面文章：聘任制走个过场，不是领导说了算，就是不管是否适用，到最后大家都聘得上；分配制度没有区分度，干多干少、干好干坏一个样；考核制度没有效力，每学期都考核，却没有与人员的聘任、使用、奖励挂钩。这种"铁饭碗""大锅饭"的制度，触及不到人的切身利益，自然调动不起人们的工作积极性，也无法消除人员配置的失控状况。

在十八中这样一个有着三百多名教职员工的大学校推动这项改革，更是难上加难。改革尚未展开，便怨声四起，校园一时沸沸扬扬。"连北大、清华的教师聘任制改革也改得不痛不痒，我倒要看看你们是真改还是假改。"有人预言："到时大家哭的哭，闹的闹，拿刀子冲进你办公室，看你校长怎么办？"

这样的情形既在我的意料之中，也在意料之外。之前在石宝教办和石宝中学的人事制度改革已经遭遇到了很大的阻力，但这次压力和问题远远超过了以往。那段时间，我连续两个月失眠，闭上眼睛，脑海里全是到底要不要改，方案如何设计，会遇到哪些问题，该如何解决……最后，我打定主意："必须改革，拿出壮士割腕的气魄大胆改！改不好大不了走人！"

我们在充分调研的基础上，设计出了一套改革方案，并花了几周时间充分论证，征询各方意见，完善方案。我们还将这些改革作为一项课题研究来推进，以保证改革的科学性。

2004年，一场真刀真枪的人事制度改革拉开大幕。

首先是实行真正意义上的聘任制。我们打破原有年级处室界限，遵循按需设岗、公平竞争、双向选择、分层聘任、学校适度调控等原则，实行差额聘任，每年一聘，人员能进能出，职务能上能下。具体包括四级聘任和分批次聘任：一级聘任为校长聘任全体中层干部，全体中层干部、教研组长由全校公开竞聘产生；二级聘任为中层干部聘任职员和班主任；三级聘任为班主任聘任本班科任教师，交学校统筹；四级聘任为对首次落聘教师进行第二次聘任。分批次聘任是首次聘任 80％ 的教师，剩余待聘教职工和所缺岗位的部门进行第二次双向选择，最后落聘的教职工按照未聘人员规定执行。

我清楚地记得，十八中首次将 18 个中层干部全部岗位拿出来公开竞聘时，在教师们心中引起极大震动。开始的时候，教师们普遍投来怀疑的目光，"不过是在作秀而已，最后还不是领导说了算"。为了保证"公开、公平、公正、择优"，学校成立了由校领导、工会代表、教师代表，以及区委宣传部、人事局、区教委领导组成的评委会，制定了评分细则及严格的工作纪律和竞聘程序。

教师们渐渐打消疑虑，纷纷跃跃欲试。结果公开竞聘 18 个职位，就有 38 位教师报名参加。最终新竞聘上岗中层干部 6 人，续任中层干部 12 名。其中，最大年龄 48 岁，最小年龄 24 岁，平均年龄 37 岁。新当选的中层干部，无论从学历、年龄、知识结构、能力结构来看，都大大优于过去的中层班子。而首次公开竞聘的 14 个教研组长岗位吸引了 32 位教师参与竞选。10 个组长通过竞选新上任，继任的只有 4 个。他们一亮相，就赢得了十八中教师的信任和期待。

这样的公开聘任制度，改变了干部聘任校长说了算的局面，给了年轻教师更多的发展空间。竞聘上任高三年级主任的朱军，当时才 33 岁，他说："如果排资论辈，我还得熬上七八年，等人家退下来才有我的位置。现在，只要有能力就有展示的平台。"

同时，严格的聘任制度建立了约束机制，给了思想懈怠、专业发展缓慢的教师以警示和督促。实行分层聘任的 2004 年，有 25 位教师落聘。经过第二轮职员岗位聘任，最后，有 3 人试岗，5 人提前离岗休养，3 人从事职员工作，4 人待岗。

教师一旦落聘或缓聘，不但面子上挂不住，还会直接影响待遇。当时，我就接到好几个匿名电话。这些电话有的是抱怨，有的是威胁，更多的是人情阻力。有的教师本人来了，亲朋好友来了，有的还搬动上级领导来说情。于是，我反复强调："制度的制定和实施始终以'尊重'为第一前提，这是之前多数人通过的，而且符合相关法规和程序，我也没办法改变。制度无情，人有情。虽然有些教师暂时没有被聘上，但是改革不是要抛弃他们，而是为了促使他们迎头赶上，促进学校的发展。"最终，他们对学校及我本人也多了一分理解。

当聘任制改革顺利实施后，我紧接着推动了分配制度改革。分配制度改革的目的，就是要打破吃"大锅饭"的局面，建立"多劳多得、优质优酬"的分配机制。为此，我们按照"按量定报酬、按质定奖惩、按职务定津贴、按政策领补贴"的思路来拉开岗位工资、效益工资的档次，从课时津贴、班主任及职员等岗位津贴、管理岗位津贴、毕业年级津贴、教师培训及教育科研奖励、加强过程考核六个方面进行了改革。突出以教学为中心，向教学第一线倾斜，向毕业年级倾斜，让那些教学成绩突出、教学水平高、贡献大的教师在改革中得到实惠。

图1-10　与十八中学的干部、教师到对口帮扶学校开展活动

改革后，总体来看，学校各个层面岗位的津贴都得到较大幅度的提高。但同时，对这些岗位的考核要求也在提高。例如，班主任由学生处考核，教研组长和备课组长由教务处和教科处联合考核，中层干部由全体教师投票评定等级，根据等级颁发考核奖金。教师们感觉到这些钱可以得到，但是要有责任感，要付出努力，付出智

慧，做出业绩，才能得到。这就真正实现了岗位与工作贡献、劳动报酬的统一。

在十八中，教师收入分层是相当大的，奖金最高的比最低的高出五倍。少数教师虽有怨言，但规则对每个人都是公平的、开放的，慢慢地也就心服口服。更多教师看到了上升的前景和通道，从而更加积极主动地投入到工作之中，加快了自身专业发展的步伐。

动真格的人事分配制度改革，大大提高了人力资源效应。当时学校缺编教师一百多人，但运行良好，办学效益大大提高。

### (三)思想引领，"教师第一"

校长对学校的领导最为根本的是思想的引领。我在用破釜沉舟的勇气推动学校人事制度改革的同时，也在思考，到底用什么样的办学理念来引领学校全体教职员工呢？

图 1-11　团结奋进的十八中学教师团队

2004 年，经过多次论证，我率领班子成员基于十八中实际，提出了"为成就每一位学生的未来服务"的办学理念。而成就学生的人就是教师。因此，作为校长，我首要的任务就是"成就每一位教师"。我在学校推进人事制度改革的实质，就是建立起成就教师发展的长效机制。

作为学校管理者，我多次参加了培训，也喜欢阅读一些企业管理类的书籍。2005年，我参加了重庆市教委举办的重庆市中学骨干校长培训班的学习，后赴英国，参加了中英骨干校长学习。2008年，我还参加了中国教育学会举办的美国哥伦比亚大学培训学习。在不断地学习、反思中，我的教育管理理论水平得到了提升。

一次，我在书中看到这样一则案例。1974年，美国一家公司的老板发现，不少公司都把精力集中在顾客身上，很少关心自己的员工，而且总让员工感到太多的压力、恐惧和沮丧，结果员工把这种糟糕的情绪带到工作上，投射到顾客身上。因此，这位老板认为，为员工服好务就是管理者能为顾客做得最好的事情。当公司把员工放在第一位的时候，员工才能把顾客放在第一位。

受到企业管理中"员工第一"理念的启发，我在十八中提出了"教师第一"的学校管理理念，即把教师放在第一位，充分尊重教师的自主权、话语权、发展权。学校只有把教师放在第一位，成就每一位教师，教师也才能把学生放在第一位，成就每一名学生。

要真正落实"教师第一"的理念，就要在学校管理模式上找突破。2004年，十八中借鉴企业管理经验，将学校"金字塔式"的管理模式调整为"扁平化管理"模式，即减少管理层级，把决策权和管理重心下移，赋予年级更大的管理权限和管理空间。

实施扁平化管理后，由于责、权、利的划分与落实，年级工作焕发生机，每个年级都好了，全校也就好了。不少教师惊喜地说："人还是那些人，事还是那些事，但是效果完全不一样了。"

在扁平化管理中，存在一个集权和分权关系的处理问题。对于一般的校长来说，可能难以想象，把对教师的聘任，评价，高三、初三奖金的分配，外出学习，教师的选拔等那么多权力让出去，下面的人乱来怎么办？校长的权力体现在什么地方？

对此，我认为每个部门、每个年级承担各自的责任和义务很重要，但是，更重要的是让干部教师们看到与之匹配的权力和利益，让他们感到不再是"被管理者"，而是学校发展、制度建设、教育教学改革的决策者、参与者和受益者。他们只有把命运掌握在自己手中，才能自主发展、自我进步、自加压力。事实证明，尊重教师的主体地位和自主权，信任每个教师，他们就能还你更大的惊喜。

十八中有位叫付一河的教师，他有才华、有能力，但恃才傲物、目空一切，不受人待见。他曾经说"渴望得天下英才而教之"，我到十八中以后，他对我以及我所做出的各种决策，进行了毫不留情的批判，他就是一个标准的"刺头"。

通过对他的观察，我感到付老师有强烈渴望成功的欲望。对于这样有个性的教师，如果给他一个机会，或许他就是那个能实现梦想的人。由此，我力排众议，聘任他为高三最好班的班主任，让他感受"得天下英才而教之"的幸福感和成就感。这个"冒险"的决定不仅连付老师本人没有想到，其他干部和教师们也非常不理解。或许，就是这样一个决定，此后的付一河好像变了一个人，他把所有的心思都投入到教育教学中。

2006年高考前夕，付一河给班级提出了"冲北大清华，上中华名校"的目标。当时学校已经连续近10年没有一个学生考上北大清华，教师们已经习惯了"二类学校末流水平"的定位，所以有人笑他"不信鸡毛能上天"。听到这些传言，性情刚强的付老师对着高三教师发誓："如果考不上清华北大，我付一河就从六楼跳下去。"得知此事后，我第一时间找到他，当着在场几位教师的面，坚定地对他说："付老师，我相信你一定能行！如果真要跳楼，我先跳！"

最终，我和付一河都没有跳楼。2006年，十八中考出了历史上最好的成绩：一个重庆市高考理科状元，三个学生考入清华北大。听到最后的结果，付老师拉着我的手说："马校长，我们的命，保住了！"教师们抱头痛哭，因为他们没有想到自己还可以创造奇迹。

这在十八中历史上是具有里程碑意义的事件，给我所提出的"闯进重庆基础教育第一军团"的目标注入了一剂宝贵的强心针，初步证明了我在十八中推进的种种改革的正确性。从这件事上，我也深刻地领悟到：只要校长从内心里尊重教师，相信教师，他们就能创造奇迹！

名校之名不在大楼而在大师，学校可持续发展的根本在于教师。我认为十八中"要大楼更要大师"。大师从哪里来？仅仅靠引进？这并不是主要渠道。所以，我一直努力致力于教师培养，培养名师，不惜经费，创造一切条件。几年下来，十八中对教师培训力度之大，前所未有。几乎每年都有近100位教师到北京、上海、广东等教育发达地区学习考察。五年内，十八中教师创下了近300人次到国外学习考察的记录。每年的培训经费超过百万元。

时任江北区委书记的史大平、区长王元楷到十八中开座谈会时，赋予十八中引进人才的绿色通道，并鼓励十八中不拘一格吸引优秀人才加盟。

　　为了给十八中引进优秀教师，我一旦打听到信息，就不顾路途遥远，亲自登门拜望。有一次为了见一位区县的教师，我晚上9点从江北出发，坐了几个小时的车赶到丰都这位教师家中，半夜请他吃夜宵，喝啤酒，边吃边聊，终于打动了这位教师。用现在时髦的话来说，就是期待"人才都到我碗里来"。

　　"用人之长，容人之短"，这是我在干部使用中的一个原则。俗话说："金无足赤，人无完人。"看待每个干部、教师，我总是看长处，将其放到最合适发挥长处的地方，再用制度、团队或者氛围制约他们的短处，有时候甚至是宽容他们的短处。

　　为给学校发展和教师们干事创业创造良好的环境，对外，我加大工作统筹协调力度，争取区教委、财政、人事、编办等部门的大力支持；对内，我一直倡导"人际关系简单化"，这也是我当干部以来一直坚持的观点。2003年，我刚到十八中，有好心人悄悄告诉我，这个学校很复杂，谁跟谁什么关系，谁又是谁的关系，有哪些圈子，圈子和圈子之间又是什么关系，可以主动讨好某些人或者小心不要得罪人，等等。针对这种状况，我多次在班子会、行政会、教职工大会上，主动正面地就倡导人际关系简单化跟全体干部和教师们做了交流，希望大家能把更多的心思用到工作上。作为校长，在工作中我只看工作态度、工作业绩，而不看关系和圈子。越是跟我关系好的人，越是做到公平公正，所以我开展工作总是心无旁骛，得到了大家的信任。

　　十八中年级、部门多，干部和教师们的喜事、好事也多。一般情况下，我不会出席各年级、各部门或者教师私人的聚会，我怕给干部和教师们造成我亲谁疏谁的印象。但是，有一件事情——丧事，只要我知道并且时间许可，我都是亲自去。因为，我认为，在丧事时刻，是教师最悲伤、最痛苦的时候，这个时候，当校长的能够出席，对这名教师以及家属是最大的关怀和抚慰。

　　在十八中当校长期间，我坚持"教师第一"的管理理念，尊重每一位教师，给他们施展才华、发展自我的机会，为他们尽可能创造宽松的发展环境。事实证明，这些教师都在各自领域有非常不俗的表现，赢得了他人的尊重，创造了个人职业生涯的奇迹。这也成了我当校长最开心和自豪的事。

### （四）为成就每一位学生的未来服务

2004 年，我们提出"为成就每一位学生的未来服务"的办学理念和"海纳百川，德建名齐"的校训，就是强调教师要有一种服务意识，树立起正确的学生观、成才观、发展观、师生观，处理好"成人"和"成才"的关系，把"成就学生现在的升学预备教育"与"为成就学生未来服务的人生预备教育"有机结合起来，"着眼未来，立足现在；面向大众，服务学生；生生平等，人人发展"，培养每一位学生面向未来的潜质。

图 1-12　学生理想教育

然而，在考试的强大压力面前，教师长期以来形成的观念并不能轻易转变。一些教师还在为学生的考试分数苦苦挣扎。2005 年的一天，我收到学生处转来的一封高二学生写的信。信中写道："学习压力太大，教师对学生关心理解不够，请求校长出手相助。"当时，十八中的教师整体的教学风气已经得到好转。在这种情况下，我该怎么办才能获得教师的理解和支持呢？

有学生说："老师根本不理解我们，让他们当一天学生试试！"学生不经意间说出的话，让我眼前一亮。是啊，何不让教师当一天学生试试，看看会发生什么。由此，我精心策划了"十八中老师当一天十八中学生"的活动。活动为期两周，全校所有任

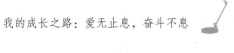

课教师连续一天当学生，听一个班级的课。这一活动在教师们中间引发了一场心理地震：今天的学生真累！今天的学生真难！

"课堂学习是思想高度集中的智力活动，每天要学七八门课程，头脑要不停地切换，我都有点转不过来了。遇到听不懂的课，难受死了，难怪学生要开小差了！""作业太多，根本做不完！""一天在教室坐十多个小时，真是个体力活儿，腰酸背痛。快到饭点时肚子饿得慌，难怪有学生要买零食吃了。"……

经过一天"当学生"的活动，教师们对学生有了真切的体验和理解，个中滋味，不尽相同。但有一点是共同的，教师们自觉地对课堂教学进行了反思、交流。两周后，教师们慎重地对自己也对全校教师发出了"十八中教师教学自律倡议书"—— 作业要精选、有效，一定要考虑学生的负担，不要只强调自己的学科重要；要舍得花时间教会学生学习的方法；教学中要与学生有情感的交流；要运用多种手段，提高课堂效率……

随后，学校根据教师自律倡议书和教师的反思结论，出台了教育教学行为改进措施——坚决把自习课还给学生；取消早自习，减少考试次数；加强学法指导；切实把课外活动时间还给学生；不允许把学生成绩上墙；不允许把学生赶到教室后面或教室外面……平时被教师看起来冷冰冰、硬邦邦的条文，此时在教师眼里有了温度和柔度，他们没有了抵触情绪，愿意把它变成自己的行动。

2005年12月8日，时任潍坊市教育局局长（现任北京十一学校校长）李希贵看到我发表在《中国青年报》上的《"十八中老师当一天十八中学生"所引发的心理地震》一文后，专门签署并印发了一份学习该文的通知。通知写道：

> 坚持"以学生为本，回归教育本质"一直是我们大力倡导的重要教育理念。我们在制定政策、实行管理、改革教学等方面，都应把促进学生的主动、和谐发展作为出发点和立足点，一切为了学生，一切服务于学生。《"十八中老师当一天十八中学生"所引发的心理地震》一文，虽然反映的是重庆市一所中学所发生的事情，但是这些问题，非常值得我们思考，特别是对我们实施新课程、推行素质教育、建设和谐校园，具有很大的教育和启发作用。请广大干部、教师认真学习，领会精神实质，反思管理和教学，开展问题排查，有针对性地制定整改措施，实实在在地改进教学，走素质教育之路。

从亲身体验，到认知飞跃、观念转变，再到制度建设、行动跟进，我们用精心策划的一次次活动，让教师们逐渐树立起"为成就每一位学生的未来服务"的观念，并将其付诸行动。

作为校长，我注重以身示范，关心学生的成长。每个清晨，天还没亮，我都会在校门口，默默地问候着每一个师生。晚上，夜深了，我还时常出现在住读生晚自习教室里。

我在教学管理中发现，由于每次考试只有一套试卷，试卷难度参照高考标准，学力一般的学生感觉难度偏大，学习起来缺乏信心和兴趣，甚至出现自我怀疑和厌学情绪。为此，我提出："从高一开始尝试实行 AB 卷。"每次考试出两套题，由学生自主选择答题。这一举措受到大部分学生的欢迎，大家感到了学习的信心，再次点燃了学习的希望。此做法也受到新华社、《中国教育报》《重庆日报》《重庆晚报》等国内众多媒体的关注。经过几年的实践证明，由于采取因材施教、分层教学，实施AB试卷，每个学生各得其所，学习兴趣得到了明显提升。

### （五）弘扬办学特色，营造生动活泼的校园文化生活

在一个"谈高考色变"的年代，我们理性地认识到，高考与素质教育并不矛盾，成功的素质教育绝不是不要高分和不能取得高分的教育，而一定是在学生素质与分数之间找到最佳结合点、达到最佳平衡的教育。

我们确立了十八中的人才培养目标：培养与社会相适应的综合型人才、与科学对话的创新型人才、与世界沟通的开放型人才。坚持面向全体学生，注重学生心理健康、创新精神与社会实践能力的培养。

我们在传承"德育序列化"这一特色的基础上，不断创新模式，健全心理健康教育体系，推出了以"六个一"（一堂心理课，一个心理咨询室，一个校园心理剧，一幅校园心理绘画，一篇校园心理征文，一个"心灵家园"网站）为主渠道的"健心工程"，得到了社会的赞誉。学校被评为全国首届心理健康教育"十佳学校"和"全国心理健康教育先进学校"。在科技、体育、管弦乐等领域多次获得市级比赛一等奖，学生多次获得宋庆龄基金奖励、国家专利、科技比赛国际金奖、合唱比赛全国金奖……

我认为，每个学生的个性爱好、优势智能是不同的，不能用一个标准、一个模式来培养学生，而应该尊重每个学生的个性特长，给学生提供更多元的选择机会。

因此，我在推进课程改革的过程中，构建了以基础性课程为主干，研究性课程和拓展性课程为两翼的全面发展的新课程体系。学校自主开发校本课程三十多门，供全校不同年级学生自主选修，走班上课。

图 1-13　十八中学新校区学生趣味活动

当你真正走进十八中，待上一天，就可以看到五彩缤纷、充满魅力的校园生活景象。运动场上一片沸腾，学生们奔跑、跳跃，到处都洋溢着青春的激情；音乐教室里，悠扬的旋律谱写着师生的耕耘与收获；练功房里，传统的、现代的舞蹈在音乐声中款款舞动；实验室里，学生们探究着科学的奥秘；图书馆内，学生遨游在知识的海洋中；辩论、演讲、书画、鉴赏等社团活动也丰富多彩，精彩纷呈。

### (六)审时度势力推学校转型升级，狠抓内涵发展

经过短短几年艰苦卓绝的奋斗，十八中基本实现了跻身"重庆基础教育第一军团"的目标，干部教师们已经有了足够的自信和骄傲。但一种情形引起了我的注意：部分教师有了小富即安、"船到码头车靠站"的放松懈怠心态。我开始思考：在外界对我们的关注和期待越来越高的情况下，十八中的发展是否会出现"天花板效应"？未来的路究竟该如何走？

经过深入的思考、分析，2009 年秋，我在开学第一次教职工大会上提出：十八

中必须要"转型升级",进入一个沉心静气探索内涵发展的新时期。转型,是事物发展到一定阶段的必然要求和必然选择,谁能最先洞悉行业变革走势,并做出正确反应,谁就能赢得未来。

我对教师们说:我们必须清醒地认识到,十八中要想在新形势下取得新进展,树立新形象,赢得新辉煌,就不能躺在过去的功劳簿上沾沾自喜、居功自傲、小富即安,就不能让历史推着我们走,让竞争对手逼着我们走。十八中必须与时俱进,站在更高的平台上,立足国际视野,立足经济社会对教育的要求和挑战、对人的终身发展的要求,看到学校五年、十年甚至更长远的发展。因此,选择主动归零,谋求自我突破,转型升级,在转型中"再发展、再创造、再辉煌",这是十八中发展到现阶段的必然选择,也是学校推进素质教育、实现学生全面发展、建设教育现代化的必然之路。

图 1-14　赴英国伦敦学习考察

对于转型升级的内涵,我是从四个层次来理解的。

一是十八中的转型升级不是对过去的全面否定,不是全然创新,而是基于过去的成功经验,尊重历史,依托优势,对提升学校档次、树立优良形象,对学校可持续和再跨越发展的新谋划和新行动,重在继承和创新。

二是转型升级不是疾风暴雨的大变革,而是平稳中螺旋式上升。转型升级是一

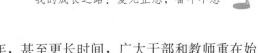

个过程，可能一年两年，也可能三年五年，甚至更长时间，广大干部和教师重在始终保持充分的耐心和信心、宽容和大度。

三是转型升级既要顺应时代要求，又要坚守教育理想与精神；既要仰望星空，又要脚踏实地，始终坚持遵循教育发展规律、人才成长规律。

四是转型升级的根本目标在于探索十八中素质教育全面发展、学校品质全面提高的现代化学校内涵发展之路，增强核心竞争力，尽快实现教育方法从苦干型转向智慧型，教育管理从粗放型转向精细型，教育技巧从经验型转向研究型，办学体制从单一型转向多元化发展，生源从数量型转向质量型，教育成效从单一型转向全面发展型，尽快形成以新课程建设、德育序列化和心理健康教育为亮点的学校特色。

对于如何达成转型升级，我对教师们提出了这样的要求：只要心中有目标，就不怕路途遥远。一是必须保持清醒的头脑，要善于从纷繁复杂的情况中，抓出主要问题，不要见子打子，要提纲挈领，立足当前，放眼长远。二是要看到万事万物是有差异的，要善于分析校情，抓主流，看大势，树正气，不要因为个别影响整体。三是要集思广益，汇聚民智。转型升级是关系全体干部和教职工的大事情，需要全体人员立足岗位，贡献智慧和力量。学校要在一定时期内持续开展以"转型升级"为主题的解放思想大讨论，广泛地征求意见，科学求证，更新观念。四是充分发挥学校的示范辐射带动作用，努力在市内外扩大学校知名度、认可度和美誉度，凸显转型升级的经验和成果。

如果说过去十八中的迅猛发展带给人的是"苦干型""暴发户式"的印象，那么，转型升级则意味着十八中要打造深厚内涵的学校品牌，提升与时俱进的学校品位。为了做到这一点，在正式提出"转型升级"之前，我就一直在努力推动着十八中的转型，塑造着十八中的良好形象。

2008年，在抓质量的转型中，就出现了"晚自习讲不讲课"的思想碰撞。针对大家的困惑，我倡导成立一个专门的课题研究小组，把问题解决的主动权抛给全体教师，请教师们通过自己的思考、实践，来求得比较符合客观实际的答案。经过研究，广大教师逐步达成共识："要苦干更要巧干，重经验更重智慧。"学校逐步形成了"早自习不上，晚自习还给学生"的制度，提出提高学生自主学习能力的"四个留白"：课堂留空白，自习留空白，内容留空白，练习留空白。

2009年2月，针对屡遭社会诟病而又屡禁不止的有偿家教现象，我决心对其进

图 1-15　与外籍教师交流

行严厉整顿，要求全体教师签订了"抵制有偿家教承诺书"，并通过 2009 年 1 号文件的形式发布。文件对教师的有偿家教行为进行了界定，并制定了相应的处理措施。2009 年 2 月 10 日，《重庆晚报》报道了十八中在全市率先对教师有偿家教动真格的事，而后我们的做法得到国内多家媒体的转载，引发了全市范围内的热议和研讨。重庆电视台专门到校开展多角度调研采访。我本人也被邀请到重庆电视台新闻频道做现场直播。重庆市教委就此形势，专门出台了禁止有偿家教的相关文件和政策。

　　新课程改革是十八中转型发展的重要契机。课程改革关键还是在课堂。我坚持不争论，不回避，努力确保研究探索和质量共赢，使其成为全体教师的自觉行动。我走进了所有学科教师的课堂，发现不仅不少教师的课堂效率低，还存在一些"发水课"。如何引领教师们"改课"呢？我提出了用视频案例校本研究来开展教学反思，研究提高课堂教学效率的方法。各教研组组织视频案例研究，授课教师选择典型课例，暴露不足，让大家来"评头论足"。十八中的教学视频资源共享，不仅供上课教师自我反思，也供备课组、教研组研究探讨。教师们说，参与视频案例研究后，教学思想更加清晰了，教学仪态更加和谐了。他们觉得这种形式非常好。

　　我们还推动教学过程管理的精细化，提出了课堂上"三讲三不讲"（只讲重难点、易混点和学生知识的盲点，教材浅显易懂的内容不讲、学生能自主学会的知识不讲、

学生能合作解决的问题不讲）；倡导"五有"课堂（有学生主动参与，有明确目标，有挑战性问题，有深刻体验，有清晰反馈）；杜绝"三无课堂"（无课堂管理，无学情分析，无师生互动交流）。十八中教师课堂教学质量不断得到提高，有近20位教师获得全国和重庆市的课堂教学比赛一等奖，承担的"青年教师有效教学策略研究""运用优秀电影对学生进行爱国主义思想品德教育研究"等多项国家、市级重点规划课题结题。

　　一所充满魅力的品牌学校，不能缺少拥有良好硬件和充满文化品位的校园环境。为了给十八中的转型升级提供良好的物质环境，我在学校新校区建设上下了大力气。

图1-16　十八中学铁山坪新校区

　　2008年，我们邀请了清华大学规划建设设计院总设计师吴耀东来对新校园进行系统的规划、设计，光是设计费就需要650万元。当我在区里开会，把这么高的设计费用方案拿出时，不少领导都反对。但我没有因为领导反对，就唯唯诺诺，而是大胆地阐述理由，恳请领导能从未来长远发展的角度，从办人民满意教育的高度来看待十八中建设，把十八中打造成江北区中学的窗口和名片。最终，史大平书记首肯，同意用高规格、高标准来建设新校区。今天，十八中新校区占地300亩，投资

4.8亿元，规划合理、古朴典雅、大气现代的校园环境，赢得了每个来校参观者的好评，这证明了当初领导决策的正确性。

从2003年8月到2012年3月，我任重庆市十八中校长的九年时间（后兼任江北教委副主任），是我教育理想得以充分实现、教育管理思想逐渐成熟的发展阶段。我用心、用情、用智、用力办好一所学校，锐意推动人事制度改革、管理模式改革、教师队伍建设、课程教学改革、学校特色发展等，真正做到了为成就每一位学生的未来服务，为每一位教师的发展服务。十八中各项改革顺利推进，教育教学质量，尤其是高考成绩年年攀升，学校进入了良性循环、快速发展的轨道，进入了重庆市基础教育第一军团，成为老百姓心中的优质学校。

图1-17　十八中学建校60周年

2006年，1人获得全市高考理科状元，3人上清华北大。

2008年，1人获市中考状元，6人上清华北大，居全市第五位。

2011年，高考全市理科裸分670人以上的64人，十八中占11人，居全市115所市级重点中学第三位。清华北大共录取13人，香港中文大学录取2人（全额奖学金）。600分以上达203人，重点本科上线627人。

这九年，作为校长，我在成就教师，成就学生，带领教师们创造"十八中奇迹"的同时，也在提升着自己。反思这九年的工作，我最大的体会是要当好校长，组织把舵是关键，群众支持是基础，班子齐心是力量，学生未来是目标。工作上，我面对问题不绕道，面对挑战不回避，面对教师不负心，面对学生不亏心。在推进学校发展上，紧抓改革的命根不松手，紧盯时代的脉搏不偏航，紧扣学生的未来做文章，紧围内涵的提升下功夫，从善待一切出发，敢破敢立成为我钟爱教育的追求。

## 六、治教一方：理念升级，"学徒" 主任的"首善教育"之思

2012 年 3 月，我结束了在十八中的工作，出任江北区教委主任，开启了一段新的教育人生之旅。虽然有过做片区教办主任、忠县教委副主任的经历，但做教委一把手，还是第一次。它要求我站在区域经济社会发展的大格局中，来全面地思考教育改革发展的方向。如果说当校长主要是用心办好一所学校，那么，当教委主任，则必须用心办好每一所学校，提升区域教育的质量和特色水平，实现区域教育的均衡发展。

任江北教委主任后，为了尽快全面地了解全区各级各类教育的情况，我马不停蹄地走访学校，开展了大量的调研工作。我每次去学校，不是走马观花地看一看、听一听，而是全面地了解、收集一些资料。我喜欢把听到的内容写到笔记本上，然后拿回去分析。时间长了，记得东西多了，对整个区域学校的发展状况就有了一个比较清晰的了解。

2012 年，我入选重庆市"未来教育家"培养对象，是首批 38 名学员中唯一的专职教育行政管理干部，并担任这个班的班长。培养工程要求每个学员提炼自己的教育教学思想的主题，这促使我对二十多年的教育工作经历进行系统的总结和反思。

我在学习中接受了众多知名学者、专家的指导，加深了对教育的道德本质和公益属性的认识，强化了我对教育事业的责任感与使命感。作为一名行政管理者，培养工程促进我"大教育观"的形成，启迪我解决区域教育问题的思路，如如何促进各类教育协调发展，如何实现立德树人的目标，提高教育质量，并充分调动校长积极性……总之，我确立了区域教育发展要有一盘棋的思想。然而，具体用什么词语来表达教育思想的主题，我还不确定。

图 1-18　在"中国梦·教育梦·学校梦"论坛上发言

　　任何教育思想的产生都离不开人所处的时代背景。2012 年，时任区委书记燕平提出将江北区"建设成为重庆现代化大都市首善之区"的奋斗目标。区域经济社会发展的宏大命题挑战着区域教育命题的深刻变革。"首善之区，善之本在教。""首善"二字也体现了教育的道德属性和公益属性的优先性。由此，"首善教育"这个概念自然而然地出现在我的脑海中。当时，我正参加未来教育家培训，学习了国内外先进的教育思想，还研读了刘彭芝老师的《人生为一大事来》、李希贵老师的《为了自由呼吸的教育》、魏书生老师的《教育教学艺术》等，从教育大家的身上我的想法进一步得到升华。区教委班子经过反复讨论，坚定地提出了把"首善教育"作为江北教育发展的思想主题，全面推进"现代化教育首善之区"建设。

　　2012 年 8 月，区教委召开 2012 年秋季开学工作会，我做了《坚持科学发展观、倡导教育家办学，全面推进"现代化教育首善之区"建设》的工作报告，首度公开阐述了我对"首善教育"的理解。在我看来，首善是最优秀、最文明、更优质、更卓越的境界。"首善教育"是最适合师生身心发展并能产生最大社会效益，同时让老百姓最满意的教育。实践"首善教育"，就是要扎实推进"优质均衡教育强区、开放教育特区、特色教育名区"的建设。其具体表现为建设一流的教育发展环境，打造首善的学校，培育首善的师资，培养卓尔不群的首善人才。2015 年 5 月，重庆市重点课题

"区域推进'首善教育'的探索与实践研究"正式开题。

为实现目标，我提出了"围绕一条主线，做好两篇文章，抓好三件大事，实施八大工程"的工作策略。一条主线，即改革创新；两篇文章，即充分调动校长办学积极性，促进教育优质均衡发展；三件大事，即管好人、用好钱、做好事；八大工程，即办学水平评估科学化工程、学校文化建设工程、深化新课程改革工程、质量提升工程、学前教育普惠发展工程、教师专业化发展工程、教育民生工程和党风廉政建设工程。

图 1-19　走进新村幼儿园

要建设首善教育之区，我们必须深化改革，打破常规，在体制机制创新上实现新突破，切实解决江北教育事业发展的动力与活力问题。我特别注重理顺教育管理部门与学校之间的体制，推进管办评分离，简政放权，充分调动校长办学的积极性。我深知，教委主任不应该成为"大校长"，手伸得太长，管得太宽，而要成为校长思想的引领者、精神的鼓动者、实干的助推者、困难的帮扶者、机制的保障者，引导学校依法办学、以德立校、文化强校。有些校长在我们赋予他们更多的自主权后，反而产生了一种有权不会用、不善用的现象，又把权力退还给我们，希望我们帮他们解决问题。对此，我们注意加强指导，提高学校自主办学的能力，同时，建立一种与现代教育发展相适应的校长书记选拔任用机制，真正做到能者上庸者下。

区委书记杜和平在教育专题工作会上要求：教育要回归本质，遵循规律，促进教育公平，使教育资源布局与地区经济社会发展水平相匹配，成为重庆领先、西部一流、全国有一定知名度和影响力的现代化教育首善之区。要叫响"首善之区"，就需要从教育最基础的课堂抓起。在推进课程改革中我大力摒弃"新鲜热闹"模式化的表象，倡导体现教与学的本色与本味，让师生在课堂中自然成长。基于这样的价值理念，我在全区学校中倡导"关注常态课堂，聚焦有效教学"。行政管理不能高高在上，脱离学校与课堂。我在机关干部中提出了"三进三服务"，要求进学校、进课堂、进家庭，服务基层、服务师生、服务社会，将领导干部、科室同志听课情况纳入年度考核。我带头到学校推门听课，参加评课活动，让自己成为学习型的管理干部。我的身先士卒影响了全区校级干部带头上课、听课、评课，带头研究课堂，形成了"有氧课堂""阳光课堂""学案导学"等一批有特色的课程改革样板。

图 1-20　深入课堂调研

任江北教委主任这几年，我一直围绕"首善教育"这一主题，建设教育首善之区这一目标，推进教育改革发展，用优质均衡教育、开放教育和特色教育来实现"完善的、理想的人的塑造"，凸显教育的公益与公平。

一是建设优质均衡教育强区。优化整合教育资源，大力推行集团化办学；着力

实施"学校文化建设工程"，以培育拥有深厚文化底蕴的"百年老校""百年名校"；切实杜绝"短板效应"，对农村偏远及薄弱小规模学校，实行人才引进、经费投入、贫困学生资助等方面的全方位倾斜政策。

图 1-21　与学生合影

二是建设开放教育特区。立足都市功能核心区及"两江新区"核心区的区位优势谋划开放教育，加强干部教师培训的国际交流，适应国际化趋势改革的学校课程设置，让区域教育具有开放的胸怀、世界的眼光和国际的视野。

三是建设特色教育名区。第一，鼓励学校办出特色，着力打造"一校一景，一校一品"，形成"大家不同，大家都好"的办学格局，大力彰显以"书画艺术、体育健康、科技创新"为特色的办学成果。第二，鼓励教师形成风格，系统设计干部教师队伍专业发展的"五大工程"，为教师专业化发展创造条件；加强经费保障，将教师继续教育经费提高到教职工工资总额的 4%；每年投入 500 万元专项经费，实施"五大工程"，投入 150 万元对区级及以上骨干教师、学科带头人等发放工作考核补助，投入 300 万元特色学校建设专项经费。第三，培养学生个性特长，鼓励学校结合区域、学校实际情况，立足民族文化、国际视野，开设选修课，提供菜单式校本课程，提供多元的发展环境，让我们的教育即使培养不出爱因斯坦，也绝不会扼杀爱因斯坦。

图 1-22    校园艺术进社区展演活动

图 1-23    安徽省教育厅总督学李明阳到江北区督导评估

2012 年至今，江北区首善教育的实践路径越来越清晰，内涵越来越丰富，信念也越来越坚定。"立德为先"，要把道德建设作为首善教育的先行之旨；"树人为要"，要把个人核心素养的培育作为首善教育的重中之重；"创新为魂"，要把超越自我、不断创新的精神作为首善教育的核心追求。2014 年 11 月底，江北区顺利通过了国家义务教育发展基本均衡区评估认定，各项工作都得到了国家督导专家组的高度赞扬，在本次认定的重庆市 6 区中排名第一。同时，各类教育质量均赢得了社会的广泛认可，教育内涵发展也取得了新成果，培育了一批各具特色的学校、独具风格的教师和个性鲜明的学生。

因为爱，所以追求不止步；因为善，所以奋斗不停息。今天，回顾我 28 年的从教之路，从在农村做教师，当班主任，做团委书记、教办主任、校长，到任忠县教委副主任，再到在主城任十八中校长、江北教委主任，无论变换过多少角色，外界有多少诱惑，我始终没有离开钟爱的教育事业，而是坚定信念、爱无止息、敢破敢立、勇于担当，走出了一条独特的成长之路。未来，我将继续以一个"学徒"的身份，怀抱着对教育的钟爱，始终坚定共产主义信念，始终践行社会主义核心价值观，自信而又谦虚地努力学习、思考、研究、创新、实践，不断丰富完善"首善教育"思想理论体系，不负"未来教育家"培养对象的称号，真正做一个像教育家那样的教委主任。

# 首善教育的实践探究

# 第一章　首善教育的思想意蕴

马克思曾言："理论在一个国家的实现程度，决定于理论满足这个国家的需要的程度。"①同理，一个教育主题或思想，在一个区域实现的程度，不仅取决于整个国家的国情民意，还取决于本区域的发展阶段所带来的发展需求。一个区域的教育主题或思想，只有站在区域发展与现代化治理的高度，才可能真正契合这一区域的发展需求，从而产生良好的教育效益。首善教育就是从这一高度出发所提出的教育主题，它不仅内在地蕴含着重庆江北区的教育追求和梦想，同时也蕴含着中华民族长期以来所积淀的教育智慧和力量。理不透则行不达，深入分析首善教育的内在思想意蕴，不仅对理解这一教育主题有着重要的价值，对如何展开首善教育的行动也有深远的影响。

## 一、首善教育的源流、内涵、层次与体系

首善教育作为一个重要的教育主题和深邃的教育思想，有其历史根源与内在的层次和逻辑，需要我们从其源流出发，深入透析这一概念的内涵与层次，最终形成其思想意蕴和理论概貌，为我们把握首善教育、践行首善教育奠基。

### （一）首善教育的源流

"首善"最早出自汉代司马迁的《史记·儒林列传》，它记载了汉相公孙弘给汉武帝的奏章，其中说道："闻三代之道，乡里有教，夏曰校，殷曰序，周曰庠。其劝善也，显之朝廷；其惩恶也，加之刑罚。故教化之行也，建首善自京师始，由内及外。"这里的"首善"是"首先实施教化而成为榜样"之意。后人附会，把首都称为"首善

---

① 中共中央编译局：马克思恩格斯选集(第1卷)[M]，10页，北京，人民出版社，1972。

之区"，究其本意而言，实不尽然，凡是能够真正实现教育的育人功能，并能够成为省市乃至全国表率的，都是教育的"首善之区"。江北区的首善教育，即取自此意，它不仅代表了一种教育理想，也代表了一种发展教育，直至首善的教育意志。

在古代的传统中，"首善"并不仅仅指向区域，也指向学校本身。清代毕沅在其所著的《续资治通鉴·宋哲宗元祐元年》中说："学校为育材首善之地，教化所从出，非行法之所。"这一观点实际上把学校的作用进一步强化，认为学校是培育人才最好的地方，但又否认它是刑罚之所，把学校与司法部门区分开来，进一步强调学校的教化作用。

## （二）首善教育的内涵

从首善的源流来看，它天然地与对人的教化联系在一起，首善教育的思想在中国传统文化中早已有了自己的根基。然而，究竟什么是首善教育？我们有必要继续循着历史的路径，深入有关典籍，从字源出发来理解首善教育更加深刻的内涵。

### 1. 从"首"的内涵来理解首善教育

从《说文解字》上来看，"首"字"从巛从自。巛象髮，谓之鬊。象发形也"。可见，"首"的本义为头，并由"头"自身的特性和价值引申出另外三重含义：第一，头为身体最为重要的组成部分，是第一位的存在，所以"首"就有"首要、第一"的含义；第二，头处于人体最高端，由此引申出"最高的、最好的"等含义；第三，人的行动，必须有方向，而其方向性由头的朝向所决定，因此"首"也有"向着、朝着"的含义。

"首"有三个含义，"首善教育"也就具有了三重内涵。第一，"把善放在首要位置的教育"，即教育的首要宗旨在于培养乃至形成个人和整个社会的善。第二，"以至善为核心的教育"。四书中的《礼记·大学》开宗明义："大学之道，在明明德，在亲民，在止于至善。"它非常明确地指出了"至善"是教育追求的目标。而所谓的"至善"，也就是"明德"，是人内在心灵自然流淌出来的善，是人性中阐发出来的善，此种善才是首善教育的核心。第三，"走在善的道路上的教育"。教育不仅要以善为宗旨，也要以善的手段和方法来实现。首善教育的宗旨、教育的路径以及教育的目的，都有"善"在其中作为经纬。

### 2. 从"善"的内涵来理解首善教育

善在首善教育中的重要地位已经得到确认，然而如何来理解善呢？"善"是中华民族传统美德的核心，在西方文化中也占据着重要的位置，是"真善美"三大德中居于核心地位的精神追求。"善"在古文中原为"譱"字。《说文》中说："譱：吉也。从誩，从羊。此与义、美同义。"可见，在传统文化中，作为名词意义的"善"主要具有两个方面的含义：一是由事物自身的特性所带来的内在的"善良或美好"，二是由于"善良或美好"而引发出的外在的吉祥。前者是"善"的本体义，强调"善"首先是我们内心中的美好品质；后者是"善"的目的义，强调"善"能够为自身和社会带来吉祥安宁。

从"善"的两重含义出发，"首善教育"所倡导的就是以"善"为核心的"立德树人"教育体系，"立德"即树立德行。《国语·晋语》中说"善，德之建也"，意谓善良是道德建立的基础。孟子对此做了更加详细的论述，他认为："恻隐之心，人皆有之；羞恶之心，人皆有之；恭敬之心，人皆有之；是非之心，人皆有之。"(《孟子·告子上》)而人本身所具有的这些善，则是德行得以生起的开端："恻隐之心，仁之端也；羞恶之心，义之端也；辞让之心，礼之端也；是非之心，智之端也。"(《孟子·公孙丑上》)因此，德行的建立并非是通过对外在行为的规范而使人变得彬彬有礼，而是人内在心灵活力的舒展和阐发。正如梁漱溟先生所说："道德是生命的精彩，生命发光的地方，生命动人的地方，让人看着很痛快、很舒服的地方，这是很明白的。"[1]正是基于这样的思想，首善教育首先要做的就是充分尊重受教育者自身的尊严和价值，充分关注道德生活为受教育者所带来的内心的豁达与生命的快乐，而不是用外在的律条去强制他们、束缚他们。这种从心灵建设出发来树立当代中国人德行的教育，在一定程度上超越了当前流行的"生存的教育"，走向人的自我价值和意义重建的"存在的教育"。在工具理性过度发达、商品经济过于泛滥的时代，首善教育对于匡正时风、重塑精神之魂，无疑具有十分重要的意义。

"立德"是为了"树人"。然而，正如"善"本身具有双重含义一样，首善教育所要树的"人"，绝非西方那种建立在自由个人主义基础之上的人，而是能够超越个人，在与人相处共生中体现其自身价值和意义的"社群人"。梁漱溟先生对此有着十分深刻的论述。他认为中国是一个伦理本位的社会，在这种社会中，德行的实现必须依靠情感的力量来推动，而"人在情感中，恒只见对方而忘了自己"，因此能够"因情而有义"，在情义中实现人格的成长。[2]尽管这种论述基于中国文化之根，但在现当代

---

[1]　梁漱溟编著：《人生的三路向》[M]，99页，北京，当代中国出版社，2010。

[2]　梁漱溟著：《中国文化要义》[M]，87页，上海，上海人民出版社，2011。

的西方也得到了充分的关注。胡塞尔的主体间性、哈贝马斯的交往理性、桑德尔的"共同善"①无不深刻地揭示了"善"存在于个体与社群之间。在这个意义上，"首善教育"必须在尊重个人心灵成长的基础上，充分关注"树人"对于社会重建的价值和意义。

总而言之，"首善教育"以"善"作为教育的首要因素，也以"善"作为教育的核心要义，完整地阐明了教育所应具有的目的、内容和途径。"首善教育"既从个人心灵出发进行立德，又从整个社会重建出发进行"树人"，"立德树人"乃至社会善治是首善教育的思想性灵魂。

### (三)首善教育的层次

从上述对首善教育深层内涵的分析中，我们可以看到首善教育其实是分为多个层次、多个侧面的。一方面是要"以爱育爱"，培养学生与人为善、善待他人、善待环境的品质，用爱的教育促进社会和谐；另一方面是从学生—学校—区域的层面打造最好的教育提供给学生，用最好的教育来感化、培养、发展学生，促进学生人人成才。这多个层次、多个侧面才构成了首善教育的整体。

首善教育的第一个层次应该是个人的层次。教育是一个育人的事业，对个人的关注应该是教育的第一寓意。德国哲学家雅斯贝尔斯指出："所谓教育不过是人对人的主体间灵肉交流活动(尤其是老一代对年轻一代)，包括知识内容的传授、生命内涵的领悟、意志行为的规范，并通过文化传递功能，将文化遗产教给年轻一代，使他们自由地生成，并启迪其自由天性。"②他还认为："教育的原则，是通过现存世界的全部文化导向人的灵魂觉醒之本源和根基，而不是导向由原初派生出来的东西和平庸的知识。"③因此，教育应当帮助个人自由地成为他自己，即一个"全人"(the whole man)，而不是培养只具有某一方面的知识、能力的人。

我国知名学者叶澜先生也对教育关注人的价值做出了十分精彩的论断。她认为教育学要从关注"抽象的人"到"具体个人"，由此对人的认识就会发生一系列的变化：

---

① [美]迈克尔·J.桑德尔著：《自由主义与正义的局限》[M]，万俊人，等，译，181页，南京，译林出版社，2001。

② 周洪宇主编：《教育经典导读 外国卷》[M]，280页，武汉，华中科技大学出版社，2013。

③ 霍军著：《教师如何读经典》[M]，64页，北京，中国轻工业出版社，2013。

要承认人的生命是在具体个人中存活、生长和发展的；每一个具体个人都是不可分割的有机整体；个体生命是以整体的方式存活在环境中，并在与环境一日不可中断的相互作用和相互构成中生存与发展；具体个人的生命价值只有在各种生命经历中，通过主观努力、奋斗、反思、学习和不断自我超越，才能创建和实现，离开了对具体个人生命经历的关注和提升，就很难认识个人的成长与发展。因此，首善教育首要的是让个人获得自由的生长，让个人形成善良的内心和良好的行动能力。个人是社会的基本元素，个人善社会才善，个人健康整个社会才会健康。离开了人去谈教育，离开了人去谈首善教育，都没有抓住首善教育的根本。

首善教育的第二个层次就是学校层次。学校在古代已经被定位为教化之所，到现代学校制度的建立，学校更是被作为专门的教育机构来定位的。学校在首善教育中的价值在于，第一，在于学校是社会教育目的的实现之所，是社会教育的有效组织者，首善教育所传递的社会精神，必须通过学校来实现；第二，和其他校外教育相比，学校教育更具有目的性、计划性、组织性和专业性的特征。作为一个系统，现代学校的教育有着更加清晰的目的，也具有缜密的计划，更有一个规范的组织，最为重要的是，它拥有一支专业的教育队伍，可以把社会的教育目的和思想价值传递给学生。正是基于上述两个方面的原因，首善教育必须充分关注学校，关注学校教育的价值和意义。这并不是说首善教育不关注社区教育、成人教育，而是说要以学校教育为主渠道来展开。

站在学校立场上的首善教育和站在个人立场上的首善教育关注的焦点有很大不同，后者更注重个体内在德行的弘扬，前者则更注重教育教学的实施。为此，学校需要做好两个方面的工作：第一，站在社会的立场上，秉承社会优良传统，坚持社会正能量，传递社会核心价值观，培养社会发展所需要的人才，如此首善教育才有正确的内容；第二，站在个人的立场上，真正承认每个学生都是独立的个体，都有自己的主体性，必须基于学生的主体性，引导学生阐发其内在的明德，使其最终领悟并践行社会核心价值观，拥有社会正能量，成为社会发展所需要的合格人才。而学校立场上的首善教育，实际上就是社会立场和个人立场在教育上的交汇。

首善教育的第三个层次自然是区域层次。前面已经提到，从历史源流上来看，首善就是从区域而言的。一个区域只有在教化工作上成为国家的典范才能够被称为首善之区。因此，首善并非仅仅是个人之善，也并非仅仅是教育之善，而是全体社会之善。唯有通过教育的力量让整个社会变得更加美好，变得高效、有序、和谐、富有创造力，才是真正的首善教育。

### （四）首善教育的体系

前述对首善教育内涵的理解和层次划分，在一定程度上已经揭示了首善教育的体系，但是这一体系并不是十分明晰，而且作为一个教育实践，上述理解尚未阐明其实践路径。为了更加深入地理解首善教育，我们用"三首""三善"和"三维路径"来对其做更加细致的分析。

"三首"即三个以"首"开始的关键词：首先、首要、首创。所谓"首先"，即"立德为先"，也就是把道德的建设作为首善教育的先行之旨；所谓"首要"，即"树人为要"，把个人核心素养的培育作为首善教育的重中之重；所谓"首创"，即"创新为魂"，把超于自我、不断创新的精神作为首善教育的核心追求。

"三善"即三个以善开始的关键词：善心、善学、善治。所谓"善心"，即"育人以心"，也就是把育人的事业做到每个孩子的心上，心善则一切善，心能则一切能，此为首善教育的育人之根；所谓"善学"，即"达人以学"，也就是会学则能学会一切，善学则能学得一切善，如此方能成人，此为首善教育的育人之要；所谓"善治"，即"群人以文"，也就是以文化凝聚社会，以文明和谐社会，此为首善教育的育人之本。

"三维路径"即从学生、学校和区域而言实现首善教育的三条路径：基础教育＋个性特长、质量＋特色、公平＋优质。"基础教育＋个性特长"是就学生成长而言的，前者强调学生要有正确的价值追求、足够的基础知识和良好的基本能力，后者是指每个学生都要成为他/她自己，具有自己的个性和与众不同的地方；"质量＋特色"是就学校发展而言的，前者强调学校教育应有一定的质量，能够确保学校获得有效的基础教育，后者则强调学校教育要办出自己的特色，让学生在这所学校获得其他学校所难以获得的成长；"公平＋优质"是就区域教育而言的，它必须首先保证区域内每个公民平等的受教育的权利，而后追求快速发展、优质发展。

"三首""三善"和"三维路径"勾勒了首善教育的体系，既有思想追求，又有实践路径，三者相辅相成，相得益彰，共同促进区域教育的整体发展。

# 二、"三首"的教育宗旨

在首善教育体系中，"三首"阐明了其教育的总体宗旨。依循这一宗旨，我们可以领悟到首善教育所蕴含的教育思想和教育追求，领悟到首善教育的教育哲学根基。

## (一)"首先"：立德为先的教育价值

在《国语》中有这样一则故事：晋国的重臣韩宣子忧虑自己家族贫困，著名智者羊舌肸(字叔向)去拜访他，以晋国另外两个重臣栾、郤两家的成败为例，反而向他祝贺。在这则故事中，叔向有一句名言得到了千古流传："若不忧德之不建，而患货之不足，将吊不暇，何贺之有？"可见，在中国文化中，道德的建立实在是成己立命之本，没有了道德，也就失去了人之为人的根本。《礼记·中庸》提出这样的命题："道也者，不可须臾离也。"为什么如此？朱熹对此解释说："道者，日用事物当行之理，皆性之德而具于心，无物不有，无时不然，所以不可须臾离也。若其可离，则为外物而非道矣。是以君子之心常存敬畏，虽不见闻，亦不敢忽，所以存天理之本然，而不使离于须臾之顷也。"

在西方文化中，道德的价值也得到了充分的肯定。古希腊思想家亚里士多德把道德理解为与人的终极意义相关联的东西，在他看来，"德行"并不仅仅是道德品格，而是与什么是人的目的、何种生活才是人类最好的生活等关系到人生的根本问题相关联。近代哲学家康德对此做出进一步的说明："良心是一种根据道德准则来判断自己的本能，它不只是一种能力，它是一种本能。"可见，道德与人生有着十分密切的关系。

正因为德育的价值如此之大，所以教育学之父、德国教育学家赫尔巴特说过，道德普遍地被认为是人类的最高目的，因此也是教育的最高目的。这一思想在中国的奠基中比比皆是，包括前面所提到的。在传统上中国人非常强调教育的教化功能，所有儒家学问都不过是教化之学。例如，孔子就认为，教育就是要引导学子"志于道，据于德，依于仁，游于艺"(《论语·述而》)。在我国古代的启蒙名典《弟子规》中，更开宗明义地指出："首孝悌，次谨信。泛爱众，而亲仁。有余力，则学文。"孝悌的家庭生活的道德，谨信的为人处世的道德，这些都应该放在首位。

在新的历史时期，德育为先的思想也得到了充分强调。在党的十七大报告中，明确提出要"坚持育人为本，德育为先"。《国家教育改革与发展中长期规划纲要（2011—2020年）》，进一步把"坚持德育为先"与"坚持能力为重""坚持全面发展"作为我国教育中长期改革与发展的战略主题。

如何做到"育人为先"？这首先就要求我们在教育工作中充分认识到德育对于个人和社会的价值和重要性，在任何时候都不能放松对德育工作的要求，真正把德育想在心头，抓在实处，见到实效。在德育内容上，我们则要把道德教育作为体现社会价值和正能量的重要途径，把社会主义核心价值观融入国民教育全过程，引导学生形成正确的价值观和世界观；把德育看作学生理想和信念形成的过程，引导他们坚定对中国共产党和社会主义制度的信念和信心；把德育看作学生个性品质的养成过程，培养他们团结互助、诚实守信、遵纪守法、艰苦奋斗的良好品质；把培育看作培养合格公民的过程，引导学生树立社会主义民主法治、自由平等、公平正义理念。

### (二)"首要"：树人为本的教育哲学

立德为先，立德是为了树人，因为人才是教育最为根本的目的。现代著名教育学家杜威曾经提出这样的命题："教育过程，在它自身以外无目的，它就是它自己自己的目的。"[①]他之所以如此说，在于他反对把教育视为获取前途或者获取知识的功利目的，认为教育应该关注人本身，教育的目的只是为了获得更好的教育，"教育即生长"。

十年树木，百年树人，如何才能够树人呢？我国对此做出了清晰的回答。2014年4月8日，教育部颁布了《关于全面深化课程改革，落实立德树人根本任务的意见》(教基二[2014]4号)(以下简称《意见》)，提出了全面深化课程改革"五个统筹"的工作任务：统筹小学、初中、高中、本专科、研究生等学段(包括职业院校)；统筹各学科，特别是德育、语文、历史、体育、艺术等学科；统筹课标、教材、教学、

---

① 夏正江. 杜威教育目的论略[J]. 教育理论与实践，1994(3)：1-8。

评价、考试等环节；统筹一线教师、管理干部、教研人员、专家学者、社会人士等力量；统筹课堂、校园、社团、家庭、社会等阵地。"五个统筹"从多个维度系统构建了全方位、立体化的育人体系。为了实现"五个统筹"，《意见》也提出了十项改革措施，其中最为重要的，就是"研究制订学生发展核心素养体系和学业质量标准"。

核心素养是终身教育思想的有效延续，也是联合国教科文组织、经济合作与发展组织（OECD）、欧盟、美国等基于世界发展趋势所关注的教育研究重点。其中，最令人瞩目的是 OECD，它于 1997 年即开始广邀学者展开"素养界定与选择"（Definition and selection of competencies：Theoretical and conceptual foundation, DeSeCo）的专项研究。这一研究从哲学、人类学、心理学、经济学、社会学等不同学科出发，对"素养"的学科基础进行了跨学科的探索，并依据两项重要的标准对素养进行界定：①个人成功发展所需；②未来健全社会所需。通过深入分析，最终确定了三个维度的核心素养：①互动地使用工具；②自主行动；③在异质社群中互动。"互动地使用工具"（using tools interactively）这类素养关注的是个体使用计算机之类的物理工具以及语言等社会文化工具，实现与世界的相互作用。工具不只是被动的媒介，也是个人与自身所处的环境之间积极对话的手段。"自主行动"（acting autonomously）就是要具有良好的自我概念以及把自身的需要和愿望转化为有目的行动的能力。DeSeCo 认为自主行动在现代世界中尤显重要，个人必须建立自我认同，并赋予生命以意义。"在异质社群中互动"（interacting in socially heterogeneous groups）这类素养强调个体与他人的互动，尤其是与自身不同的他人的互动。这种素养要求个人与他人一起学习、生活。

随后，欧盟 2000 年在里斯本召开高峰会议，确认要从终身学习的角度，为教育建构一套"核心素养"，最终于 2005 年发表《终身学习核心素养：欧洲参考架构》（*Key Competences for Lifelong Learning：A European Reference Framework*），公布了终身学习的八大核心素养：母语沟通，外语沟通，数学能力及基本科技能力，数位素养，学会如何学习，人际、跨文化与社会能力及公民能力，积极创新的企业家精神和文化表达。除此之外，美国、澳大利亚、英国，以及我国的香港和台湾地区等均提出了类似的概念。这充分说明世界发达国家和地区更加充分地认识到核心素养在教育中的价值。

核心素养在当前中国的教育中具有十分重要的价值。自改革开放以来，我国教育取得了长足的进步，国民教育水平也获得了飞速发展，教育质量也得到了明显改善。然而三十多年来，我国的应试教育也愈演愈烈，在高考中获得高分升入大学，甚至成为一些人进入学校读书学习的唯一目的。高考被神圣化，考分作为教育目的被唯一化，如此功利的教育目的也必然会导致教育的异化。在这样的氛围中，人们更加关注学科知识的学习，忽略学生自身的素质。有知识无素质，有考分无能力，成为我国教育发展之痛。在这种背景下，核心素养是一剂针对性非常强的良药，它能够让我们清晰地看到学生的成长需要什么营养，能够让我们超越单一的学科、单调的知识，让学生获得终身受用的素养。

首善教育中的"树人为本"，就是把立德树人作为教育的根本任务，从核心素养入手展开深入的育人工作。为此，我们需要从以下三个方面做出努力：一是研究制订各阶段学生核心素养发展体系，明确学生应具备的适应终身发展和社会发展需要的必备品格和关键能力，突出强调个人修养、社会关爱、家国情怀，更加注重自主发展、合作参与、创新实践；二是以核心素养体系为依据，构建科学的学业监测体系，让学校真正重视学生的终身发展，重视学生的核心素养，为中国未来的发展储备优秀的人才；三是以核心素养体系为依据，重构各级各类学校教育的课程，推动区域课程领导力建设，从根本上提升区域育人质量。

### (三)"首创"：创新为要的教育追求

2005 年，温家宝同志去看望生病的钱学森先生。钱老无限感慨地说："这么多年培养的学生，还没有哪一个的学术成就能够跟民国时期培养的大师相比。"钱老又发问："为什么我们的学校总是培养不出杰出的人才？"这就是著名的钱学森之问，也是我国教育的当头棒喝！

钱老问的是高校的问题，实际上与基础教育有着很大的关联。尽管我国基础教育在世界上的认可程度已经远远超过了高等教育，但是其最大问题恰恰在于我国的基础教育过深、过死，禁锢了学生的头脑，让学生还没有进入高校已经对学习丧失了兴趣，在课堂上也往往只会听讲，不会质疑；只会独学，不会合作；只会吸收，不会融通！

这种教育现状如果不改变，不仅不能解决钱学森之问，而且也难以满足我国经济、社会发展的需要。当前，我国已经进入了经济发展的新常态。在新常态下，中国经济发展有着与过去 30 年非常不同的特征：一是从高速增长转为中高速增长；二是经济结构不断优化升级，第三产业消费需求逐步成为主体，城乡区域差距逐步缩小，居民收入占比上升，发展成果惠及更广大民众；三是从要素驱动、投资驱动转向创新驱动。不管是结构优化，还是产业升级，都需要大批的创新人才，都需要我国由劳动力大国向人力资源大国转型。为此，教育承担着不可推卸的责任。

首善教育中的"首创"，就是强调要把创新意识、创新精神和创新能力的培养纳入教育的重要日程上来。所谓创新意识，就是头脑中有创新，时时刻刻想到要去超越，超越自我、超越他人、超越世界，只有不断超越，才有不断创新。所谓创新精神，首先就是质疑精神，如果不敢质疑已有的，不敢打破已有的，也就不会有新的出来；然后就是敢为天下先的精神，要敢于想昨日之未想，想前人之未想，做前人之未做。所谓创新能力，首先就是打破常规的思维能力，在别人求同中存异，在别人存异中求同，思维灵活地聚焦、发散；然后就是卓越的实践能力，也就是能够把好的思路付诸行动、转化为产品的能力。只有有意识、敢于想、能够做，学生创新的主体性才能够发挥出来。主体性是个体在实践中的主观能动性。这种能动性一旦发挥出来，个体就会在学习中焕发出主人翁意识，独立自主地探究知识，同时能够自我调节、自我控制，最大限度地发挥潜能，从而能够不断超越自我，超越有关的限制，最大化地表现出自身的创造能力。

# 三、"三善"的教育方向

在首善教育体系中，"三善"指明了其教育的发展方向。依循这一方向，我们可以理解首善教育内在的教育道路和教育风貌，领悟首善教育的具体内容。

## (一)"善心"：育人以心的育人之根

《礼记·大学》开端即有一段开宗明义的话："大学之道，在明明德，在亲民，在止于至善。知止而后有定，定而后能静，静而后能安，安而后能虑，虑而后能得。物有本末，事有终始。知所先后，则近道矣。古之欲明明德于天下者，先治其国；欲治其国者，先齐其家；欲齐其家者，先修其身；欲修其身者，先正其心；欲正其心者，先诚其意；欲诚其意者，先致其知，致知在格物……自天子以至于庶人，壹是皆以修身为本。其本乱，而末治者否矣其所厚者薄，而其所薄者厚，未之有也。"这段话在很大程度上说明了个体成长的关键，即个体成长的目的在止于至善，而达到这一境界，必须通过格物、致知、诚意、正心、修身、齐家、平天下的成长过程。成长的根本则在于修养自身，而修养的关键则在于正心。正如朱熹所认识的那样，"圣贤千言万语，只要不失其本心"，心善则人善，心正则人正，以心育人，育人以心才是育人之根。

育人以心是来自古代的卓有成效的传统，然而这一传统在现代教育中无疑并没有得到真正实现，所以我们对人的建设出现了巨大的问题。对这一偏差当代知名教育学家鲁洁先生在一篇文章中有非常明确的阐述。她认为当代的教育在现代化的转型中发生了变异，"它从指向人自身的存在，指向人的发展和完善，变异为征服、占有世界的工具"[①]。在这种教育变异的背景下，当代道德教育在境遇上被边缘化，在教育指向上被外在化，在存在形态上被知识化，不仅偏离人的自省本身，也偏离人自省所必须具备的活生生的实践。

要从心开始立德树人，则必须从内在与外在的交汇中关注经验的获得，关注心灵的成长。引导人自我超越是教育的根本使命。"我可能是什么"是教育要促使人永远向自己提出的问题，这一提问让人处于"是其所是"和"非其所是"双重性的生存样态之中，从而使自我处于不断超越之中。在人成长过程中，"召回良心"是道德教育所应承担的历史之重。而所谓的良心，也就是人自省自查自正的自律能力。这一能力的获得，不仅仅是古代智者所提倡的自省，更重要的是要走向生活："教育凝练人的良心，就要敞开人的自我，引导人走向生活，走向他者，使他们能直面生活中的矛盾和问题，去充分感受和体验生活中的真善美和假恶丑；同样，教育也要善于把人引回自我，使人逐渐学会对自己提出询问和质疑，学会倾听发自内心的声音……人也只有在走出自我的内在性，又走回自我的内在性的往复中，在感受、体验、反思、内省的螺旋中，也就是在内外的双向的建构中逐步地修炼成一个有良心

---

① 鲁洁. 边缘化　外在化　知识化——道德教育的现代综合症[J]. 教育研究, 2005(12)：11-14。

的人。"①

　　如何引导莘莘学子实现这种内外的建构，从而达成育人以心，培养其内在的良善呢？首善教育需要从三个方面来实现这种思想：第一，努力营造良好的思想环境，让学生所在之地充满善意和正能量，为开放的育人环境的营造奠定良好的基础；第二，引导学生走向广阔的生活世界去实践，让他们在实践中经历，在实践中体验，在实践中开放自我，获得自我的成长；第三，引导学生能够深刻地反省自身，正视那些来自内心的声音，不断发现现实自我与理想自我的差距，从而由心而起生发正向的成长力量。

### （二）"善学"：达人以学的育人之要

　　除了内在的良善之外，我们还需要有能力做好身边的事情，处理好周围的关系，由此转入首善教育的第二善——"善学"。唯善学方善能，唯善能才达人，善学是首善教育中的达人以学之道。

　　要理解"善学"，必须理解何谓学习。在学习研究的历史上，主要有四种学习观：行为主义学习观、认知主义学习观、建构主义学习观和具身认知学习观。行为主义学习观认为，学习就是行为的习得，而这一习得主要是通过刺激—反射的神经环路获得的。这一思想在实验研究中被发现了其有效性，然而它把人视同于动物，忽略了人内在的认知过程，被视为对人的尊严和意义的藐视，并因此被抛弃。认知主义学习观关注人在认识事物之时大脑的运转过程，认为学习是新的信息进入大脑获得长时记忆的过程或者新的信息融入已有的认知结构的过程。认知主义关注发生在大脑深处的内在的学习过程，但也只把学习视为个体的独立的信息加工过程，忽略了有关学习的更加复杂的因素。

　　建构主义学习观抛弃认知主义比较机械的信息加工过程，把学习视为主体运用已有的知识和外界环境相互作用的主动建构过程。在建构主义中，环境被视为一个影响学习的重要因素，这一环境既包括环境因素，也包括社会性因素。对社会性因素最为关注的苏联心理学家维果茨基，不仅提出了社会学习的概念，还强调在学习

---

　　① 鲁洁．道德教育的期待：人之自我超越[J]．高等教育研究，2008(9)：5．

过程中榜样的作用。对环境因素研究最为知名的学者是维果茨基的继承者迈克尔·科尔等人。他们认为学习是一种文化共同体的行为，尤其是莱夫和温格所提出的"合法化边缘参与理论"，描述了新知识的学习者从文化共同体的边缘开始，然后逐步转移到中心成为知识拥有者的过程。

具身认知学习观是在认知主义基础上建立起来的。它纠正了认知主义过于理性的取向，把认知与人自身的身体感受结合起来，强调身体在认知过程中发挥着巨大的作用。具身认知的中心含义包括：第一，认知过程进行的方式和步骤实际上是由身体的物理属性所决定的；第二，认知的获得也与身体的体验有着密切的关系，身体隐喻是理解的重要方式；第三，认知、身体和环境是一体的，认知存在于大脑，大脑存在于身体，身体存在于环境，三者相互影响。可见，具身认知学习观十分关注身体的体验，而且充分认识到身体体验对于学习的影响。如何通过经历、实践来提升身体对知识的体验是学习成功的一个重要前提。

首善教育积极借鉴上述教育学、心理学的研究成果，把"善学"建立在建构主义和具身认知的基础之上，最终形成了能够提升学生学习能力的思想体系：①确立能力为本的学习取向观，相信学习并不仅仅是为了学习本身，也不仅仅是为了学习知识，而是通过知识学习和行动实践最终形成能够思考世界、解决问题的能力。②确立学习过程中的学生主体观，即相信学生是独立自主的主体，所有的知识和能力必须通过学生自己的学习才能够完成；知识是学会的，并不是教会的。③确立学习过程的体验观，即相信学生的学习并不仅仅是信息加工的过程，还需要通过自身的实践参与，从而获得知识的主观意义乃至身体体验，如此才是真正的学会。④确立学习的生态环境观，即相信学习发生在一定的环境中，发生在一定的文化生态中；学习者与教育者之间，学习者与学习者之间彼此影响，互帮互助乃至形成学习的共同体。"善学"四观比较好地阐述了首善教育对于学习的理解和学习的价值追求，是学生获得成功的重要钥匙。

### （三）"善治"：群人以文的育人之本

党的十八届三中全会提出，全面深化改革的总目标是完善和发展中国特色社会主义制度，推进国家治理体系和治理能力现代化。其根本目的就是让一切劳动、知识、技术、管理、资本等生产力要素的活力竞相迸发，让一切推动社会发展的源泉充分涌流，让发展成果更多、更公平地惠及全体人民。首善教育的"首善"并不仅仅着眼于教育本身，而是立足于教育，通过教育之"善"来实现整个社会之善，以"善"为突破口实现整个区域的现代化治理。

### 1. 区域快速城市化对"首善"的呼唤

自 20 世纪 90 年代以来，中国就进入了一个快速发展的时期。经济高速增长，社会急剧转型，城市快速扩张成为新时期中国发展的主要特征。但与此同时，我国的上层建筑发展则相对比较缓慢，物欲膨胀、诚信缺失、道德滑坡成为中国日益增长的社会焦虑，也成为中国经济与社会发展的巨大障碍。

重庆市江北区是中国城市化发展的缩影。20 世纪 90 年代初，江北区还是一个非农业人口不足 10％、城市化率不足 5％ 的城市郊区，到 2010 年，已经发展成为非农业人口和城市化率都超过 95％ 的城市中心区。快速城市化让人们几乎一瞬间从农业社会跨入现代工业社会，从阡陌乡间进入大厦林立的世界。如何与现代文明接轨，如何形成与高速发展的经济和社会相匹配的精神世界和道德规范，成为江北区社会现代治理的核心追求之一。显然，首善教育是实现这一目标的重要途径。

首善教育之所以可以作为区域发展的重要途径，其根本原因在于过度的功利主义所带来的浮躁和焦灼。城市的快速发展虽然在一定程度上激活了人们对美好生活的向往，但是也激活了人们对物质利益和财富的追求，以致人们"走得太快而忘记了出发的目的"。这种匆匆赶路的心态让"成功高于一切"成为人们不择手段积聚财富的借口，也让雾霾成为人们心中挥之不去的阴影，更让"土豪"成为"中国式成功"的标志，同时还加剧了不同阶层之间的矛盾。应对这种精神坍塌、道德滑坡问题的主要手段，就是要重新唤醒在人们心中沉睡已久的善良美德，促使人们以善良来宽待他人，以善良来服务社会，从而营建一个和谐幸福的社会。

### 2. 首善教育是社会改良的核心

在人类历史发展过程中，社会和教育既是一种整体与部分的关系，也是一种相互影响的关系。社会发展为教育奠定条件，而教育则通过生产力要素的提供以及价值的传播来推动社会发展。然而，由于经济高速发展的社会更关注"生存的教育"，价值教育实质上成为缺失的一环，"药家鑫事件""宿舍投毒案"等，都是这种效率和价值不均衡的教育所带来的悲剧性后果。如果上述事件尚属个例的话，那"小悦悦事件"以及"扶不扶"的困境，透露出来的则是整个社会道德的荒芜和善良的缺失。如何重塑教育价值，重振价值教育，通过首善教育实现对社会的改良，就成为江北教育必须直面的问题。

首善教育如何实现对社会的改良？首先，首善教育必须通过各级各类教育把善的种子撒播在每个市民的心里，让善成为人们心灵的公约数，成为人们一种思想的自然。其次，要能够通过教育活动，在社会范围内建立善良共同体。这样的共同体以善作为共同追求，也在共同交往中奉行善的思想，履行并赞扬善的行为，从而实现陶行知先生的思想，即"同心同德，必养成于教育；真义微言，必昌大于教育"①。最后，首善教育必须引导社会建立以善为基础的知识教育和生存教育。对此，梁漱溟先生有着十分深刻的认识，他说："中国教育除非从此没办法则已，如其有办法，必自人生行谊教育之重提，而后其他一切知识技能教育乃得著其功；抑必将始终以人生行谊教育为基点而发达其知识技能教育焉。"②首善教育也必须以善德为基础，以行动为桥梁，而后人们所学习的知识技能才能够真正为社会所用，为社会谋福祉。换句话说，实现首善教育并非不要"生存教育"，让人民有一个良好的生存环境和生活境况，本身就是善的一部分，但是这种生存教育要建立在善德的基础上，而后才能够创造更加美好的生活。

### 3. 首善教育是实现善治的有效途径

所谓善治，就是政府和民间组织、公共部门与私人部门之间的合作管理和伙伴关系，以促进社会公共利益的最大化。其本质就在于政府与公民对公共生活的合作管理，是政治国家与市民社会的一种新颖关系，是两者的最佳状态。市民参与社会治理的一个重要前提就在于他们希望自我人生以及这个社会更加美好，而让这一前提得以体现就需要首善教育。反过来，首善教育并不仅仅是政府部门的首善教育，更是广大市民的首善教育，必须通过政府与社会、政府与市场的通力合作才能够完成。

在这个意义上，首善教育必须充分调动社会和市场的力量，共同为实现一个善的社会、一个更加美好的生活而努力。为此，作为教育管理部门，首先必须能够充

---

① 陶行知著：《中国教育改造》[M]，137页，北京，商务印书馆，2014。

② 中国文化书院学术委员会编：梁漱溟全集(第 2 卷)[M]，342页，济南，山东人民出版社，2005。

分发动人民群众来共同讨论善、理解善，在此基础上赞扬善、支持善；其次，建立市民参与首善教育的平台，让他们拥有参与讨论、管理和监督的权力和机会，从而履行"德业相劝、过失相规、礼俗相交、患难相恤"的市民公约，把善德贯彻到社会的每个角落；最后，教育行政部门，也要借助社会机构和市场的力量，让首善教育以更加灵活多样、生动活泼的方式展开。

# 四、"三维路径"的实践之道

任何教育思想和教育理念只有落到具体的行动上，才能够真正发挥作用。"三首""三善"阐明了首善教育的教育宗旨和教育方向，它们必须赋之以切实的行动，才会起到实效，真正为个人、学校和区域发展服务。"三维路径"就是经过多年的实践之后行之有效的首善教育的实践之道。依循这一实践之道，可以清晰地洞察首善教育的发展路向和实践策略，洞察首善教育的行动体系。

## (一)"基础教育＋个性特长"的学生成长路径

首善教育相信，学生始终是教育的核心，教育的一切发展行动，都必须紧紧围绕这一核心展开，偏离了这一核心，教育的所有设想和美好追求，都只是镜花水月。

### 1. 学生成长路径的辩证逻辑

在处理学生成长问题上，首善教育始终面临着两个重要的矛盾：其一，学生作为类的存在和学生作为独特个体的存在；其二，学生作为社会的存在和学生作为一个人的存在。作为一个区域的教育主题，首善教育首先要考虑的，并不是一个个独特的个体，它必须思考每一类学生的特征以及他们的发展需求，并在这个基础上建立其教育行动体系。为此，首善教育必须考虑学生发展需求的最大公约数，以此为方向来确定教育行动的底线。与此同时，区域教育承担着区域社会发展和现代治理的重任，它必须考虑社会发展对于个体的基本要求，同时确保这种基础要求能够在教育体系中得以完成，如此才是对社会负责，对每个个体负责。

然而，如果我们仅仅从类的存在教育，从社会发展的需求角度来考虑学生的成长，就会存在两个危险：第一，我们的眼光可能会盯着类的特征和社会的需求，把学生群体概念化、抽象化，反而忽略了每个学生都是活生生的个体，每个个体都有自己独一无二的成长需求，最终成为"目中无人"的教育；第二，由于教育"目中无人"，实际上我们也很难真正理解并把握作为类的存在的学生以及他们真实的需求。这个时候，我们就很容易把自己的主观臆断以及成人意志强加到学生头上，形成所谓"科学的"教育体系，最终应用统一的要求把学生变成"千人一面"的存在。毫无疑问，我国教育当前最大的危险就在这里。

正因为面临着上述两重逻辑困境，所以首善教育在学生发展路径上建立了辩证的逻辑：任何学生的类的发展，都是以个体学生发展为基础，只有每个个体都生动活泼地发展，类的发展需求才能够得到真正满足；反之，任何学生个体的发展也必须以类的发展为前提，只有具备了类的特征，学生才能够成为他自己。任何社会对学生发展的要求，都必须通过一个个具有独特个性的学生个人来完成，没有个人的发展，也就难以满足社会对学生发展的需求；反之，每个学生个人的发展，必须符合社会对个体的发展需求，这样个体的发展才真正能够得到社会的支持和保障。

在上述辩证逻辑的指引下，首善教育确立了"基础教育＋个性特长"的学生发展路径，即站在学生作为类的存在的发展以及社会对学生发展要求的基础上，大力发展基础教育，确定学生的发展底线，夯实学生发展的根基；站在学生作为个体存在的发展立场上，努力推动个性化教育，使每一个孩子都有自己独特的发展方向，都能够成为他/她自己。基础教育为个性特长的发展奠基，个性特长的发展又成为基础教育的完善和动力。基础教育是首善教育的生命线，个性特长教育是首善教育的催化剂和七彩衣，二者相辅相成，共同促进学生的健康发展。在这个教育命题下，首善教育着眼于未来教育，把学生成长要素中那些关键的、不可或缺的品质、能力、才干及精神面貌（即核心素养和关键能力）的开发与培育作为自身的重要使命。

**2. 奠定学生成长的基础**

基础教育作为学生发展的根基和底线，是首善教育所必须确保的"规定动作"，必须做好做实，只有这样才会对区域社会和经济的发展起到奠基作用，对学生个性的发展起到真正的促进作用。为此，首善教育要做好以下工作。

第一，做好核心课程的建设工作，确保牢固的知能基础。区域建立核心课程名单，要求各级各类学校对于核心课程必须开齐、开足，必须有高质量的课程实施体系，必须确保课堂的教学效能，同时区域通过各项督导活动和教研活动来促进上述工作的完成。通过这些措施，让学生真正拥有牢固的知识和能力基础，满足社会和升学的要求，同时也为个性成长做好准备。

第二，建立核心素养体系和教育监测体系，确保扎实的教育质量。区域积极推动各级各类学生核心素养体系和学科素养体系的研究，并在上述体系的基础上建立科学的教育监测指标和监测工具，对区域内的各级各类学校学生的学习进行有效的监测，同时积极把监测结果反馈给学生，并通过教研机构提供有效的质量提升建议。通过这样的过程，确保区域教育质量扎实、学习质量坚实。

### 3. 促进学生的个性化发展

个性化发展是基础教育的有效补充，也是首善重要的教育追求所在。因此，我们必须在做好基础教育的基础上，积极推动学生的个性化发展。具体来说，首善教育要做好以下几项工作。

首先，改革课程结构，丰富课程形态。学生的成长是以课程为基础的，只有丰富多样的课程，才能够为学生个性化的成长提供可能。首善教育在满足基础教育的基础上，提倡学校和教师打破现有的以学科课程为主的课程结构，补充更多的活动课程、生活课程和综合课程；打破以考试或者考查学科为主的课程体系，增加体艺类、游戏类课程，让学生有更加广阔的课程空间，形成丰富多彩的课程形态，满足学生对不同素养的需要。

其次，形成学校课程的多样化选择，加大课程的开放性。个性是选择的结果，因此要促进学生个性化的发展，就必须要有可以选择的课程。为此，首善教育提倡学校在加大学校课程丰富性的同时，加大学校课程的可选择性，增加选修课，在条件允许的情况下，为学生开展社区选修课、单位选修课和暑期游学课，开放课程空间，让学生有更多的机会了解生活、了解社会。

再次，开展多项活动，为学生提供展示的舞台。个性需要展示，个性也在展示中得以发展和释放，因此，首善教育积极推动学校以及区域开展多项活动，让更多的学生可以展示他们的才华，显示他们独特而富有生命活力的个性。除了线下的平台之外，首善教育也积极建构线上平台，让线上评选活动、线上展示活动成为教育的一种常态，让学生以及他们个性化的作品都展示出来，获得更加丰富多样的成长经历。

最后，积极开展综合实践活动，激活学生主体性和创造精神。主体性和创新性

是学生个性的重要表征，其往往需要通过综合实践活动才能够得到更好的激发。首善教育提倡学校开设更多的综合实践活动，通过学生对实际活动过程的亲历和体验，打破教材、课堂、学校的局限，通过开放的活动时空，密切学生与自然、社会和生活的联系，从而促进学生多方面的情感、态度、价值观的成长，激活他们的主体性和创造精神。

### (二)"质量＋特色"的学校发展路径

学校是教育的关键场所，区域教育发展必须以学校为单位才能够得到有效的发展。必须关注学校、重视学校，以学校为重心推行首善教育，首善教育才能够落到实处，见到实效。

**1. 区域推动学校发展的辩证逻辑**

和学生发展路径一样，当区域推动学校发展时，同样会面临着一个双重的逻辑困境。第一重逻辑困境在于：一方面，学校发展必须保障基础教育的质量，如此学校才有生存空间和可信性，而这种保障必须基于学校类的规定性；另一方面，学校必须避免千校一面，增强自身的可识别性，如此才能够获得自身的声望。第二重逻辑困境在于：一方面，区域社会对学校发展有着一定的期待，而这种期待往往是基于学校类的规定性而非其独特性；另一方面，社会要真正认同一所学校，就必须发现其独特性。

长期以来，上述矛盾是以"重点学校＋普通学校"的方式来解决的。重点学校以及卓越的教育质量兼顾了社会对教育质量和学校识别性的需求，普通学校则无可奈何地在两个方面都甘于平庸。然而随着我国经济社会的发展，随着对教育均衡发展和教育公平的追求，这一方式已经逐步退出历史舞台。它反而要求每一所学校都在质量上达到优质，同时也具有自身的特色，上述逻辑上的悖论再次凸显出来。

首善教育解决上述两个困境的法宝依旧是辩证逻辑，即特色化就是一个合格学校的标准。反之，特色化也必须是在合格质量基础上的特色化，有特色才是真正的有质量，有质量才可能建立特色。

**2. 做好学校发展质量工程**

首善教育所提倡的学校发展质量工程，从实质上来说就是学校的内涵发展工程，这一工程需要学校做好以下几个方面的工作。

第一，明确学校理念，确立学校教育哲学。教育理念是学校办学的方向和灵魂，一个学校只有发展方向清晰了，才能够凝聚人心，鼓舞斗志，才会系统化、有目的地改善学校的各项工作，促进学校健康、快速发展。

第二，推动学校课程系统化建设。以学校教育理念或教育哲学为根基，对学校课程进行系统规划，实现国家课程校本化和校本课程体系化，从而提升教育的质量。

第三，改革教学结构，提升教学效能。改变教室的空间结构和师生的关系结构，使之更符合以生为本、以生定教的精神和要求，充分激发学生的主体性，在使课堂充满生命活力的同时提升教学质量。

第四，推动校本教研，提升教师素质。教师素质是教育质量提升的基础，而提升教师素质最有效的途径还是校本教研。为此，首善教育推动教研、科研合一，推动基于学校发展、基于课程改革、基于教学改进的校本教研活动，使教科研活动富有实效，大力提升教师素质。

**3. 促进学校特色建设**

学校特色分为五个层级：环境特色，即一所学校通过校园文化建设，在优化、美化校园环境中做出特色；项目特色，即一所学校把某个项目发展好，发展亮，如足球、武术、泥塑等；教学特色，即依据一定的教育思想对学校的教学进行改进，形成富有学校特色的教学模式或教学模式体系；课程特色，即做好某一课程的体系化工作，让自己学校的学生具有某种鲜明的特色或某些方面的卓越能力，如阅读课程特色；整体特色，也称理念特色，即系统化的学校建设和教育改革，使学校的各个方面的工作，包括学校文化、课程、教学、教研、科研、教师专业发展、教育管理都能够实现理念渗透，实现学校发展各要素之间的相互支持和相互促进。

首善教育在推行学校特色建设的过程中，充分考虑到了学校自身的情况，既强调统一的系统和标准，又强调学校要依据自身的实际情况来选择特色建设项目；既提倡大家进行整体特色建设，也欢迎其他层级的特色学校出现。在这种多元标准下，学校的特色才能够百花齐放。

## (三)"公平＋优质"的区域教育发展路径

首善教育是区域教育发展的主题，其最终的作用必须落在区域的发展上。《国家中长期教育改革和发展规划纲要(2010—2020 年)》明确提出二十字的工作方针：优先发展，育人为本，改革创新，促进公平，提高质量。落实到区域发展上，就有两大时代主题：公平与优质。公平是对区域发展的底线要求，而优质则是对区域发展的核心要求。优质必须建立在公平的基础上，而公平也不能以牺牲优质为代价。首善教育所要做的，就是推动二者相互促进，均衡发展。

### 1. 推进教育公平

教育公平简单来说，就是受教育机会的公平，就是发展机会的公平。一个区域必须确保每个公民拥有公平受教育的权利，才是尽到了自己的责任。作为重庆市的主城区，江北区在统筹城乡教育发展、推动教育均衡方面做了大量的工作。具体表现在以下几个方面。

在学前教育阶段，着力打造普惠幼儿园，解决幼儿入园难、负担重的问题。自2011年开始，我区在普惠幼儿园建设上每年投入2000万元，共建设普惠幼儿园65所，让11000名儿童能够进入幼儿园学习。与此同时，积极展开幼儿教育科研与改革，提升幼儿园办园品质，实现幼儿教育的"价低质优"，满足广大群众对优质学前教育的需求，让我们的孩子不仅能入园，而且能上好园。

在义务教育阶段，着力打造教育特色，充分展示学校自身的存在价值。我们着力打造"一校一景，一校一品"，形成"大家不同，大家都好"的现代化教育格局，出现了一批以"书画艺术、体育健康、科技创新"为特色的办学成果。在各级各类中小学生艺术展演、中学生田径锦标赛、特色学校评选、学校管乐团评比等竞赛中，江北区都取得了可喜的成绩。

在职业教育阶段，积极开拓具有地域特色和市场潜力的专业，让职业学校的学生不仅能就业，而且就好业，成为各行各业有用的人才。重庆市两江职教中心、重庆市女子职业高级中学都为江北区社会事业和经济的发展做出了卓越的贡献，也为重庆市乃至全国各地输送了大量的优秀人才。此外，积极鼓励各种社会团体和企事业单位创办职业技能培训、农民工培训、下岗职工培训，近五年来，江北区累计投入2.63亿元，为提高就业率和促进社会稳定和谐发挥了重要作用。

### 2. 创建优质教育

尽管公平与效率有一定的矛盾，在一定程度上不能兼顾，但在推进教育公平的过程中，不能削峰填谷，而要促进优质教育的发展，建立优质教育基础上的公平，实现高位均衡发展，这样才无愧于首善之名。对此，江北区也做了不少工作，具体表现在如下几个方面。

首先，优化整合教育资源。大力推进集团化办学，先行推进新村小学与鱼嘴小学等四对八所学校的试点工作，另将南桥寺小学、石盘小学、华渝实验学校三校整合为一个优质学校，发挥重庆市教科院专家的引领作用，采取市教科院、区教委、华渝实验学校三方合作共建形式，挂牌"重庆市教科院华渝实验学校"，从而大幅度提升该片区学校办学水平。

其次，提升学校办学品质。江北以建设"百年老校""百年名校"为目标，在2012—2015年投入5000万元，着力实施"学校文化建设工程"，充分挖掘学校历史文化传承，建设先进的课程文化和制度文化，夯实班级文化和教师文化，引领学校内涵发展。

最后，切实杜绝"短板效应"。对农村偏远及薄弱小规模学校实行全方位倾斜政策。在公招和人才引进上进行倾斜，优先满足农村边远缺编学校；积极推动中小学教师区域交流工作，激发"蝴蝶效应"，带动提高农村边远及薄弱学校的师资水平。江北区大幅度提高了农村边远及薄弱学校的教师培训、办公、设备更新添置等方面的经费补助标准，开通了农村地区校车，实施了学生营养午餐补助项目。

首善教育是一个博大精深的体系，也是一个不断发展、完善的教育体系，其内在的品质需要我们不断探索、不断建构。在这个意义上，首善教育寄托了一代教育人对教育的憧憬和美好期望，承载了一个区域对教育发展的期待和追求，但它永远在路上，在大家的实践中。

# 第二章　首善教育的研究述评

只有站在高处，视野才会更宽阔，才能明白自己要走的路。对于首善教育理论与实践的深化研究，我们通过查阅文献资料，并以所查阅的文献资料为依据，试图对国内外首善教育的研究成果和现状进行述评，以寻找对其研究有益的材料以及思路。

## 一、国内首善教育研究综述

从现有的文献资料看，我国现代意义上的首善教育研究是从 2010 年开始的，而对于首善的研究则开始于 20 世纪 80 年代。1983 年，《瞭望》2 月刊发表了《春风又绿"首善区"——河北瞭望》的文章，拉开了首善研究的序幕。2010 年，《安徽教育》2 月刊发表的《依托教育强区 打造首善教育 让庐阳教育成为首善之区的一面旗帜》则开创了首善教育研究的先河。即便如此，迄今为止，在中国期刊网上也只有六篇以"首善教育"为题的论文。这从一个侧面说明了首善教育并未受到研究界的重视。简言之，引起研究者们对首善教育问题的关注和重视只是近几年才发生的事。

### (一)关于首善的内涵研究

西汉武帝在位时，学官公孙弘痛心于"道"之"郁滞"，乃请诸朝廷："闻三代之道，乡里有教，夏日校，殷日序，周日庠。其劝善也，显之朝廷；其惩恶也，加之刑罚。故教化之行也，建首善自京师始，由内及外。"公孙弘从儒家传统的中心论出发，拟设了一个以京师为核心，向四面八方辐射延伸的教化网络。他认为无论是教育的振作，还是教化的普及，都应该从京师入手，立足京师，"由内及外"。也就是说，京师的"首善"意义，首先表现为它是国家主流文化的孵化器和辐射源。①

有学者指出，"首善"二字最早出自东汉史学家、文学家司马迁的《史记·儒林列传》。"故教化之行也，建首善自京师始，由内及外。""首善"在此句中是指最好的地方，堪称表率之地。"首善"亦指首都。清代毕沅的《续资治通鉴·宋哲宗元祐元年》指出："学校为育材首善之地，教化所从出，非行法之所。""首善"指最好的地方。在该学者看来，"首善"一词是中华文化的精髓之一，具有深厚的民族文化底蕴。这些宝贵的经典文化为"首善文化"的提出与实践提供了坚实的人文思想根基。该学者还强调，学校使用"首善"一词，绝不是对这些理念的简单复制和移植，而是弘扬民族文化精神，将多年的办学积淀与我国优秀的民族文化传统和未来发展结合起来。作为学校文化核心价值理念的"首善"，一为首端。首，开始；善，良好的内涵素质，就是给孩子最好的人生起步，为孩子终身发展奠基。二为首位。首，第一；善，好。于是，该学者提出，"首善"即最好，首善之校就是办最好的学校，包括硬件环境、师资队伍、管理水平、教育品牌、学生群体等。②

也有学者认为，首，就是第一；善，就是最好。"首善"形容的就是能够起到表率作用，达到最优秀、最好的水平。③

还有学者认为，"首善"既是一种绝对的正面价值判断，又是一个与时俱进的相对概念，它代表着在不同领域追求"一流水准"的阳光心态，是全社会所需要的进取建设精神。"首善"以创新、创意和创造为内核，代表着永无止境的奋斗生涯。"首善"是方向，是由低向高运行的过程。因此，不同领域、不同行业在不同社会历史阶段必然依赖于具体细分的任务，轮流突出、分步实施等，符合事物发展的规律，将严格要求、较高标准体现在讲求程序、完善链式操作方面。首善过程和首善成果，从来就是创意创新与艰苦奋斗行为的共同产物。优秀创意和先进文化使"首善"增添了实现的可能，"首善"可为文化创意提供新的起点和生成产品、产业的良好发展空间。为此，他提出

---

① 郑师渠."首善"之区与北京文化建设[J]. 北京师范大学学报（人文社会科学版），2004（5）：90。

② 黄荣，杨德强. 从艺术特色到首善文化的嬗变[J]. 教育发展研究，2012(8)：19。

③ 王成荣. 践行北京精神 建设首善商业[J]. 北京商业，2012(4)：9。

了"首善"精神的着眼点和着力点都是人，是"人的现代化"的观点。①

有学者认为，大约从宋朝起，"首善"一词就专指国都（如李觏的《安民策第三》），意思是国都文化水平最高，是全国的楷模。从表面上看，是因为国都积聚了国之英才，有规模最大、级别最高的学校（"太学"），其实最本质的原因是朝廷、中央机关集中于此，形成了政治中心。而封建农业社会的所谓政治，是包括伦理道德的，因而是文化的主干。②

有学者强调，"首善"的"首"先取起始、开始、初步之意，"善"指良好的内涵素质，"首善"即为孩子做人之善，为人起步之善；其次，"首"为第一，"善"即好，"首善"即最好，"首善"之校即为最好的学校。③

以上这些研究所发现的首善内涵主要有以下五个方面：第一，"首"指向的是开始、首位、第一之意。第二，"善"指向的是良好的内涵素质、最好之意。第三，"首善"意为国都，代表着文化的主干，是国家主流文化的孵化器和辐射源，引申为最好的地方，可以起到表率作用，达到最优秀、最好的水平。第四，"首善"之内核，是创新、创意和创造，着眼点和着力点是"人的现代化"。第五，"首善"既是方向，也是过程。方向代表严要求、高标准；过程则指向讲求程序、完善链式操作层面，最终指向一流水准。

## （二）关于首善之区的研究

有学者从中国传统文化中寻找首善的元素，认为首善源于《汉书·儒林传序》的"建首善自京师始"，后用"首善之地"指首都。又曰，清代钱谦益在《贺朱进士叙中指出》："辇毂之下，首善之地，得一士焉。"首善之地亦作"首善之区"。鲁迅《彷徨·示众》："首善之区的西城的一条马路上，这时候什么扰攘也没有。"于是，"首善之区"被通俗地理解为"最好的地方"。④

---

①　沈望舒．人的现代化与首都城市文化的首善精神[J]．城市问题，2007(4)：52-53。

②　许嘉璐．首善之区需要首善文化[J]．北京师范大学学报(人文社会科学版)，2004(1)：96。

③　李红杨，余红菊．彰显"首善"本色 促进内涵发展[J]．学校党建与思想教育：下半月，2011(12)：55。

④　王婷．"首善"宣言[J]．商周刊，2009(3)：42。

　　有学者以构建首都文化特质为着眼点，探究了北京从"首善"到"人文"的心路趋向，认为"首善之区"是首都城市精神，北京文化特质；人文北京、科技北京和绿色北京三大理念支撑起"首善之区"的内容框架；人文是科技与绿色的内核，人文水准决定着"首善"的规模质量。首都城市的真正现代化，关键在于提升人的现代性，使国内外民众广泛感知"善意"，认同"首善"。因此，首都文化建设的着眼点在于以人文、科技和绿色为资源的善意传播，着力点在所有领域认真"积累善意"。在该学者看来，善意相对于恶意，是对人心理活动的一种判断；善意是和睦关系的前提，因此，善意必自内心发出，有得体表达形式，被相关者感知、理解和接受，并回馈对应的善意。积累善意是文化修好，大者来自世界和平发展的主流趋势、社会稳定和谐不断进步的需要；小者关乎平和个人心态、实现幸福生活、全环境创造安全美好气氛。①

　　也有观点认为，"首善之区"建设，核心就是要以人为本，破除"见物不见人"的传统城市发展理念和模式，把城市建设成为培养人、塑造人、促进人的全面发展的人类家园。从这个角度出发，我们要建设首善之"区"，首先就要培育首善之"人"；培育首善之"人"，首先就要培育首善之"心"。颗颗首善之"心"不仅要在同胞遭遇灾难之时展露出大爱、大德、大义之"善"，亦应在城市发展进程中体现出珍惜生命、宽容理性、恪尽职责、遵纪守法、文明好礼之"善"。②

　　国务院批准的《北京城市总体规划（2004—2020 年）》指出：首都北京要"创建以人为本、和谐发展、经济繁荣、社会安定的首善之区"。2014 年 2 月 25 日，习近平总书记来到北京市就全面深化改革、推动首都更好发展，特别是破解特大城市发展难题进行考察调研。26 日，他主持召开座谈会，听取北京市工作汇报，并发表重要讲话，就建设首善之区提出五点要求。一是要明确城市战略定位，坚持和强化首都全国政治中心、文化中心、国际交往中心、科技创新中心的核心功能，深入实施人文北京、科技北京、绿色北京战略，努力把北京建设成为国际一流的和谐宜居之都。二是要调整疏解非首都核心功能，优化三次产业结构，优化产业特别是工业项目选择，突出高端化、服务化、集聚化、融合化和低碳化，有效控制人口规模，增强区

　　① 沈望舒 . 从"首善"到"人文"的心路趋向：浅述构建首都文化特质的着眼点［J］. 北京联合大学学报（人文社会科学版），2009(4)：17-19。

　　② 曾卫康 . 建首善之区先要培育首善之人［N］. 广州日报，2008-06-05(A2)。

域人口均衡分布，促进区域均衡发展。三是要提升城市建设特别是基础设施建设质量，形成适度超前、相互衔接、满足未来需求的功能体系，遏制城市"摊大饼"式发展，以创造历史、追求艺术的高度负责精神，打造首都建设的精品力作。四是要健全城市管理体制，提高城市管理水平，尤其要加强市政设施运行管理、交通管理、环境管理、应急管理，推进城市管理目标、方法、模式现代化。五是要加大大气污染治理力度，应对雾霾污染、改善空气质量的首要任务是控制 PM2.5，要从压减燃煤、严格控车、调整产业、强化管理、联防联控、依法治理等方面采取重大举措，聚焦重点领域，严格指标考核，加强环境执法监管，认真进行责任追究。①

　　天津市河西区贯彻落实天津市委、市政府提出的"努力使河西区成为天津经济社会发展首善之区"的要求，有观点指出，河西区要构筑天津"首善之区"的精神高地和灵魂工程。一是切实把构建"精神高地"纳入"首善之区"建设的整体规划；二是把着力提高整体文明程度作为建设"首善之区"的重要目标；三是以弘扬社会主义核心价值观、全面提升市民文明素质为重点；四是把提升公共文化服务水平作为构筑首善之区"精神高地"的重要途径。② 也有观点认为，首善之区建设具有三个价值维度。第一个价值维度是首善地位、首善环境、首善产业、首善文化、首善和谐和首善队伍，这是重要基础；第二个价值维度是目的性价值，亦即人民共建共享；第三个价值维度是制度性价值。要发挥首善之区建设的引领示范作用，并使之可复制、能推广，其所固化的制度性价值尤为重要。在该观点看来，首善之区建设的三个价值维度其内在逻辑是：第一个维度是基础，第二个维度是目的，第三个维度是保障；正确处理三者关系是在首善之区建设中应着力把握的事情。③

　　以上研究表明，所谓首善之区就是"最好的地方"，为此要建立首善地位、首善环境、首善产业、首善文化、首善和谐和首善队伍。习近平总书记就建设首善之区提了五点要求，这五点要求既有战略定位，又涉及产业调整、基础设施建设、城市管理、治理大气污染等方方面面，为北京建设首善之区指明了方向。一是要把北京

---

① 　新华每日电讯．习近平就建设首善之区提 5 点要求［EB/OL］．http：//news. xinhuanet. com/mrdx/2014-02/27/c_133146611. htm。

② 　戴木才．筑牢天津"首善之区"的灵魂工程［N］．天津日报，2014-10-27(013)。

③ 　史瑞杰．河西首善之区建设：价值维度与动力机制［N］．天津日报，2014-10-27(013)。

建设成为国际一流的和谐宜居之都；二是要促进区域均衡发展；三是要打造首都建设的精品力作；四是要推进城市管理目标、方法、模式现代化；五是要加强环境执法监管。此外，各地在首善之区建设上进行了卓有成效的探索，如广州市强调首先就要培育首善之"人"，培育首善之"人"，首先就要培育首善之"心"。天津市河西区则从精神高地建设与价值的角度分别进行了探索，提出了首善之区建设的目标、重点、途径以及基础维度、目的维度、保障维度。

### （三）关于首善文化的研究

有学者指出，"首善"文化是以世界眼光、中国灵魂和学校历史为主线，在全校师生家长中根植"以善育善"的理念，使师生在"起步于善，善中求善，止于至善"的过程中，共同经营成长，共同追求为人做事的至高境界，共同开启幸福的人生。为此，他们提出了"首善"是教育思想的根植，"首善"是教育目标的追求，"首善"是教育方法的探究的"首善"文化的教育意蕴。他们强调"首屈一指"是办学目标，追求最好；"善行一生"是育人目标，着力培养具有个性特质、内涵丰富，与己为善、与人为善、与自然为善的首善者；"日行一善"是首善教育的过程特征。"首善"文化强调尊重教育规律，主张"以善育善"，既注重学生的自主修炼，也注重教师言传身教和环境的熏陶。教师通过营造"首善"的教育氛围，展现独特的个人修养和人格魅力，对学生进行智慧的启迪、情感的丰富、人格的熏陶，最终实现"善"的浸润。它是将知识与技能、过程与方法、情感、态度与价值观三维目标融合为一体的教育过程。同时，"首善"文化的核心理念是：育才首善，教化不言。"首善"之校是尚善、从善、育善、养善之所，是育才首善之地。这里的"才"，一是人的内涵素质，二是能胜任某一特殊工作的人才。育才首善，就是办最好的大众化教育。教化不言，就是遵循教育规律，追求教育至高境界，包括教育思想、教育手段、教育艺术和教育效益。为此，他们提出了从艺术特色到首善文化嬗变的构想，其核心是培育形成"以善孕善"的环境文化、"善中求善"的制度文化、"以善育善"的课程文化、"以善养善"的活动文化以及"尚善至善"的主体文化。①

也有学者以北京作为全国的首善之区，以建设首善文化为例，认为首善之区建设

---

① 黄荣，杨德强．从艺术特色到首善文化的嬗变[J]．教育发展研究，2012(8)：17-20。

衡，让每所学校都精彩，让每位教师都发展，让每个孩子都成功，实现教育的高位均衡发展。一是优化整合教育资源。大力推进集团化办学，先行推进新村小学与鱼嘴小学等四对八所学校的试点工作，另将南桥寺小学、石盘小学、华渝实验学校三校整合为一个优质学校，发挥重庆市教科院专家的引领作用，采取市教科院、区教委、华渝实验学校三方合作共建形式，挂牌"重庆市教科院华渝实验学校"，从而大幅度提升该片区学校办学水平。二是提升学校办学品质。江北以建设"百年老校""百年名校"为目标，在 2012—2015 年投入 5000 万元，着力实施"学校文化建设工程"。三是切实杜绝"短板效应"。对农村偏远及薄弱小规模学校实行全方位政策倾斜。

其二是建设开放教育特区，彰显教育活力。一是要立足区位优势谋划开放教育。随着两江新区的建设，江北区的城市核心地位不断提高，国际化窗口功能也进一步凸显，江北教育正不断加大对外开放程度，加快国际化、现代化、多元化的开放教育特区的建设力度，向教育发达地区学习，借鉴、吸收别人的先进经验，从而更快地建设好现代化教育首善之区。二是加强干部教师培训的国际交流。江北教育加强了与京津沪等国内教育发达地区的教育交流，同时，还与香港教育学院、新加坡国立大学、美国陶森大学以及英国的一些高校建立了合作关系，充分吸纳国际优秀教育思想和教育策略。三是加强国际化课程建设与资源开发。连接重庆、东亚和欧洲的国际铁路沿线上有很多小语种国家，需要多语种的国际化人才。江北区正处于这条国际铁路上，计划选择条件好的学校，建设优质学校，设立国际部，开发国际化课程及其教学资源，培养留学预备生。

其三是建设特色教育名区，提升教育品质。一是鼓励学校办出特色，充分地展示学校自身的存在价值。着力打造"一校一景，一校一品"，形成"大家不同，大家都好"的现代化教育格局，出现了一批以"书画艺术、体育健康、科技创新"为特色的办学成果。二是鼓励教师形成自己的风格。江北区教育系统设计了干部教师队伍专业发展的"五大工程"，为教师专业化发展创造条件，鼓励教师积极进行专业研修。三是要培养学生的个性特长。鼓励学校结合区域、学校实际情况，立足民族文化、国际视野，开设选修课，提供菜单式校本课程，提供多元的发展环境。①

---

① 马培高 . 首善教育的选择与实践[J]. 未来教育家，2013(12)：16-17。

　　湖北省宜昌市实验小学通过特色环境，营造"首善"学园；特色德育，浸润"首善"心灵；特色校本，提升"首善"素养；特色评价，激发"首善"潜能等方式探索与实践儿童特色管理，打造"首善"教育。通过完善环境文化建设，构建"首善"校园；建立和谐教师文化体系，塑造"首善"团队；创建高效学科课堂，确保"首善"质量来不断完善儿童特色管理，永葆"首善"本色。①

　　天津市河西区教育系统围绕"建设教育强区，打造首善教育"的目标，扎实推进教育工作，高标准完成了全年各项任务目标。一是合理布局，提升学校硬件水平；二是优质均衡，各类教育协调发展；三是完善提升，扎实推进师资建设；四是优化网络，加快信息化建设。②

　　山东省莱芜市莱城区始终坚持以"农村学校城市化、城区学校优质化、办学条件标准化"的改革和发展为总目标，秉持教育事业优质均衡发展、科学内涵发展、健康协调发展，扎实推进各项工作，为全区城乡提供了更多的优质教育资源，勾画出了首善之区的教育蓝图。一是强化经费管理。莱城区贯彻各级教育经费政策法规，多渠道筹资，不断增加教育投入，着力构建覆盖城乡的教育公平体系。二是办学条件标准化，为教育插上腾飞的翅膀。三是教学质量是教育的生命线。③

　　天津市河西教育系统将实施"干部队伍提升""名校长培养""后备干部成长"三项工程，全面推进领导班子和干部队伍建设，为实现河西首善教育提供坚实保障。出台了《河西区教育系统关于加强干部队伍建设的实施意见》《河西区教育系统干部队伍提升工程的实施方案》《河西区名校长培养工程实施方案》《河西区教育系统后备干部成长工程实施方案》《河西区教育系统干部队伍目标管理绩效考核实施方案》等系列文件，明确了今后干部队伍建设的指导思想、工作目标和举措。④

　　以上这些关于首善教育实践的研究所发现的首善教育的建设方法主要有以下四个方面：一是教育公平。教育通过优质均衡实现资源的有效配置，实现优质教师的

---

　　① 李红杨，余红菊. 彰显"首善"本色 促进内涵发展［J］. 学校党建与思想教育，2011(4)：55-57。

　　② 编辑部. 建设教育强区 打造首善教育——河西区高标准完成 2013 年教育目标［N］. 天津日报，2014-02-26(006)。

　　③ 许俊华. 莱城区：首善教育惠泽百姓［N］. 莱芜日报，2014-01-30(B01)。

　　④ 张超，邵春琦. 为实现首善教育提供保障［N］. 天津教育报，2013-12-11(001)。

有效配置，从而提升学校办学品质。二是教师队伍建设。加强干部教师的培训、交流，促进教师专业发展。三是课程改革。加强课程建设与资源开发，实现国家课程校本化、校本课程特色化、特色课程精品化。四是文化建设。鼓励学校办出特色，充分展示学校自身的存在价值。着力打造"一校一景，一校一品"。我们可以把首善教育实践的研究特点归纳为以下三点：第一，这些文献对首善教育的建设所提出的方法基本上是大同小异、交叉重复的，而这又恰恰说明，首善教育建设具有共性。从这个意义上讲，出现交叉重复是正常的，是研究结果的殊途同归，因此并没有降低这些研究的价值。第二，若依据这些研究成果来建设首善教育，相信会明显地提升首善教育。第三，大部分的研究都是从教育实践的角度来提出首善教育建设的相关问题，不外乎教育公平、教师、课程、文化等内容，从哲学的层面来研究首善教育提升的很少。

考察国内首善教育研究文献，我国在首善教育的研究方面取得了一些成绩，不仅为开创具有中国特色的首善研究做出了贡献，而且也为首善教育的进一步深入研究奠定了多元的基础，尤其是首善教育追求卓越、迈向卓越的教育特质为进一步研究首善教育夯实了坚定的根基。但从理念与实践的相互生成、相互作用、相互检验的视角来看，尽管有的研究已经具有相当的高度，具有相当的影响力，但上述大多数研究还处于探索的初期，且大部分的研究者对首善教育建设大多是表象的描述，缺乏深度分析，提出的策略常常停留在就事论事的层面，其呈现的特征是视角的单一性和思维的单向度，因而其作用力受到了相当的限制，影响力也受到了限制。

## 二、国外首善教育研究综述

国外首善教育的研究源头可以追溯到 20 世纪 80 年代，它是在追求"卓越教育"(Excellence in Education)这一主题的背景下进行的。自美国 1983 年出版一系列的"卓越报告书"以来，西方社会对开始卓越教育开展了广泛的讨论。[①] 对于什么是卓

---

① Task Force on Education for Economic Growth(1983). *Action for Excellence*. In: Washington D. C. Education Commission for the States.

越，西方学者从不同的视角给出了不同的界定。狄玛和柯扑（Timar & Kirp）认为，"卓越改革之所以复杂，是由于它并不是一套固定的政策，可以应用于不同的情况而行之有效。"①加德纳（Gardner）则认为，"在知识领域上有很多种卓越。一种卓越的知识活动带来了新的理论，但另一种则发展了新的机器。一种想法认为卓越要在教学中表达出来，而另一种想法却认为研究才是卓越的最佳保证。一种想法认为卓越必须靠数据来支持，但另一种想法却认为卓越有如诗词般的意象……某种卓越需要通过教育制度来达到，但另外一种则要在教育体系以外才能体现出来。"②

### （一）美国的竞争卓越计划

2009 年 7 月 24 日，美国启动"竞争卓越"（Race to the Top）计划，提供 40 多亿美元资助各州改革基础教育，尤其是加强数学和科学的教育改革。"竞争卓越"计划将重点资助以下四个领域的教育改革，也就是说，欲获得这笔奖金，各州必须承诺完成以下四大当前教育部施政目标：①采用国际的基本标准和评估，以便让学生成功就读大学或就业；②招聘、培养、奖励并留住高效的教师和学校领导；③建立资料库系统，用来检测学生表现，也用来告之教师和校长如何加以改进；④改进表现最差（lowest-performing）的学校。

针对以上四个领域的教育改革，美国教育部又提出了五个方面 19 条具体的申请标准指南，供各州提交申请时参考。一是标准和评估（Standards and Assessments）：①开发并采用一般的标准；②开发并执行一般的、质量高的评估标准；③扶持变革，促进标准和高质的评估。二是支持教学的资料库系统（Data Systems to Support Instruction）：④完全执行全州范围内的纵向的资料库系统；⑤访问并使用资料；⑥使用资料促进学。三是伟大的教师和校长（Great Teachers and Leaders）：⑦提供可选择的路径来激发教师和校长的工作热情；⑧区分教师和校长的有效性；⑨确保公平分配有效教师和校长；⑩汇报教师和校长准备计划的有效性；⑪对教师和校长提供有效支持。四是改进困难学校（Turning Around Struggling Schools）：

---

①　Timar T. B, Kirp D. L. *Managing Educational Excellence*. In：Washington D. C. Education Commission of the States.

②　Gardner J. W. *The Idea of Excellence*. New York：Harper & Row，1961.

⑫干预目前最差学校和地方教育机构；⑬增加对高质特许学校的资助；⑭改进"困难学校"。五是全面标准(Overall Criteria)：⑮证明重要的进展；⑯优先考虑教育资金；⑰争取全州的支持和承担责任；⑱提高成绩，缩小差距；⑲构建全州强有力的能力来执行、衡量和维持建议计划。

　　总之，美国的"竞争卓越"计划强调通过招聘、培养优秀教师，并采用国际的基本标准和评估，让学生成功读大学或就业；通过建立资料库系统来检测学生表现，并用来告之教师和校长如何改进；加大力度改进表现最差的学校等。

### (二)英国追求卓越的城市教育计划

　　"追求卓越的城市教育"计划(Excellence in Cities，以下简称为"EiC 计划")是世纪之交英国工党政府推出的一项重大的教育改革计划。该计划主要针对城市地区(尤其是大都市的内城区)中小学教育标准、教育质量低下，学生学业成绩低劣的状况而展开，旨在通过一系列的改革措施来改善学校管理，整合教育资源，提高城市教育的质量，实现教育的均衡发展。①

　　"EiC 计划"为期三年，第一阶段主要针对城市地区的中学进行改革，从第二阶段起这一改革开始向一些地区的小学延伸，并通过追求"卓越的群体"(Excellence Clusters)和追求"卓越挑战"(Excellence Challenge)两个子计划分别延伸到城市外围的贫困群体和 16 岁以上的天才学生。一是改革学校的运作方式。"EiC 计划"强调通过在每个地区建立地方伙伴关系组织(Local Partnership)来加强学校间、学校与地方教育当局间的合作。"EiC 计划"认为，通过伙伴关系形成的学校协作网络可以传播彼此的改进经验，解决共同的问题，分享有关的设施，这样会使学校的运作比单独状态下更有效。二是建立学生发展支持体系。"EiC 计划"建设学生发展支持体系的措施包括：①设立学习辅导员(Learning Mentors)；②设立学习支持单元(Learning Support Unit)；③建立城市学习中心(City Learning Center)。三是实现教育提供方式多样化。"EiC 计划"中教育提供方式多样化的措施体现在以下两个方面：①天才学生发展计划，该计划主要面向每所中学 5%～10% 的天才学生，提高他们的学业标准，对他们进行校外学习支持；

---

　　① 阚阅. 促进教育均衡发展的新举措——英国"追求卓越的城市教育"计划评析[J]. 全球教育展望，2004(9)：72。

②设立更多的"专门学校"(specialist School)。

不难看出，"EiC 计划"一是强调社会公正。它着眼于大多数学生的发展，不是以牺牲多数人为代价而为少数人服务；并且，学生不能因为所上学校的不同而使其接受的教育有所差异或受到限制，也不能因为他们家庭的经济背景和社会地位而使其发展得到漠视。二是注重多方合作。它注重地方教育当局、学校、社区以及其他机构的多方合作。三是重视学生态度与行为的矫正。它在重视学校校长、教师素质和技能发展的同时，更加重视从学生入手，增设学习辅导人员，从而对学生内外的不利影响进行干预。①

### (三)美国高中改革"走向卓越Ⅱ"模式

美国高中改革"走向卓越 Ⅱ"(Towards Excellence Ⅱ)模式是一个基础教育研究与改革模式，旨在学校与家长、学生、教师及其他所有利益相关者之间"达成共同的目标"，以提高学生的学习能力和学校的办学能力。

"走向卓越Ⅱ"是在"走向卓越Ⅰ"基础上进行的。"走向卓越Ⅰ"是美国俄勒冈州波特兰市西北地区教育实验室在几所学校进行实验的基础上提出的。实验于1981 年开始实施试点，有 1000 所中学参加，包括农村中学、郊区中学、城市高中。1984 年在全国范围内推广。1999 年，改革模式在以下方面得到了更新：当地学校的董事会要发挥更大的作用，增大学校改革力度，协调人员人数，进行更具体的技术监督。

"走向卓越Ⅱ"核心内容包括：组织和管理、专业发展、技术协助、学生评估、基于数据收集后的改进决策(实施一段时间后)。改进学校办学质量主要集中在以下七个方面：公平对待每位学生，提高全体学生的学习水平；与学生签订一个提高学习水平的目标协议；整合教学内容与教学方法，并进行有效评估；制定整合相关人力与财力的程序与步骤；不同利益相关者的参与；决策数据的收集和利用；在创新和可持续发展的同时，建立"学习型组织"。它主要分四步走。第一，设置目标：每所学校促使所有利益相关者合作，建立一个共同的目

---

① 阚阅. 促进教育均衡发展的新举措——英国"追求卓越的城市教育"计划评析[J]. 全球教育展望，2004(9)：75。

标。第二，规划行动：跨部门研究小组利用收集的数据进行决策，并制定发展性策略。每所学校都要进行课程规划，与国家标准一致，并开发一个完整的实施方案，同时创建一个时间表。第三，采取行动：实施改革计划，安排专业发展日程，监控实施进度，并对过程中的障碍进行有效排除。第四，保持改革的强劲势头：学校定期审查模式进展情况，并定期评估随后几年的变化。每所学校都要报告进展情况，并向社会反馈。[①]

通过"走向卓越Ⅱ"的实施，美国高中学生阅读能力明显提高，学生个人数学能力将达到为高中后成功做好准备的高度，确保学生的科学能力为高中后的成功做好准备。同时，学生的出勤率、毕业率明显提高，核心课程完成情况较以前有所改善，辍学率普遍降低，学生未来可能成功的概率提高。

### （四）苏格兰的卓越课程改革

2004年11月，苏格兰提出了完整的学校现代化方案，其核心部分就是为了满足所有苏格兰儿童和年轻人增长学识和才能并取得成功而开展的"卓越课程改革"（A Curriculum for Excellence）。

卓越课程改革的价值导向是学校要将儿童和年轻人培养成为智慧、正义、善良、诚实的公民。也就是说，使得所有年轻人能从他们所接受的教育中受益，通过不同的方式去充分发挥他们的潜力；尊重所有年轻人的学习和成绩，提升他们的学习期望；强调个人和国家之间权利与义务关系的理解，帮助年轻人理解不同的文化和信仰差异，培养他们理解、宽容、关心和尊重的优秀品质；帮助年轻人储备丰厚的知识基础，以形成合理的判断和道德行为；树立年轻人的信心，丰富他们的经验世界，使之成为能为社会做贡献，博学而有责任心的公民。[②]

卓越课程改革旨在"追求让所有的孩子充分发挥他们的能力，成为成功的学习

---

① Thomas Bailey and Melinda Mechur Karp. *Promoting College Access and Success*：*A Review of Credit-based Transition Programs*［R］. Office of Vocational and Adult Education, U. S. Department of Education. November，2003. 1，20，1-20.

② *A Curriculum for Excellence*：*The Curriculum Review Group*（2004）. http：// www. scotland. gov. uk/library5/education/cerv-00. asp，2005-07-30.

者，有信心的个体，负责任的公民和国家的积极贡献者"。其目的在于要使得所有年轻人成为成功的学习者，有信心的个体，负责任的公民和国家的积极贡献者。卓越课程报告在详细说明学校如何能够去达到这些目的时候，强调重点应放在减少政府的过分干预上，给予学校更多自主权去开设适合当地的课程。①

卓越课程改革实施的原则是：富有挑战性和乐趣性的原则，广度的原则，进步的原则，深度的原则，个性化选择的原则，整体性的原则，相关性的原则。②

卓越课程改革的具体措施是修订课程纲要和规范课程内容及要求，以增加不同阶段教育的连续性，实施连续性职业发展评价（Continuing Professional Development）和国家教育学历资格认证，完善科学课程，开设工作技能新课程。

综上所述，苏格兰政府对儿童和年轻人的期望是"作为一个苏格兰人，每一个孩子都是有作为的，无论孩子在哪里，不管他们的家庭背景如何，都要有生命中最好的开始"。③ 可以看出，苏格兰的卓越课程改革是基于儿童和青少年如何面对未来的工作与生活，如何取得成功的背景，对学校教育提出新的要求的背景下进行的，并以此提升苏格兰的经济地位，提高国民的健康水平，减少地方的贫穷。

### （五）新加坡的卓越教育理念

新加坡积极引入最先进的教育理念，引进最优秀的国际化人才，学习最佳的实践经验，始终如一地给予最高水平的资金资助，持之以恒地为社会提供最好的教育服务，形成了追求卓越教育的文化。

#### 1. 新加坡教育管理理念

1997 年，新加坡政府提出的教育愿景是"Thinking school，learning nation"（重思考的学校，好学习的国民）。为迎接 21 世纪的挑战，新加坡政府出台了《信息科技在教育上的应用蓝图》，推动了现代化信息技术教育的蓬勃发展，实现了本国教育

---

① *HAS Commentary on "A Curriculum for Excellence"* http：//www. has-scotland. co. uk/PressReleases. htm, 2005-07-30.

② *A Curriculum for Excellence：The Curriculum Review Group*（2004）. http：// www. scotland. gov. uk/library5/education/cerv-00. asp, 2005-07-30.

③ *A Curriculum for Excellence：The Curriculum Review Group*（2004）. http：// www. scotland. gov. uk/library5/education/cerv-00. asp，2005-07-30.

与国际信息技术发展的接轨。① 2007 年，新加坡政府还开始推行"Future School"项目（未来学校）。

**2. 新加坡教育战略规划理念**

1969 年，新加坡为配合经济发展规划，提出了"向技术教育进军"的教育规划，大力发展职业技术教育。1984 年，新加坡政府制订和实施"天才教育计划"，提供专业的知识和优质的资源，为智力超群的学生提供最佳的学习机会，致力于开发他们的智力，树立人性化的价值观，充分发挥他们自身的潜能，培养他们的创造性，使其更好地服务于国家和社会。1990 年，时任总理吴作栋在新加坡中长期发展规划报告书《新的起点》中提出教育要迎接信息化社会的挑战。20 世纪 90 年代，新加坡提出"智慧岛"的概念，提出了将新加坡建设成为"知识服务中心""脑力服务中心"的构想。②

**3. 新加坡教育关注焦点**

新加坡政府提出学校教育的目标是"教育孩子"，即最大限度地发挥他们的潜能，使他们成为一代优秀的人才和有用的公民。③ 2014 年，新加坡政府预算工作重点主要有三点：一是加大投入，帮助残疾学生提高就读高校的机会，将预算资金用于购买辅助技术设备；二是增加对高校中低收入家庭学生的奖学金资助幅度；三是将预算资金用于新建校内学生保健中心，展开诵读困难学生救助计划，成立父母互助小组基金。

**4. 新加坡教育人力资源管理理念**

新加坡政府把人才看作最主要的资源，人力资源部负责预测未来的人力资源需求，并协同财政部、经济发展局、教育部、住房和移民局等部门共同制订了教育发展计划和配套政策，培养或引进高水平师资队伍。只有有了专业化的师资队伍，才能培养出高质量的人才来服务于新加坡的经济发展。在师资的管理上，新加坡的学校注重团队合作。新加坡尊重教师，关注教师的发展。学校关注教师的工作满意感，采用多种措施激励教师，尊重教师的专业知识和技能，重视教师个体的贡献。新加

---

① 高燕. 新加坡"未来学校"的发展及启示[J]. 外国教育研究，2013(1)：61-65。

② 邵贵平. 中新卓越教育理念的比较研究[J]. 现代教育科学，2015(5)：153。

③ Ng. P. T. *Educational Reform in Singapore：From Quantity to Quality*[J]. *Educational Research for Policy and Practice*，2008，7(1)：5-15.

坡还注重教师"工作与生活"的协调发展，努力增加教师的福祉。①

**5. 新加坡教育绩效管理理念**

教师表现的评定范围分为九个方面，包括全方位培育学生（占最大比例）、科目了解、创意教学、主动性、分析思考、营造环境、推动他人发展、与家长合作以及团队合作。②

总之，新加坡的卓越教育理念，一是注重教育未来的发展，确保政策能够产生长期收益；二是要建成一种卓越教育模式，培养学生高水平的思维能力和创造能力，培养学生终身学习和自主学习的态度，增强学生追求自我卓越成就的动力，培养学生良好的公民意识以及正确的道德观和价值观；三是关注的焦点首先是学生，其次是父母，最后是教师；四是把人才看作最主要的资源，尊重教师，发展教师，注重教师的团队合作；五是新加坡教师的绩效考核不仅重数量，更重质量。

## （六）澳大利亚的英才教育

澳大利亚现代英才教育体制起源于 20 世纪 70 年代，在此之前英才教育只有"机会课堂"（Opportunity Classes）和分科教学等零星的特殊教育服务。③ 这一时期被称为初步发展时期。1988 年，澳大利亚参议院第一届选举委员会发布了《英才儿童教育》(The Education of Gifted and Talented Children)政策性报告，提出了九条建议，使英才教育得到了快速发展，这一时期被称为再发展时期。2000 年，参议院提出了《参议院调查》(Australian Senate Enquiry)、《英才生的教育》(The Education of Gifted Children)等多份政策性报告。2002 年，议会提出了《了解天才》(Understanding the Brain)报告。2003 年，南澳大利亚英才教育协会(Gifted and Talented Children's Association of South Australia)和世界英才教育委员会(World Council for Gifted and Talented Children)一起联合举办了世界英才教育研讨会，这一时期被称为新发展时期。

① 邵贵平. 中新卓越教育理念的比较研究[J]. 现代教育科学，2015(5)：155。

② 胡乐乐，史德方. 新加坡：关注不同发展阶段的教师[J]. 上海教育，2008(7)：38-39。

③ Yvonne Larsson. *Governmental Polities On The Education Of Gifted And Talented Children: A World View. Educational Studies in Mathematics*，1986，17(8)：213-219.

澳大利亚将英才学生定义为：在某一个或数个领域中表现出很好的能力或潜在能力的儿童。他们极大地超越了处于相同年龄、相同文化或相同环境中的其他儿童。天赋（Giftedness）指的是一个学生在智力（intellectual）、创造力（creative）、社会情感（socio-affective）和感觉运动（sensorimotor）中的一个或数个领域中表现出来的独特能力。

澳大利亚主要采取以下五种形式进行英才教育。第一，分组。第二，加速教育。第三，英才工作室。第四，导师项目。第五，设立英才学校。设置的课程应当具有严格的学术性，能够促进学生智力发展，并且充分地、灵活地满足学生的教育、社会和情感的需要。

澳大利亚各个州级政府对英才教育负责。管理首都地区的是健康、教育和文化部的英才教育中心办公室。学校绩效评价与发展部确立特定目标，判断学校能否满足学生的特殊需要，借此来评价每一个英才教育项目。1997 年，为支持英才教育发展，澳大利亚政府在新南威尔斯大学建立了一所英才研究中心。2005 年，澳大利亚公布了《英才教育：教师专业发展包》(*Gifted and Talented Education：Professional Development Package for Teachers*)，通过制定政策和提供资金帮助教师成长。[①]

可见，澳大利亚英才教育，一是追求卓越与公平兼顾的英才教育价值理念，体现了教育的差异性公平，认识到了英才学生客观的、特殊的学习需求。二是客观认识英才，发展多元评价；既承认受教育者先天能力的重要性，又肯定教育是帮助英才成长的重要手段；采用教师观察、推选法、标准化测验等一系列方法识别英才。三是加强英才学生的培养开发。澳大利亚州级政府是英才教育的主要责任者，培养项目各异，相当灵活。英才学生更多的是在普通教室和同辈群体一起学习，并辅以课堂充实教学、分组教学、导师制、英才学校等多种形式。四是建立英才教育的管理、支持体系。澳大利亚建立州级英才教育管理体制，并对英才培养的各主体——地方政府、校长、家长、教师的职责进行了详尽规定。[②]

---

① 高莉，褚宏启，王佳．卓越与公平：澳大利亚英才教育的发展[J]．比较教育研究，2012(12)：45-47.

② 高莉，褚宏启，王佳．卓越与公平：澳大利亚英才教育的发展[J]．比较教育研究，2012(12)：47-48.

# 三、国内外首善教育研究述评

国内外的研究现状与本研究的关联主要从国内的研究现状与本研究的关联以及国外研究现状与本研究的关联两个方面来论述。

## (一)国内研究现状与本研究的关联

通过对国内首善教育研究文献的回顾与分析，我们大致可以获得如下结论。

第一，现有研究首善教育的文献虽然对首善教育的建设起着指导作用，但常常带有较浓重的工作研究色彩，研究的深度与广度还不够，科学研究的含量也略显不足。

第二，一些分量较重的研究，往往只从文化的角度或实践的角度对首善教育进行研究，或偏重于研究成果的运用，或偏重一些实践问题的探讨，而从哲学的层面把握首善教育的内涵，揭示首善教育的本质与意义，注重首善教育的凝练与提升等还有待深入。但这些研究为本研究提供了强大的理论动力，也为本研究预留了相当大的发展空间，从而坚定了做好本研究的信心。

第三，首善教育研究的主题大致可分为"首善教育的内涵研究"与"首善教育的路径研究"两大类。尽管有些重复与交叉，但说明了首善教育这些内涵的共性。另一方面，首善教育的路径研究则表现为感想式的议论，还处于对首善教育的感性阶段，缺少理性的认识，因此不是真正理论意义上的探讨，但其中的有些观点还是给本研究带来了很多的启示。

## (二)国外研究现状与本研究的关联

相对于国内首善教育的研究而言，国外首善教育的研究则体现在下列几个方面。

一是从管理学的角度对首善教育进行的研究比较成熟，它主要通过卓越教育项目的实施来开展，集中在竞争卓越计划、追求卓越的城市教育计划、高中改革"走向卓越Ⅱ"模式、卓越课程改革、卓越教育理念、英才教育等。总之，这些计划都是在追求一流的教育，促进人的发展。

二是在国外的首善教育研究中，有关人的卓越的研究正越来越受到关注。从近年的文献来看，随着卓越教育研究的深入，研究的注意力开始逐渐转向关注学生。这些研究现象与成果极大地开阔了本研究的视野。

三是总体上讲，国外真正意义上的首善教育的研究还不多，加之政治、文化和教育上的差异，其成果即使多也不能直接应用，但其中的研究思路、方法以及研究的成果可以为本研究提供借鉴。

# 第三章　首善教育的理论支撑

## 一、马克思主义关于人的全面发展学说

### (一)马克思主义的"人的全面发展"的理论概述

马克思指出："人的全面发展内涵界定的重点和核心并不是'人'或'全面'，而是'发展'。在'人的全面发展'概念中，最重要的也是'发展'，'人'和'全面'只是'发展'的修饰和规范，解决好'发展'问题，'人'和'全面'的内涵也就有了定论，人的全面发展的实质也会随之一目了然。"①

马克思的人的全面发展思想的本质归根到底是由人的本质所决定的，而人的本质又在于人的社会性，"因为人的本质是人的真正社会联系，所以人在积极实现自己本质的过程中创造、生产人的社会联系、社会本质，而社会本质不是一种同单个人对立的抽象的一般的力量，而是每一个单个人的本质，是他自己的活动，他自己的生活、他自己的享受、他自己的财富"②。虽然人的发展是多维度、多层次、全方位的，但是人的全面发展的本质只能是人的社会属性和社会关系、社会性需要和精神需要、社会素质和综合素质的全面发展。在马克思看来，人自身发展的历史过程就是一部不断被"打开了的关于人的本质力量的书"的过程；人在通过自己对象化方式将自己内在本质力量对象化或物化的过程中，又必须不断占有自己的本质而成为自己对象化的主人，并在这种不断占有自己本质的过程中进一步使自身的本质结构不断得以完善和发展。根据马克思的人的全面发展的理论，人的全面发展是一个具有

---

① 尢安毅."人的全面发展"的内涵界定[J].理论探讨，2003(5)：40-42。

② 中共中央编译局：马克思恩格斯全集(第42卷)[M]，24 页，北京，人民出版社，1979。

复杂多维内涵的目标和过程。它的基本规定，起码包括以下两个层次。

从个人方面看，人的全面发展要求的是每个个人的素质、能力和潜能的不断发展和发挥，每个个人的科学的可持续发展的需求的不断满足，每个个人的个性的自由发展和自由地按照自己的意愿自主地做事。这是最高目标，也是社会主义、共产主义社会优越于以往其他社会形态的价值所在。

从整个人类方面看，人的全面发展的要求是人类由"必然王国"走向"自由王国"，人与自然、人与社会、人同自身的关系达到一种崭新的和谐境界。在人与自然的关系方面，社会生产力极大发展，人类利用自然、改造自然的能力极大提高，充分"保证一切社会成员有富足的和一天比一天充裕的物质生活"，"保证他们的体力和智力获得充分的自由的发展和运用"。① 人第一次成为自然界的自觉的和真正的主人，同时人的发展又同自然界的发展相和谐。在人与社会的关系上，人们第一次成为与自己社会相结合的主人，人从动物的生存条件进入真正人的生存条件。这主要表现在：第一，生产资料社会占有，人与生产资料的充分结合，也就是说，每个人都是生产资料的主人，生产资料同劳动者相分离的状态将不复存在。第二，人类自觉控制和驾驭世界交往的普遍化。世界历史性的普遍交往，是人类自然形成的世界历史性的共同活动的最初形式，人的全面发展所要求的是在这种形式基础之上的更高的发展，即由人们自觉控制和驾驭的普遍交往。

对马克思关于人的全面发展这两方面的规定进行进一步的概括和整合，国内有的学者将其概括为："人的平等发展、人的完整发展、人的和谐发展、人的自由发展。"②

人的全面发展的直接尺度和标志是闲暇时间及其支配。闲暇时间也称为"自由时间"，即不能被生产劳动所吸收的"非劳动时间"，是在生产力高度发达的情况下，从必要劳动时间中游离出来的剩余时间。自由闲暇时间的多少是人类对自身动物性生存方式超越与否的重要标志。"时间实际是人的积极存在，它不仅是人的生命的尺度，而且是人的发展的空间。"③马克思关于"时间是人类发展空间"的命题告诉我们，

---

①　中共中央编译局：马克思恩格斯选集(第 3 卷)[M]，767 页，北京，人民出版社，1995。

②　韩庆祥. 努力促进人的全面发展[J]. 毛泽东邓小平理论研究，2002(5)：31-38。

③　中共中央编译局：马克思恩格斯全集(第 47 卷)[M]，532 页，北京，人民出版社，1979。

只有社会中所有人的工作时间极大缩短，自由时间大大增加，而不仅只是社会中一小部分人拥有自由时间和多方面发展的空间，人的自由全面发展才有可能。因此，人的全面发展意味着由于生产力的极大发展，旧式分工已被打破，人们不必再像奴隶般地服从分工，人的闲暇时间在人们有效活动时间内占很大比重，每个人都具有支配和运用这些时间的自由。换句话说，闲暇时间的多寡和自由支配的条件是衡量人的全面发展程度的天然尺度。

无论是资本主义世界最新的发展变化及当代世界的变革趋向，还是当代社会主义发展振兴的走势、中国特色社会主义发展的方向和前景，都显示了人的全面发展的基本条件在迅速成长，尽管这一成长过程充满着对抗和新旧交织的尖锐的矛盾。人的全面而自由发展是人类现实文明进程的共同呼唤，也是人类社会发展的必由之路。

### (二)马克思关于人的全面发展理论的核心观点

#### 1. 人的全面发展是人的能力的全面发展

在西方工业发展的过程中社会分工日益细化。马克思发现，在这一过程中个人能力得不到充分且全面的发展，反而越来越具有片面性。现实社会中，人作为社会的主体，作为历史发展的原动力，通过社会实践活动，无时无刻不在改变着身边的环境，推动着社会的发展。诚如马克思所言："要使这种个性成为可能，能力的发展就要达到一定的程度和全面性，这正是以建立在交换价值基础上的生产为前提的，这样才能产生出个人关系和个人能力的普遍性和全面性。"在社会实践过程中，只有不断提高人各方面的能力，才能切实提高解决各种实际问题的能力，促进整个社会不断发展。人的能力的全面发展不仅指人要提高自身的思想觉悟与道德法律修养，提升智力与体力，提高潜在能力与现实适应能力、社会交往与沟通协调能力、创新与实践能力、审美能力等，同时也包含在具体实践过程中可以不受任何限制，发挥人本身最大的潜能。人与社会密切联系，社会"给每个人提供全面发展和表现自己全部的即体力和脑力能力的机会"。[①]

---

① 中共中央编译局：马克思恩格斯全集(第36卷)[M]，85页，北京，人民出版社，1975。

**2. 人的全面发展是人的素质的全面发展**

人的全面发展是人的素质的全面发展，这种发展是使现实的每个人都成为"德、智、体、美、劳"全面发展的人。要实现这一目标，一方面需要社会"给每一个人提供表现自己全部的即体力和脑力能力的机会，为人的全面发展搭建平台"；另一方面还需要社会的系统教育和个人自身的努力。因为"教育可使年轻人很快能够熟悉整个生产系统，它可使他们根据社会的需要或他们自己的爱好，轮流从一个生产部门转到另一个生产部门。因此，教育就会使他们摆脱现在这种分工为每个人造成的片面性"。① 这恰恰说明，教育才是造就全面发展的人的有效方法和正确路径。从个人的素质方面来看，人的自由全面发展，需要不断提高人的综合素质，进而促进人的素质的自由全面发展。

**3. 人的全面发展是人的个性的充分发展**

人的个性包含兴趣、理想、信念、气质、性格、道德风貌、社会形象等多方面内容，是包括个人倾向性素质、个人心理素质、社会素质在内的独特性，表现为个人较为稳定的主体性和独特性的统一。人的个性的发展是指人作为主体，其各种需要不断丰富，个性自由发挥，精神生活丰富展开，是人的全面发展的综合表现。在共产主义社会里，人的主体性状况得以不断提高，从而达到自主性，实现自由个性的充分发展。因此，人的自由个性的充分发展，既是人的全面发展的综合体现，也是人的全面发展的最根本内涵。个人独特性的每一次增加与丰富，均表明个人的各种能力都得到了有效的权衡。假如每个人都能保持自己独特的能力，那么整个社会将会成为各具个性的自由人的联合体，整个世界也将会充满生机与活力。

**4. 人的全面发展是人的实践活动的全面发展**

人的实践活动指的是人在改造大自然、人类社会以及人自身的三个阶段过程中，有目的地发挥人的主观能动性的自由自觉活动。实践是人的全面发展的深刻根源，因此全面发展人的实践活动就需要通过具体的、丰富的、全面的实践活动充分发展人的改造能力与主体性，从而为自身的发展创造出充足的前提条件。只有在实践过程中，人才能检验自己掌握的理论知识是否有所或缺，解决实际问题的能力是否不

---

① 　中共中央编译局：马克思恩格斯全集(第3卷)[M]，370页，北京，人民出版社，1960。

足。随着社会的不断发展和进步，新情况、新问题层出不穷，实践活动对社会进步和发展越来越起着决定性作用。它不仅可以使人类把握事物的本质及其发展规律，更好地掌握真理，也在一定程度上丰富和发展人类的理论体系，增强解决实际问题的能力，提升理论水平。总而言之，实践活动的全面性是个人能力得以发展的基础，也是人的实践活动全面性带来的必然结果。

**5. 人的全面发展是每个人在社会关系方面的丰富发展**

社会关系是指人们在生产劳动中所形成的人与人、人与自然、人与社会的关系。马克思认为："社会关系实际上决定着一个人能够发展到什么程度。"①每个人在社会关系方面的丰富发展都是人的社会群体性所具有的全面发展内容，这种发展将使个人成为具有普遍交往和全面社会关系的人。人是社会关系的承担者，实践活动体现着社会关系，个人的发展从根本上取决于同他直接、间接进行交往的其他人的发展水平，所以全面丰富人的社会关系就必须从人的全面发展着手。人与自然的关系主要表现为人与自然的相互作用，表现为人对自然的能动性和自然对人的制约性。"人有强烈追求自己的对象的本质力量。"②所以，人对自然界的主体能动性主要表现为用一种物质的力量将自己的本质力量对象化到自然界中。正如马克思所言："人类在改变自然界的过程中，他不仅使自然物发生形式变化，同时他还在自然物中实现自己的目的，满足自己的需要，这个目的是他所知的，是作为规律决定着他的活动的方式和方法的，他必须使他的意志服从这个目的。"③在人与社会的和谐关系中，人按照自身内在尺度的要求，通过实践活动使自己"练出新的品质，造出新的力量、信念和新的交往方式以及新的需要和新的语言。"社会与人的良性互动过程中既体现了社会对人的发展和活动的制约作用，又肯定了人对社会的能动的改造作用。④ 在人与社会的关系方面，为促进人的全面发展，使人在人和社会良性的互动中能够不断上升，人就必须发展自己合理调整社会中各种各样关系的能力。全面丰富和发展自己需要不断丰富和发展自己在社会实践活动中形成的人与人之间的关系，拓宽眼界

---

① 中共中央编译局：马克思恩格斯全集(第3卷)[M]，295页，北京，人民出版社，1960。
② 中共中央编译局：马克思恩格斯全集(第42卷)[M]，102页，北京，人民出版社，1979。
③ 中共中央编译局：马克思恩格斯全集(第12卷)[M]，96页，北京，人民出版社，1979。
④ 中共中央编译局：马克思恩格斯全集(第41卷)[M]，176页，北京，人民出版社，1979。

和开阔胸襟，丰富精神世界。同时，人作为有目的、有意识的主体，在积极地面对社会的过程中，通过实践活动积极地变革着自己赖以生存的社会，同时推动社会不断地向前发展。为使社会和人类在和谐平稳的状态下发展，人必须遵从社会发展的需求，利用客观规律合理协调社会的各种关系，谋求社会的全面发展。正是基于这种和谐状态，人的能力素养将得到全面的提高和发展。

**6. 人的全面发展是人的需要的全面发展**

人的需要与动物的需要截然不同，人不仅有自然性需要，更有社会性需要。人的需要具有多样性和层次性。人的需要的全面发展指的是物质需要、精神需要和社会需要的和谐统一发展。在这个过程中，人不仅仅能够意识到自身的政治和经济价值，更能加深对自我本质的认识，进而理解自身的道德、文化等价值。因此，人的全面发展在一定程度上就意味着人的需要的全面发展，意味着人可以享用全部的社会价值。

马克思把人的需要的丰富性、普遍性看成是实现社会主义的前提：社会主义形态的前提是工人有较高的生活需要。① 人的需要随着社会历史的发展，呈现出一种自然上升的趋势。在人类社会初期，由于生产力水平低下，社会产品极其匮乏，人的需要只能在一个极其低下的层次上得到满足。资本主义生产方式的建立和发展，使生产力得到了前所未有的发展，使人的需要有可能向多方面发展。但真正的人的需要的多方面发展总要受到资产阶级和资本利益的压迫和限制，人们不但在经济上受剥削而且精神也极其贫乏、空虚。在社会主义和共产主义条件下，剥削制度被消灭，生产力高度发展，社会产品极大丰富，人的需要将不断呈现出丰富性和多面性。人的需要除物质需要外，更多的是在社会关系方面和精神生活方面，人在普遍的交往中将按照自己的个性来谋得一切合理需要，这才是全面发展的人所应该具备的需求结构。

## (三)马克思主义关于人的全面发展理论与首善教育的关系

### 1. 全面发展与首善教育良善的道德追求

马克思主义关于人的全面发展学说强调，人的全面发展是每个人在社会关系方

---

① 中共中央编译局：马克思恩格斯全集(第 46 卷)[M]，125 页，北京，人民出版社，1979。

面的丰富发展，是人各个方面需要的全面发展，是人的和谐发展。首善教育强调人的发展以德为本，具有"良善"的道德追求。在人发展的出发点和归宿上，都具有内在的一致性。

　　不论是强调人的和谐发展，还是首善教育中对人的发展核心的定位，都是针对现代社会中"实用主义""功利主义""利己主义"和"利物主义"的现实状况提出的。在物欲横流、强调效率和竞争的时代，"人"变成了物质、财富的附属品，人的价值只能依托于物品的价值进行判断，人类普遍地被外在物质利益的"物欲之神"所奴役；而这种功利化、工具化也蔓延至教育领域。单一升学模式导致教师教得单一，学生只把"分数"作为青春期单一获得奖赏和前进的动力。他们对自身的内省力、对社会的洞察力和对人际交往的领悟力没有得到强化发展。他们的社会性需要、精神需要没有得到关注，他们的综合素质和社会素质都没有得到提升。过度关注私欲会导致人内心的恶被放大，片面的发展最终只能背离"向善"的发展。在丢弃了道义理性精神的同时，将终极信仰价值工具化、功利化、手段化，造成了现代人的意义世界、精神世界迷乱和失衡，使发展游离了人本身的整体生活世界，疏离了本真的道德和伦理，以致逐渐疏远甚至抛弃了发展向善性的道德精神。从环境污染到"人际污染"，破坏生态，违背公德的事情一直屡禁不止。如果每个人都变成只认同"伤害他人成全自己"的价值观，那么再完美的制度设计也会被钻空子。

　　教育作为培养人、发展人的重要手段，倘若仅仅只强调人的单一能力和单一素质的发展，那势必会变为一个没有接纳、没有认同的禁锢世界，而学校的竞争只能变为人在进入现实世界残酷斗争前的预演。没有了渗透内心"良善"的教育，没有了追求"良善"的教育导向，和谐发展、全面发展的首要前提必将失去，人与人、人与世界的关系只能依靠物质、利益进行维系，人的精神需要、社会需要也将不能得到满足，最终人只能被"物欲"奴役，从而导致精神世界的混沌。伦理道德作为人的自我确认和立法的特殊形式，其现实基础是人的社会生活态度。它是借助与善、理想、义务、良心等概念来反映人性现实，调节人的肉体属性和精神属性，个体性和社会性之间的关系的。首善教育强调人对"良善"持续不断的道德追求，马克思主义强调人的和谐发展，人的物质需要、精神需要和社会需要和谐统一发展，其本质都是每个个体"向善"的道德修炼。"向善"的道德修炼能促使人与人、人与社会的关系进入一个良性循环状态。当每个人都按照"善"的法则积极地完善人性和社会关系，按照

"善"这个指南针调整社会生活中的各类需要时，人完整、和谐、平等发展的必要条件也就实现了。

**2. 全面发展与首善教育"善于"实践**

在马克思看来，人的全面发展就是指人通过他的社会实践将自己的内在需要、意志、愿望和才能对象化或外化，人类社会的历史就是人不断实现自己内在本质力量对象化而发展的历史，人自身发展的历史过程就是一部不断被"打开了的关于人的本质力量的书"的过程；人在将自己内在本质力量对象化或物化的过程中，必须不断占有自己的本质而成为自己对象化的主人，并在这种不断占有自己本质的过程中进一步使自身的本质结构得以完善和发展。在首善教育中，尤为强调人的实践力量，强调学以致用，强调人对现实世界的改造力。

脱离了现实生活的教育不可避免地培养了高分低能、纸上谈兵之徒，英语满分却一口哑巴英语，精通算法却难以操作实验，熟读史书却不懂人际交往，成绩优异却无基本生活能力。如果需要学习的内容只让人觉得是应付考试的工具，是获取高分达成下一目标的便捷路径，那么没有人会去思考现在学习的内容是否可以用于实践。教育评价不变革，安排再多的实践课，强调再多的实践取向，最终只能成为分数竞争的附属品。高分低能、纸上谈兵都是片面发展和短视发展的典型表现，脱离了现实生活的学习只能让人在接触社会的同时产生混沌错愕的感受，在实践与理论冲突的洪流中难以挣脱。

马克思的著作中多次谈到生产劳动实践对人的发展的意义，而教育作为人实现发展的重要途径，不能与生产劳动实践相脱离。以"善"为初衷的首善教育期望培养"善于"实践的人，使他们能够处理好实践与理论的关系，将实践作为检验理论的标准，更能将理论巧妙转化为实践。首善教育所倡导的不仅是教育与社会生活、生产生活紧密结合，更是一种生活于现实、立足于现实的思维方式，从而使人们采用的问题解决方法、使用的目标达成路径更多以现实为依据，真正使其立足于真实的社会生活、人际环境和关系网络中，获得真正全面、自由、和谐、完整的发展，在理论与实践相对接、相融合的过程中感受到平和与接纳，真正拥有"善于"实践的力量。

**3. 人的发展与"止于至善"的精神觉悟**

马克思主义强调，教育应扩展和延续到一个人的一生，成为每个人生活中不可缺少的组成部分，教育应致力于帮助人摆脱现实的奴役，致力于社会的发展和人的潜力的实现。对于人来说，在所有有价值、有意义的认识中，人最需要的是认识自己，对自身本性的认识和评价对人来说具有使其成为人的前提意义。人的发展根源于人的自身不停留于现实的超越性追求的愿望和努力。

现实中不少人离开了教育机构便不再进行学习，学习似乎变成痛苦艰辛的代名词，与此相应，不断调节反思的适应力、不断臻于完善的内动力和不断更新发展的创新力也随之退化，现实的教育带来的不是人对认识世界、发现世界的渴望，而是安于现实、逃避压力的处境，是不愿追求至真、至美、至善的平庸的恶。追溯其缘由，在于求学阶段大部分人并未体会到学习和成长的快乐，没有获得良好的心理体验。机械学习、生吞死记的方式让人产生的只能是对学习不良的情绪体验。因此，高考结束撕书、烧书的现象屡见不鲜。学生们希望借这种方式来表达宣泄"解放"的愉悦。强调单一目的的学习只能让"学习"从此成为禁锢，让学生不再喜欢学习。

"止于至善"的精神觉悟是马克思主义关于人的全面发展学说的延续。马克思认为人的发展应该是全面、自由的发展，人应该遵从内心意愿持续不断地自由向善发展。首善教育强调"止于至善"的精神觉悟，持续不断地努力以求达到最高境界。首善教育的本质在于挖掘人内心深处对物质、精神和社会关系的需求和渴望，在真正意义上促使人不断充实和完善自己，并使之具有持续不断地成长发展的内在驱动力。

# 二、加德纳多元智能理论

## （一）多元智能理论的理论概述

### 1. 智能是一种生理潜能

在《再建多元智慧》一书中加德纳指出："智能指的是我们人类用某种特殊方法操作某种特别资讯的一种生理心理潜能。因此，它明显地包括了由精密神经网络系统执行的过程。每一种智能毫无疑问都有它各自特殊的神经过程，这些过程在所有的人身上都是大致相似的，只是对有些人而言，某些过程可能比别的过程更为习惯些。"①

加德纳认为智能是原始的生物潜能，是人类所特有的能力。这种潜能会因为一个人经验上、文化上以及动机上的不同而使人以不同方式来理解。除了极个别的、奇特的个体（如白痴天才）外，每种智能不会以单一的形式表现出来。对正常人而言，智能都是几种智能组合在一起解决问题或生产各式各样的、专业的和业余的文化产品的。

**2. 智能是解决问题或创造社会共识的作品的能力**

加德纳认为，一个人的智能必定会带来一套解决难题的技巧，它使个体能解决自己所遇到的真正难题或困难，如果必要的话，还使个体能创造出一种有效应的产品。智能又必定会产生那种找出或制造出难题的潜力，因而为新知识的获得打下基础。这意味着只有当人们积极地解决问题或者是创造他所处的社会上所看重的作品时，才能算是真正地在运用他的智能。

加德纳同时指出，在现在这个社会，没有一个人能完全精通某一单独学科的知识，更不要说精通所有学科的知识，拥有所有的能力了。文艺复兴时期，男人和女人拥有广博知识的时代已经一去不复返。既然必须选择范围和重点，就要选择适合一个人的发展道路。因此，在现代社会中，一个有智能的人不是一个会学所有知识的人，而是一个会识别哪些知识是重要的、值得学的人。

**3. 智能是分布在一定的社会文化情境中的**

加德纳认为在考虑智能概念时，我们必须要承认它不是只存在于个人头脑中的东西，并且要把智能当成是个人理想和社会需求之间相互作用的产物。任何一个个体可以在一定的范围内发展自己的能力，但是如果这种能力的发展与世界隔绝了，那么这种能力就绝对无法发展起来了。很多的心理学实验和实际生活的例子（狼孩、猪孩）都可以证明此观点。从这个观点出发，"我们就应该考虑到特殊的社会和经济结构，将个体的潜能和上述文化的需求结合起来。我们认为，个体在某一个文化领域中获取并发展知识的能力及有目的地运用这些知识与能力（均为智能定义的关键），

---

① ［美］Howard Gardner 著：《再建多元智慧》[M]，李心莹，译，132 页，远流出版事业股份有限公司，2000。

和个体大脑中的智力、社会所提供的激励这些能力和机会同样有关"①。所以智能是个体和他所处的社会有效结合的表现。我们不能将智能看成像胃那样的生理器官，也不能把它看成像情绪、爱好那样的心理属性。最多只能说，智能是取决于个体所存在的文化背景中已被认识或尚未被认识的潜能或倾向。

人类个体的能力只代表了智能的一个方面，心理动力不仅是个人能力所促成的，也有赖于与社会的相互作用。人类需要社会组织和机构来促进个体这些能力的发展。在研究智能的时候我们必须考虑将中心从个体转移到个体与社会的相互作用上来，在研究认知因素的同时要考虑到其社会背景的作用。每个人的心理都与其特定的社会文化背景相联系，每个人的心理都是人类和社会活动的延伸。

### （二）多元智能理论的核心观点

#### 1. 智能是多元的和有差异的

以加德纳的观点来看，"多元"不仅指相对于单一智能论来说，人应该具有八项独立的智能，而且指智能组合也是千差万别的。如同那句老话，"世界上没有两片相同的树叶"，世界上也没有智能结构完全相同的两个人。与认为人类个体能够按照一元化的智能顺序排列的观点相反，加德纳认为人类个体不但在自己的智能强项和弱项上存在着极大的差异，在认知的方式上也不同。

智能单一化的观点认为可以使用相同的认知标准来衡量世界上所有的人，但是如果我们能够超越这种观点，我们就会发现这个世界上每个人的心理都与其他人不同。智能多元化的观点提出了七到数百种智能。当然，这些智能的简单结合和重复结合，还会产生不可计数的智能种类。如果再加上以下两个认识——每个人的心理都与其特定的社会文化背景相联系，每个人的心理都是人类和社会活动的延伸——就更能证明每个人都有完全不同于他人的心理。虽然所有人都具备这些智能，但是没有人的智能强度总和是一样的。

加德纳认为我们每一个人有各自独特的智能组合。尽管在分析智能时将智能分为七八种，但是在个体的发展过程中，每一个人都具有这些智能的潜能，都依照各

---

① ［美］加德纳著：《多元智能》[M]，沈致隆，译，245 页，北京，新华出版社，1999。

自的倾向或所处文化的偏好去动员或联结这些智能。多元智能理论中最重要的观点就是要认真地考虑人类的个别差异。

**2. 各种智能既独立又共同起作用**

这八种智能是彼此区别的独立系统，每种智能都源于大脑中的一个独特部分。加德纳说，智能"在相当程度上是彼此独立存在的"，"智能的这种独立性，意味着即使一个人有很高的某一种智能，如数学逻辑智能，却并不一定有同样程度的其他智能"。[①] 他举出一些生理学研究的依据来支持这一看法。例如，当人的神经系统受到损害时，并不是所有的能力都会受到同样的损害。如果大脑左半球受损，就会失去语言能力，但是在一定程度上却不影响音乐、空间、人际能力。如果大脑右半球受损，则会出现相反的结果。所以加德纳说，八种智能都相对独立地存在于大脑之中，各有不同的神经组织。

**3. 各种智能是平等的**

个人的智能表现在各个方面，每种智能都有同等重要的作用，并不一定要在某一个领域成功才算智能高。加德纳认为八种智能的区分避免了斯皮尔曼智能的一般因素论的局限性。一般因素论强调的一般能力——语言与逻辑能力，实际上只是智能在书面测验里的结果，用这种测验的方法测不出主体其他出色的能力。八种智能的区分也避免了智能的差异论的一些问题，因为差异理论没有利用生物学上的任何成果，它只不过是测试成绩之间相互关系的结果。

**4. 智能的文化性和情境性**

一方面，教育、环境以及文化在智能发展中都起着重要作用。加德纳认为，每个个体的智能最初都是一种潜能，教育和环境是促使它发展的外在环境和条件。由此可见，教育和环境在智能发展中起着重要作用，那么多元智能学校教育的宗旨就应该是启迪、开发学生的潜能，提升学生解决实际问题的能力，促进学生的个性化发展。

另一方面，关于文化在个体智能发展中的作用，加德纳认为每一种智能都具有文化价值，智能的发展离不开文化环境。由于每种文化推崇的理想观念明显有差异，

---

① ［美］加德纳著：《多元智能》［M］，沈致隆，译，29 页，北京，新华出版社，1999。

有时甚至截然不同，并且以各自不同的方式表现其智能行为，这样在某种程度上就导致了各民族智能各具特点，一个民族个体所擅长的智能往往就是该社会所珍视的智能。

**5. 智能的创造性**

加德纳认为，智能是解决问题和制造产品的能力，这种对智能的理解具有很强的创造性。因为创造性就是在新的情境下，解决新的问题，制造新的产品。我们发展多元智能，实质是要培养每个人在新的情境下的创造性，从而更好地适应和改造环境。这种观点在我们今天这样一个高速发展的社会中是非常有必要的。创新是今天社会发展的动力。

## (三)多元智能理论与首善教育的关系

### 1. 以核心素养为基，培养学生的创造力和实践力

在加德纳的定义之下，"智能"其实就是对素养的一种诠释。素养与知识、能力、态度等概念的不同之处在于，它强调知识、能力、态度的统整，超越了长期以来知识与能力二元对立的思维方式，凸显了情感、态度、价值观的重要性，强调了人的反省思考及行动与学习。素养是有机联系的整体，其中的态度因素特别重要。与能力相比，素养是"可教、可学"的，而能力既可以是与生俱来的，也可以是后天形成的，素养可以通过有意地人为教育加以规划、设计与培养，是经由课程教学引导学习者长期习得的。首善教育的"首要"为人的核心素养的培育，强调人在应对未来社会时须具备的基本素质。核心素养为优质生活之所需，是不同学习领域、不同情境中都不可或缺的共同底线要求，是关键的、必要的，也是重要的基础素养。

加德纳多元智能理论强调应该注重学生创造能力的培养，这与首善教育的首创——以创造精神为依归具有内在的一致性。在多元智能理论看来，现实生活需要每个人都充分利用自身的多种智能来解决各种实际问题，社会的进步需要个体创造出社会需要的物质产品和精神产品，这两种能力的充分发展，才应该被视作智力的充分发展。

加德纳的多元智能理论为培养学生的创造能力，也为首善教育的"善于"提供了理论依据，帮助学生获得实践力量，强调不再以书面语言能力和抽象逻辑能力的培养为教育教学内容的重点，而应该从培养学生的实践能力着手，着重培养学生的创

造能力，即解决现实生活中实际问题的能力和创造出社会需要的物质产品和精神产品的能力。

### 2. 以全面发展为本，凸显个性特长的多元发展

根据加德纳的多元智能理论，人的智能领域是多方面的，人们在解决实际问题时所需要的智能也是多方面的，现实生活需要每个人都充分利用多种智能来解决各种实际问题。由此，加德纳的多元智能理论为首善教育提供了一个理论支点——片面强调某些领域智能的发展不利于人的全面发展。在首善教育的课程教学改革中，强调向学生全方位展示智能领域，能够在真正意义上保证学生的全面发展。

加德纳的多元智能理论强调，每个个体都有相对而言的优势智能领域。例如，有的人显露出过人的"音乐天赋"，有的人则表现出超常的"数学天赋"，而只有每个个体不同优势智能领域的充分发展才能使个体的特殊才能得到充分展示，个体的个性得以充分体现，才能保证个体适应并立足于当今这个极具个性化的时代。由此，加德纳的多元智能理论为首善教育强调学生"个性特长"的充分发展提供了一个理论上的借鉴——人的智力特点和表现是不平衡的，首善教育以"善"为初衷，强调平等、接纳和多元，充分尊重每个学生的优势智能领域，并努力挖掘每个学生特殊才能的巨大潜力。

与此同时，加德纳的多元智能理论指出，优势智能领域和弱势智能领域是相对而言的，每个学生都有自己的优势智能领域和弱势智能领域，而每个人都应该在充分展示自己优势智能领域的同时，将自己优势智能领域的特点迁移到弱势智能领域中去，从而使自己的弱势智能领域得到尽可能大的发展。由此，加德纳的多元智能理论为我们发掘学生内在潜力，形成核心素养提供了理论基础——在充分认识、肯定和欣赏学生的优势智能领域的基础上，引导和帮助学生将自己优势智能领域的特点迁移到弱势智能领域中去。

### 3. 以接纳为本，突出以学定教和多维评价

根据加德纳的多元智能理论，每一个学生的智能都各具特点，并有自己独特的表现形式，有自己的学习类型和学习方法。由此，加德纳的多元智能理论为首善教育的平等、良善对待每位学生提供了理论依据——每个学生都有学习和发展的可能性，不应该有所谓"差生"的存在，只应该有各具智能特点、智能表现形式、学习类型、学习方法和发展方向的学生。

加德纳的多元智能理论认为，每个学生有着不同的智能特点、学习类型和发展方向，而以"智商式思维"为依据、以纸笔测验为唯一方法的学校评价，形成了众多学校标准化的教学模式。在此评价体系下的教学完全脱离了丰富多彩的社会实际生活和智能各异的学生实际状况，教学内容的狭窄性、教学方法的单一性，决定了这样的学校不可能开发学生多方面的智能。这类学校所谓的潜能开发，只是面对少数"英才"的，它仍然在继续扼杀绝大多数学生多方面智能的发展，这样的学校教育与现代社会呼唤的教育公平和人才多元化的需求，存在着不可调和的矛盾。首善教育呼唤学校制度的变革，强调课程教学基于学生的学习方式和水平，强调"发展"取向的多维评价体系的构建，其根本目的在于秉承"善"的初衷，促使每一个个体得到健康和谐的发展。

# 三、复杂适应系统理论

## (一)复杂适应系统理论的理论概述

复杂适应系统理论(Complex Adaptive System，简称为 CAS 理论)是由美国霍兰(John Holland)教授于 1994 年，在圣塔菲(Santa Fe)研究所成立十周年时正式提出的。复杂适应系统理论的提出为人们认识、理解、控制、管理复杂系统提供了新的思路。

理论包括微观和宏观两个方面。在微观方面，最基本的概念是具有适应能力的、主动的个体，简称主体。这种主体在与环境的交互作用中遵循一般的刺激—反应模型。主体的适应能力表现在他能够根据行为的效果修改自己的行为规则，以便更好地在客观环境中生存下去。在宏观方面，由这样的主体组成的系统，将在主体之间以及主体与环境的相互作用中发展，表现出宏观系统中的分化、涌现等种种复杂的演化过程。CAS 理论虽然提出不久，但是由于其思想新颖深刻以及采用计算机建模分析，它已经在许多领域得到了应用，并推动着人们对于复杂系统的行为规律进行深入研究。

系统中的个体一般称为元素、部分或子系统。复杂适应系统理论采用了具有适应能力的个体这个词，这是为了强调它的主动性，强调它具有自己的目标、内部结构和生存动力。围绕主体这个最核心的概念，人们进一步提出了研究适应和演化过程中特别要注意的七个有关概念。它们是聚集、非线性、流、多样性、标识、内部模型和积木。在这七个概念中前面四个是个体的某种属性，它们将在适应和进化中发挥作用，而后三个则是个体与环境进行交流时的机制和有关概念。

**1. 属性**

（1）聚集

聚集（aggregation），第一种含义是把相似的事物聚集成一类，物以类聚的意思；第二种含义主要用于主体通过"粘着"（adhesion）形成较大的所谓的多主体的聚集体。由于主体具有这样的属性，它们可以在一定的条件下，在双方彼此接受时，组成一个新的主体——聚集体（Aggregation Agent），在系统中像一个单独的主体那样行动。聚集不是简单的合并，也不是消灭主体的吞并，而是新的类型的更高层次上的主体的出现；原来的主体不仅没有被消灭，而且在新的更适合自己生存的环境中得到发展。

（2）非线性

非线性（non-linearity）是指主体以及它们的属性在发生变化时，并非遵循简单的线性关系。CAS 理论认为主体之间相互影响不是简单的、被动的、单向的因果关系，而是主动的"适应"关系。主体以往的"历史"会留下痕迹，以往的"经验"会影响将来的行为。在这种情况下，线性的、简单的、直线式的因果链已经不存在了，实际的情况往往是各种反馈作用（包括正反馈和负反馈）交互影响的、互相缠绕的复杂关系。正因为这样的复杂关系，复杂系统的行为才会如此难以预测，复杂系统才会经历曲折的进化过程，呈现出丰富多彩的性质和状态。CAS 理论把非线性的产生归结为内因——主体的主动性和适应能力。这就进一步把非线性理解为系统行为的必然的、内在的要素，从而丰富和加深了对于非线性的理解。正因为如此，霍兰在提出具有适应性的主体这一概念时，特别强调其行为的非线性特征，并且认为这是复杂性产生的内在根源。

（3）流

流（flow）是指在主体和环境之间以及主体相互之间存在着物质流、能量流和信息流。这些流的渠道是否畅通，周转迅速到什么程度，都直接影响系统的演化过程。

自古以来人们就认识到流的重要性，并且把这些流的顺畅当作系统正常运行的基本条件。越复杂的系统，其中的各种交换（物质、能量、信息）就越频繁，各种流也就越错综复杂。

（4）多样性

多样性（diversity）是指在适应过程中，由于种种原因，主体之间的差别会发展与扩大，最终形成分化，这是 CAS 的一个显著特点。世界的统一性并不意味着单一性。今天我们已经开始承认，并且认真地对待多样性了：生物的多样性已经成为热门话题，已经以国际公约的形式表达了人们的共识；文化的多样性也已经得到了越来越多的认同。当前的复杂性研究着眼于主体类型多种多样的情况，而其中的 CAS 理论则进一步研究这种多样性是怎样产生的，即分化的过程。霍兰指出，正是由于主体间相互作用和不断适应的过程，造成了主体向不同的方面发展变化，从而形成了主体类型的多样性。

**2. 机制**

（1）标识

标识（tag）是指在聚集体形成的过程中，复杂系统所需要的一个起聚集作用的旗帜或标志。在 CAS 中，标识是为了聚集和生成边界而普遍存在的一个机制，为了相互识别和选择，主体的标识在主体与环境的相互作用中是非常重要的，标识的作用主要在于实现信息的交流。

（2）内部模型

内部模型（internal models）表明主体能够预知某些事情。当主体再次遇到当前模式（或类似模式）时，会意识到随之发生的后果将会是什么，并且进一步演化支持有效的内部模型，同时消除无效的内部模型。

（3）积木

积木（building blocks）是指复杂系统常常是在一些相对简单的部件的基础上，通过改变它们的组合方式而形成的。因此，事实上复杂性往往不在于积木的多少和大小，而在于原有积木的重新组合。

通过这七个方面的表述，主体的特点就充分地表现出来了：它是多层次的、和外界不断交互作用的、不断发展和演化的、活生生的个体。这就是复杂适应系统理论思想的独特之处。

## （二）复杂适应系统理论的核心观点及主要特点

### 1. 复杂适应系统理论的核心观点

复杂适应系统理论的基本思想和基本理论，在《隐秩序——适应性造就复杂性》（2000）中得到表述，在《涌现》（2001）一书中被进一步展开和深入地描述。可以概述如下："我们把系统中的成员称为具有适应性的主体（Adaptive Agent），简称为主体。所谓具有适应性，就是指它能够与环境以及其他主体进行交互作用。主体在这种持续不断的交互作用的过程中，不断地'学习'或'积累经验'，并且根据学到的经验改变自身的结构和行为方式。整个宏观系统的演变或进化，包括新层次的产生、分化和多样性的出现，新的、聚合而成的、更大的主体的出现，等等，都是在这个基础上逐步派生出来的。"①

复杂适应系统理论把系统的成员看作是具有自身目的性与主动性的、积极的主体。更重要的是，CAS 理论认为，这种主动性以及它与环境的反复的、相互的作用才是系统发展和进化的基本动因。宏观的变化和个体分化都可以从个体的行为规律中找到根源。个体与环境之间这种主动的、反复的交互作用用"适应"一词加以概括。这就是 CAS 理论的基本思想——适应产生复杂性。

### 2. 复杂适应系统理论的主要特点

#### （1）强调主体的主动性

该理论强调主体是主动的、活的个体。这点是 CAS 和其他建模方法的关键区别。这个特点使得它能够有效地应用于经济、社会、生态等其他方法难以应用的复杂系统。系统的组成部分，以前一般称为元素、单元、部件或子系统，是与系统、全局、整体相对而言的概念，是一个被动的、局部的概念。主体的概念则把个体的主动性提高到了系统进化的基本动因的位置，从而使其成为研究与考察宏观演化现象的出发点。复杂性正是在主体与其他主体之间主动交往、相互作用的过程中形成和产生的。在这里既没有脱离整体和环境的个体，也没有抽象的，凌驾于"个体"之上的整体。个体的主动性是这里的关键。个体主动的程度，决定了整个系统行为的

---

① ［美］约翰·H. 霍兰著：《隐秩序——适应性造就复杂性》［M］，周晓牧，韩晖，译，129页，上海，上海科技教育出版社，2000。

复杂性的程度。

只要是个体能够在与其他个体的交互中，表现出随着得到的信息不同，而对自身的结构和行为方式进行不同的改变，就可以认为它具有主动性或适应性。适应的目的是生存或发展。

(2)强调主体与环境的交互作用

该理论将其他主体视为环境的一部分，认为主体与环境(包括主体之间)的相互影响、相互作用，是系统演变和进化的主要动力。以往的建模方法往往把个体本身的内部属性放在主要位置，而没有重视个体之间，以及个体与环境之间的相互作用。个体是整体的基础，并非指孤立的、单独的个体。如果是这样，我们就又回到还原论的观点去了。个体间的相互作用才是整体的基础。"整体大于它的各部分之和"，指的正是这种个体间的相互作用带来的"增值"。复杂系统的丰富多彩的行为正是来源于这种"增值"。这种个体间的相互作用越强，系统的进化过程就会变得越复杂多变。

(3)把宏观和微观有机地联系起来

通过主体和环境的相互作用，使得主体的主动性变化成为整个系统的变化的基础，从而将宏观和微观统一地加以考察。极端的还原论的观点是把宏观现象的原因简单地归结为微观，把宏观现象看作是微观的加和，否认从微观到宏观存在着质的增加。另一种观念是把统计方法当作从微观向宏观跨越的唯一途径或手段。如果个体没有主动性，那么它们的运动和相互关系用统计方法加以处理就行了。然而如果个体是"活"的，有主动性和适应性，以前的经历会"固化"到它的内部，那么它的运动和变化，就不再是一般的统计方法所能描述的。所以，在微观和宏观的相互关系问题上，CAS 理论区别于单纯的统计方法的理解，是一种新的理解。

## (三)复杂适应系统理论与首善教育的关系

### 1. 包容多样性对首善教育培育"创新"的诠释

复杂适应系统理论承认系统中各元素系统存在的多样性，在系统中的每个个体都能最大限度地发挥自身的主动性，有意愿地积极投身系统环境的适应和变革中。首善教育中提出"首创"，强调以创造能力为依归。而创造和创新，必须植根依托于一个承认多样性、包容多元发展的教育环境。否定多样性的独裁决断最终只能带来人"单向度"的发展。在强权压制下，没有了反对和质疑的声音，每个人都认同同一种价值观点，就无所谓人与人之间的个性和差异了。而人没有更高的精神追求和趋于更好的价值追求，也就难以谈整个人类社会的超越和发展了。

最好的教育变革必须是活力型改革，而不是效率型改革，不是以分数高低、升学比例的单纯的数字来证明效果。教育变革的目的不单纯是改变课堂形态，改变教学模式，而是以激发学生学习的持续动力为重要前提，真正从"根"上转变学生学习的内驱力。首善教育倡导的就是这样一场"活力型"的变革，以激发个体的内在动力作为终极目的，承认多元的发展方式，不以单一维度的评价标准测量每个学生的进步，而是让系统中的学生、教师和学校都能在多元的评价体系中找到认同感与归属感，在"认同接纳"与"持续动力"的相互作用中进入发展的良性循环。当系统中每个个体都进入主动发展的良性循环模式时，也就产生了复杂适应系统中所强调的"增值"效应。

首善教育提倡学生的个性发展，强调学校有自己的办园特色，而"个性"与"特色"都没有既定的范式和框架，不是能设计和规划出来的。孕育"个性"和"特色"的土壤必须没有僵化、唯一、教条的规定，应具有可供个体和集群自由发展的空间。再优化的制度设计的前提都必须是对系统内部的个体具有足够的包容力，像对待生态系统中的一颗雨滴、一棵树木，甚至是一片落叶一样，拥有足够宽容的情怀。只有承认学生、教师和学校的多元发展，系统中的每个主体才能具备足够的主动性，"个性"和"特色"才能被养成。

**2. 多因多果对首善教育变革视角的诠释**

复杂适应系统理论阐明，主体为环境的一部分，主体与环境（包括主体之间）的相互影响、相互作用是系统演变和进化的主要动力。个体是整体的基础，这里的"个体"并非指孤立的、单独的个体，而是指相互作用的个体之间产生的合力。"整体大于它的各部分之和"指的正是这种个体间的相互作用带来的"增值"。复杂系统的丰富多彩的行为正是来源于这种"增值"。这种"增值"有多重效果和多重原因，其产生不单纯来源于某个个体，而来源于个体与个体之间、个体与环境之间的交互作用。

复杂适应系统理论的"多因多果"为首善教育的推进提供了最科学的视角。对处于复杂系统中"活"的个体来说，如果长期使用线性思维视角，只能最大限度地降低系统中主体的"活力"。在首善教育中，从区域的公平、优质到学校的质量、特色，再到个体的基础能力和个性特长，都不是相互孤立存在的三个层面，都需要相互渗透、相互依存和相互增值。单纯从学生发展来说，并不是仅仅由于区域改革促使了学生的发展，也不是独立依靠学校制度的变革促进了学生个性的养成，而是区域、学校和个体三个方面的因素相互作用、相互渗透，又共同作用于区域、学校和个体的三个维度的发展。在首善教育的推进中，从区域治理到学校变革，从课程教学变革到人的发展，需要处理好每一部分的关系，每个板块的设计和推进需要综合统筹思考，不能截然对立。多因多果，强调在首善教育的推进中，需要不遗余力地以多重视角来看待任何教育事件和教育现象，不能仅仅关注三维中的某一个维度或者某一个个体，既要有自上而下的谋篇布局，又要有自下而上的策略方案，更要有对结果的多元价值判断以及对原因的多元分析视角。不变的视角和不变的制度一样可怕，会形成固态僵化的思维模式，也会产生停滞不前的变革困境。复杂系统中的学生、学校和区域都应处于持续调整、相互适应的动态变化之中。

正因为在教育系统中的每个个体都是鲜活的生命体，每个生命体处于系统中都具有主动性和适应性，具有自己的思想和独立意识，因此"多因多果"的视角才显得尤为重要，多重价值判断才会使身处于其中的生命体感受到接纳与平等，才会持续不断地迸发出真正的活力，这也是首善教育期冀达到的状态。

# 第四章　首善教育的区域治理

教育现代化首先是教育治理现代化。首善之区的首善教育，首先着眼的一定是区域的良性发展和区域教育的优质治理。多年来，首善教育扎根于重庆市江北区，以江北区的区情为依据，以创造人民群众的美好生活为己任，以教育的公平发展为底线，以教育的优质发展为追求，推进教育发展机制体制的变革，构建教育良法善治坐标体系，创造优良的教育生态环境，在促进教育系统本身蓬勃发展的同时，也为区域经济社会的快速发展奠定了坚实的基础。

## 一、首善教育区域治理的价值追求

百年大计，教育为本。教育事关人的全面发展，更事关民族的未来，是民族振兴和社会进步的基石，人民对美好生活的向往其中就包含了对更好教育的追求。首善教育自提出那天起，就有着浓重的家国情怀，认为教育不仅关系着每个家庭的幸福，也关系着区域的发展。首善教育站在为每个家庭负责的高度，站在为区域发展提供核心动力的高度来做好教育治理工作，在此基础上逐步形成了自身的价值追求体系，其核心词就是"伦理""民生""公平""优质"。

"有质量的教育公平"是国家教育的基本教育政策，也是江北区教育治理的价值取向和价值追求。在重庆市江北区，教育始终摆在了优先发展的战略地位。一个地区经济社会的发展，教育举足轻重。办好教育，不仅能为地区经济社会发展提供人才保障，而且影响一个城市的文明建设进程，甚至能改善地区的投资环境。因此，江北区把科教兴区作为发展战略大力实施，始终保证教育优先，教育兴区成了江北人的共识。

### （一）首善教育的区域伦理追求

如第一章所言，首善教育首重教化，"立德树人""德育为先"是首善教育的根本原则。然而人是文化的产物，任何个体的道德生成都与区域有着密切的关系。荀子曾说："蓬生麻中，不扶自直；白沙在涅，与之俱黑。"蓬是一种草本植物，长大后不仅会分茎，而且会因风变得弯曲。麻也是一种草本植物，往往种植稠密，长大后则像箭杆一样直。如果蓬的种子落到麻丛中，因为阳光和周围空间的影响，自然而然就会变得像麻一样直了。反之，洁白的沙子如果落到黑色的污泥中，过一段时间也就和污泥一样黑了。因此，要真正实现立德树人，在进行个体教育的同时，就要积极地改变区域的伦理生态。如果区域的伦理生态不好，就会陷入"5＋2＝0"的教育困境。

区域伦理生态的建设不仅具有工具意义，而且其本身就应该成为首善教育的目的。正如古人对学校的界定一样，一个区域的教育必须能够开风气之先，必须能够净化社会，引导民众走向更加美好的思想境界。在这个意义上，"独善"并非教育最为根本的目的，"众善"才是教育最高的理想。尤其在今天社会转型时期，当过多的物欲冲毁了人们道德的堤防，当对物质利益的追求超越了对价值的崇拜，作为精神建设核心支柱的教育就更应该发挥自己有效的教化作用，重构社会伦理，净化社会风气。

**1. 区域伦理建设的古代典范**

对区域伦理的建设，并非今天才有，在中华文化中有着十分古老的传承。其中的传承之一，就是老子的"小国寡民"思想："使有什伯之器而不用；使民重死而不远徙。虽有舟舆，无所乘之；虽有甲兵，无所陈之。使民复结绳而用之。甘其食，美其服，安其居，乐其俗。邻国相望，鸡犬之声相闻，民至老死，不相往来。"(《道德经》)在这样的论述中，老子为我们描述了一个富有道德伦理的族群。他们能够彼此和平，安于宁静的生活，并自得其乐，无所追求。这种思想，肯定是符合老子之"道"的，因此就体现在老子思想中对理想社会的伦理追求。

然而，在老子的思想中，也有着对社会进步和发展的舍弃，有着对人类文明的拒绝以及回到原始的冲动。这一思想尽管对于克服人类的物欲横流、过度索求具有一定的价值，然而其否定人类文明成果和发展愿望方面显然也是不可取的。真正能够体现中华民族自强不息精神同时又蕴含伦理韵味的区域建设则属于"大同社会"："大道之行也，天下为公，选贤与能，讲信修睦。故人不独亲其亲，不独子其子，使老有所终，壮有所用，幼有所长，矜、寡、孤、独、废疾者皆有所养，男有分，女有归。货恶其弃于地也，不必藏于己；力恶其不出于身也，不必为己。是故谋闭而不兴，盗窃乱贼而不作，故外户而不闭，是谓大同。"①从这段话中可以看出，"大同社会"包含了三个重要特征：第一，天下为公，即天下不是哪个私人的天下，是大家做主人的天下，乃至能够共同关心、共同爱护的天下，正如"人不独亲其亲，不独子其子"。第二，选贤与能，既然天下为公，那么也就没有天生的统治者，反之要选出贤明和能干的人来管理社会，处理社会事物。第三，讲究信用，人民和睦，形成有秩序而安详的社会——"使老有所终，壮有所用，幼有所长，矜、寡、孤、独、废疾者皆有所养，男有分，女有归。货恶其弃于地也，不必藏于己；力恶其不出于身也，不必为己。是故谋闭而不兴，盗窃乱贼而不作，故外户而不闭。"这样的社会，才是大家同心同德、与人为善的社会，才是所谓的"大同社会"；这样的社会，才符合天之"大道"，也才是社会应有的伦理追求。自大同社会提出之后，这一思想一直激励着我国的仁人志士努力奋进。至近代，康有为先生著述《大同书》，描绘了人世间的种种苦难，提出大同社会将是无私产、无阶级、人人相亲、人人平等的人间乐园；辛亥革命的缔造者孙中山先生，则一直奉行"天下为公"的革命理想，最终领导革命志士推翻了封建帝制。

与"大同社会"具有同等重要地位的是古希腊哲学家柏拉图所提出的"理想国"。与"大同社会"一样，理想国也强调天下为公，"我们建立这个国家的目标并不是为了某一个阶级的单独突出的幸福，而是为了全体公民的最大幸福"②；也强调选贤与能，"在任何政府里，一个统治者，当他是统治者的时候，他不能只顾自己的利益而不顾属下老百姓的利益，他的一言一行都应是为了老百姓的利益"③；同样强调社会有序运作、和睦相处，他把全体公民分为三部分：哲学王、军人和生产者，认为不同的人各司其职，尽职尽责，那才是一个美好和谐的社会。不过，"大同社会"与"理想国"也有着中西思想方式的根本不同。前者重德治，强调"仁义"的作用和价值，而

---

① （西汉）戴圣：《礼记·礼运篇》。
② ［古希腊］柏拉图著：理想国［M］. 郭斌和，张竹明，译，133 页，北京，商务印书馆，2002。
③ ［古希腊］柏拉图著：理想国［M］. 郭斌和，张竹明，译，25 页，北京，商务印书馆，2002。

后者重智治,强调要用哲学王来统治世界;前者讲人本,强调"讲信修睦"、与人为善;后者重神本,认为秩序天定,必须遵守:众人"虽非一土所生,彼此都是兄弟,但是老天在铸造他们的时候,在有些人的身上加入了黄金,这些人因而是最可宝贵的,是统治者;在辅助者(军人)的身上加入了白银;在农民以及其他技工身上加入了铁和铜"①,地上的统治不过是天上理想世界的投影。②

不管中外对理想世界的描述有何不同,但都体现了人类对美好生活的追求,以及对良好的伦理秩序的渴望。构筑良好的伦理道德,建立高雅的文化品位,始终是人类历史发展的不竭动力。首善教育也是对这一动力的有效继承。

**2. 区域首善伦理建设的当代追求**

对社会良好伦理的追求欲望在当代随着救亡图存运动的出现变得十分强烈。如前面所言,康有为提出社会大同的思想,孙中山则以"天下为公"为己任,而伟大的中国共产党人,则以共产主义作为理想世界来追求。在《共产党宣言》中,马克思和恩格斯提出了共产主义的几大特征:①生产力高度发达,产品极大丰富;②各尽所能,按需分配;③人的自由全面发展;④阶级和阶级压迫消失,国家消亡。尽管这一理想更多是从经济而非伦理角度来对理想社会进行描述,但是要达到这样的理想社会,人的自由发展、阶级的消失等则是前提,因此这一思想已经具备了伦理建设的意义。这一思想也为中国共产党人所继承。2012 年 11 月 15 日,在十八届中央政治局常委与记者的见面会上,习近平总书记铿锵有力地说:"人民群众对美好生活的向往,就是我们的奋斗目标。"

新时期以来,党和国家把社会主义初级阶段建设的任务具体化为全面建设小康社会。党的十六大报告提出:"在本世纪头二十年,集中力量,全面建设惠及十几亿人口的更高水平的小康社会。"所谓更高水平的小康社会,就是全面发展的小康社会,就是物质文明与精神文明共同发展的社会,就是经济建设、政治建设、文化建设、社会建设和生态文明建设"五位一体"发展的社会。在这个社会发展中,人的素质的

---

① [古希腊]柏拉图著:理想国[M].郭斌和,张竹明,译,128 页,北京,商务印书馆,2002。

② 黄小晏.中西早期和谐观的比较——以《礼记》"大同社会"与柏拉图"理想国"为中心的考察[J].理论学刊,2008(5):109-113。

提升、社会文明程度的改善，具有异常重要的地位。在十六届四中全会上，这一追求被进一步强化，提出全面构建社会主义和谐社会的任务。我们所要建设的社会主义和谐社会，应该是民主法治、公平正义、诚信友爱、充满活力、安定有序、人与自然和谐相处的社会。民主法治，就是社会主义民主得到充分发扬，依法治国基本方略得到切实落实，各方面积极因素得到广泛调动；公平正义，就是社会各方面的利益关系得到妥善协调，人民内部矛盾和其他社会矛盾得到正确处理，社会公平和正义得到切实维护和实现；诚信友爱，就是全社会互帮互助、诚实守信，全体人民平等友爱、融洽相处；充满活力，就是使一切有利于社会进步的创造愿望得到尊重，创造活动得到支持，创造才能得到发挥，创造成果得到肯定；安定有序，就是社会组织机制健全，社会管理完善，社会秩序良好，人民群众安居乐业，社会保持安定团结；人与自然和谐相处，就是生产发展，生活富裕，生态良好。

党的十八大开启了我国社会主义事业建设的新征程。十八大报告首次以12个词概括了社会主义核心价值观："倡导富强、民主、文明、和谐，倡导自由、平等、公正、法治，倡导爱国、敬业、诚信、友善，积极培育社会主义核心价值观。"社会主义核心价值观的提出，充分表明我们党对伦理价值的追求，对重构社会伦理的坚定决心。教育部中国特色社会主义理论体系研究中心研究认为："正确理解社会主义核心价值观的内涵，深刻把握积极培育和践行社会主义核心价值观的重要性，对于推进社会主义核心价值体系建设，用社会主义核心价值体系引领社会思潮、凝聚社会共识，具有重要的理论意义和实践意义。"

首善教育是在中外优秀传统文化的基础上，以践行社会主义核心价值观为己任的教育思想。它既追求现代文化，也追求传统教育的教化价值，自觉地把教育作为推广和践行社会主义核心价值观的重要途径，把教育作为建设和谐社会、小康社会的重要途径，因此就不得不关注区域伦理的建设。概括来说，首善教育要从以下几个方面重构区域伦理，为江北区人民的美好生活服务：

第一，推广和践行社会主义核心价值观，使之成为江北教育的核心任务，并通过广泛的传播，为首善之区的建设奠定价值基础。

第二，移风易俗，在整个社会中弘扬中华民族传统文化。通过社区教育，让优秀的文化基因渗透到江北区的各个文化角落，成就国学江北。

第三，做好学生的德育工作。通过品德学科建设、学科教学渗透以及道德实践活动，实现德育的综合化、生活化和探究化，切实做到立德树人，净化学生的心灵，促进学生健康成长。

**3. 区域伦理建设的重要实践**

江北区对首善教育区域伦理的追求不仅体现在理念上，而且也落实到了行动上。多年来，以首善教育为指导，江北区展开了两大行动："优质示范"教育社区行动、校园文化建设行动。

(1)"优质示范"社区教育行动

既然是区域伦理建设，首善教育就不应该仅仅局限在校园之内，而要积极推动整个社会的教化工作。江北区教委以"人人参与、时时皆学、处处能学、个个幸福"为工作理念，加大社区教育工作力度，加快社区教育发展步伐，构建全民终身教育学习体系，健全完善社区教育三级网络架构，广泛开展了社区教育学习活动，以满足社区居民不同的教育需求、服务社区教育发展，逐步建成现代化大都市首善学习型城区。2013年，江北区成功创建成为重庆市社区教育示范区。

· 三级管理网络

为加强社区教育统筹管理，形成管理合力，区政府在重庆广播电视大学江北区分校成立了社区教育学院，各街镇分别成立了社区教育学校以及社区(村)、物业小区学习站(点)，基本形成了社区教育三级管理网络。

· 专业教育队伍

通过整合教育系统的人员，街镇人员、社会热心人士等，江北区建立了一支素质高、懂社区教育的专兼职相结合的社区教育管理队伍、师资队伍和志愿者队伍。

目前，全区从事社区教育工作的管理人员有236人，专兼职社区教师570人，社区教育辅导员226人，社区教育工作志愿者约5000余人。

· 资源保障充足

江北区积极挖掘利用教育内部资源，为群众提供更多更好的学习服务场所。一是免费定时开放了全部普通中小学校和职业中学的学习活动场地。二是免费开放了各街镇社区教育学校、各社区教育学习站和综合文化活动中心。三是对群众开放了教师退休协会、老年大学和广大培训机构。四是开放了辖区内图书馆、文管所、科技馆等教育学习场所。五是免费开放了石子山体育公园、鸿恩寺公园、铁山坪生态公园、石门公园等公共活动场所。

区教委给予社区教育大力支持，教育系统每年用于社区教育的经费达 200 余万元，按照全区现有常住人口 83.01 万计算，我区社区教育人均经费达到 3.4 元，超过人均 2 元的市级标准，为社区教育发展提供了有力保障。

　　• 教育形式多样

　　江北区设立了全民终身学习活动周。活动周期间，推荐评选"百姓学习之星"，推动全民教育。

　　截至目前，江北区已经评选出全国百姓学习之星 1 名，市级百姓学习之星 2 名，区级百姓学习之星 8 名。我区连续三年获得由中国成人教育协会颁发的全国"全民终身学习活动周优秀组织单位"称号。在 2014 年的全民终身学习活动周期间，重庆市江北区寸滩街道打造的社区学习品牌"寸滩学堂"获得"2014 年全国百佳社区学习品牌"，当时重庆市仅有六个品牌获奖。江北区郭家沱街道居民李和平同志获得"全国百佳百姓学习之星"称号，当时重庆市仅有五人获奖。

　　街镇结合自身特点，整合所在街镇文化教育资源，量身定制，建设一街一品。

　　观音桥街道充分利用街道地位优势，打造观音桥文化艺术节，涵盖了合唱、舞蹈、讲故事等多种艺术形式。还利用街道综合文化站平台，面对辖区常年免费开展各类文化教育活动。街道还重点打造了"老马工作室"，马善祥同志的工作方法和工作理念得到全国推广，多次得到央视及各大媒体的大篇幅报道，其本人成了全国社区工作学习的榜样，有很大的社会影响力。

　　寸滩街道为社区居民排忧解难，通过打造"寸滩学堂"，通过"五位一体"拉伸"寸滩学堂"宽度，拓展教育受众范围，2012 年相继成立"幼儿早教、四点半课堂、市民学校、老年科普大学"四个平台，与"寸滩学堂"一起成为助推辖区教育服务发展的"五位一体"平台。一是开设四点半课堂，免费为辖区居民子女解决了放学后无人看管、无人辅导作业的难题，得到大家一致称赞，也得到市、区媒体的报道。二是婴幼儿免费亲子教育，受到居民热烈欢迎。三是寸滩大讲堂，为街道各单位职工提供了继续教育学习的平台。

　　郭家沱街道充分利用辖区望江厂的文化资源，以辖区居民为主干成员，成立了望江文学协会、摄影协会、集邮协会等民间文化协会。街道妇联积极开展家庭教育，在呱呱网上开通家庭教育视频课堂，为社区家长教育答疑解惑，极大地方便了社区群众，值得推广学习。街道重点打造百姓乐园，繁荣社区文化，现已初步形成"10

分钟文化圈",坚持天天有活动、周周有声影、月月有展演、季季有赛事、年年有精品的精彩四季幸福郭家沱的主题活动,很好地展现了辖区居民团结和谐、幸福生活的良好风貌。

(2)学校文化建设行动

要树立道德伦理,必须以文化人。对于一个区域而言,除了通过社区教育,更重要的是通过学校文化环境的熏陶,让每个孩子都在不知不觉中受到濡化。党的十八大指出,文化是民族的血脉,是人民的精神家园。文化是教育的基本内核,是学校工作的轴心,更是育人成才和学校发展的根基。文化如水,润物无声,对人的影响持久而深远,教育的最高境界莫过于此。2012 年以来,江北区根植于"首善"文化,整体推进学校文化建设,使文化建设逐步成为实现学校内涵式发展的新增长点,成为江北区打造现代化"首善教育"的重要品牌。

学校文化建设尽管是学校的事情,但是也需要区域给予有力的保障。为进一步推动全区学校更好地开展校园文化建设,提升学校办学品质,江北区教委成立学校文化建设指导组,制定《江北区"学校文化建设行动"实施意见》,统筹安排,指导、推进区教委所属各中小学校的文化建设,确立了以下学校文化建设目标:

2013—2014 学年,启动第二批 10 所学校的学校文化建设,力争全区学校校园环境设施有较大改观。

2014—2015 学年,启动第三批 10 所学校的学校文化建设,重点推进 5 所具有文化特色及文化沉积的"百年老校"的建设,争取全区 50%的学校基本完成学校物质文化建设。

2016—2017 学年,培育 3~5 所全国知名的学校文化建设示范校,10 所以上全市有影响力的文化建设示范校,基本形成各具特色的学校文化,促进全区学校师生人文精神和人文素养全面提升。

除了上述目标之外,江北区教委还建立 1000 万元的学校文化建设专项经费,做到专项专用,为校园文化发展营造更大、更优质的空间;建立学校文化建设工作监督检查机制、考核评价机制和责任追究机制,把学校文化建设纳入学校综合督导评估的重要内容。专题召开全区学校文化建设现场推进会,展示各校文化建设的成绩和进度,学校之间相互观摩和交流。

学校文化重在建设，包括物质文化建设、精神文化建设、制度文化建设和行为文化建设，这"四位一体"的全面、协调发展，为学校树立起完整的文化形象，使学校文化建设形魂兼备。

抓住学校文化的"魂"。江北区教委深入挖掘学校历史文化文脉，重视学校文化的积淀和延续，在继承学校优秀文化传统的基础上，提炼学校文化内涵、核心理念、发展目标，构建有底蕴的文化价值体系。校园文化也是一个不断建设、更新、提高的整体工程，需要在实践中不断丰富和发展。在继承学校优秀文化传统的基础上，江北区充分把握学校文化建设运行规律，与时俱进，做到理念创新、机制创新、内容创新与方法创新，努力构建更加符合时代特征的新特色和新文化，更好地彰显学校文化魅力，更好地发挥文化育人的作用。

塑好学校文化的"形"。首先是整体打造。遵循教育发展规律和学生成长规律，区教委把学校物质文化与精神文化、环境文化、制度文化和行为文化融为一体，整体设计，同时突出特色，塑造优质的、独特的校园人文风貌，提升文化育人品位。其次是分步推进。区教委制定学校文化建设五年规划，根据学校特点，分阶段实施，到2017年，江北区要基本完成区域所有学校文化建设计划。重视学校文化馆藏工作，发挥档案等历史性典籍资料在学校文化传承中的特殊魅力。

以文化人成为区域教育的普遍共识。文之以晓义，化之以成天下，可见文化的力量。在区域整体推进学校文化建设的进程中，越来越多的校长、教师认识和体会到：抓学校文化建设就是抓教育发展的根本，抓学校文化建设就是抓教育领域综合改革，抓学校文化建设就是抓学校办学品位和提升教育品质，抓学校文化建设就是抓教育发展新的增长点。如果说当前国家与国家之间的竞争正在由过去的靠军事、后来的靠经济演变为现在的靠文化软实力，那么现代学校的管理与发展也可以说是三流学校靠权力、二流学校靠制度、一流学校靠文化。校园文化既是学校综合教育教学水平的重要体现，也是学校个性魅力与办学特色的体现。学校文化建设是推动学校走内涵式发展道路的重要力量。

各美其美成为学校文化的优雅标识。全区所有学校都将学校文化建设纳入学校规划，积极推动并取得了明显的成效：学校整体育人环境得到了明显改善，学校文化氛围明显增强，师生精神风貌和学校办学品质明显改善和提升，逐步形成和发展了一批文化特色学校。例如，华渝实验学校以深厚的"军工精神"积淀以及"生命从此更精彩"的办学理念，提出"格润教育"的办学文化特色。洋河花园实验小学借水"随物赋型"的特性，凝练出"发现儿童，随型成器"的办学理念，在此理念下提炼出了"真水无香，精微致远"的校训。港城小学以师生的共同愿望提出"温馨之港，追梦之城"的学校愿景，确立"陶泥本色，多彩童年"的办学理念，形成学校多彩文化。雨花小学秉承着长安文化的厚重，结合时代发展的要求，完善了学校的精神文化系统。根据学校校名，提炼出了"雨润童年，花开满园"的校园文化建设核心价值观，形成了"让每个孩子都有快乐的童年"的办学理念，明确了"培养热爱读书、体魄强健、习惯良好的阳光少年"的办学宗旨，继承和发扬了"扬游泳特长、读中华美文、促全面发展"的特色办学思路，提炼出了"自信成就美好未来"的校训、"民主和谐"的校风、"诲人不倦"的教风和"崇德尚礼"的学风。华新小学坚持"六年阳光教育，起步精彩人生"的办学理念，形成以"科技教育为龙头带动双语、艺术、体育教育"的多元化办学特色，全面实施素质教育。五宝小学地处农村，以"责任育人，幸福奠基"为办学思想，"以责任之心育责任之人"为办学理念，致力于建设美丽乡村学校。字水中学在深入挖掘学校在地域文化和历史文化渊源的基础上，结合现代教育理论和学校实际，提炼出"正心若字，明德如水"的校训。徐悲鸿中学开创性地提出"进步就是优秀"的教育理念，倡导"悲怀天下，鸿博人生"，大力弘扬"博学 博爱 自律 自强"的徐悲鸿大师精神，新建了"奔马图""悲鸿像""形象墙""进步碑""荣誉馆""九宫格"，将大师精神与进步教育理念融合在一起，建构起独特的"实施美的教育，培养进步之美"的"悲鸿文化"特色。载英中学恢复校名，以"做最好的自己"为办学理念，建设"以生命为本，拾台阶而上"为主题的校园文化。新村幼儿园提出"让每一个孩子体验成长的快乐"的办园理念，坚持"体验教育"的办园特色，匠心独具的"情景＋感知、主体＋特色"的课程体验和"大自然、小社会、和谐家"的温馨园所，让每个孩子享受快乐童年，为孩子一生的幸福与发展奠基。

### （二）首善教育的民生追求

民生大计，教育为先。"民生"一词最早在《左传·宣公十二年》中就有记载，所谓"民生在勤，勤则不匮"，这里的民即"民众"的意思。历史上的明君都非常重视民生问题，所谓"民为国之本，本固则国宁"，也就是说民众是国家根本之所在，民众的问题解决好了国家才会稳定和谐。民生问题是一个复杂庞大的系统问题，从纵向上看，它包括从人的出生到生命终结的整个生命历程；从横向上看，它包括人类的物质生活、政治生活、文化生活、社会生活等满足人类生存、发展和享受的因素，还包括人民大众所需要的生存权、话语权、知情权、受教育权等因素。人们首先要满足衣食住行等问题，但却不能只满足于衣食住行，人们还要追求自身自由而全面的发展，所以民生涉及人民群众生存和发展这两大问题。生存主要是指人民群众的衣食住行等问题，而发展更多的是指文化、教育等精神生活方面的问题。

**1. 教育民生的传统智慧与当代追求**

在中国的文化传统中，教育一直被视为一项重要的民生追求。孔子将民生问题分为庶、富、教三个层次，教育被放在最高也是最后的层次上。"子适卫，冉有仆。子曰：庶矣哉。冉有曰：既庶矣，又何加焉？曰：富之。曰：既富矣，又何加焉？曰：教之。"（《论语·子路》）在孔子之后，孟子、荀子、管子等人也有类似论说。孟子认为："善政，民畏之。善教，民爱之。善政得民财，善教得民心。"（《孟子·尽心章句上》）荀子主张："不富无以养民，不教无以理民性。故家五亩宅。百亩田，务其业而勿夺其时，所以富之也。立大学，设庠序，修六礼，明七教，所以道之也。《诗》曰'饮之食之，教之诲之。'王事具矣。"（《荀子·大略篇》）

在当代，对教育民生的追求也是教育家所孜孜以求的价值之一。在民国时期，战火纷飞，民不聊生，因此就有三大教育家把教育作为改善民生的重要途径。陶行知先生非常关注教育对于改善民生的重要作用，他认为必须通过教育改变人们的认识，使人可以很好地"谋生"。他坚持"全民教育"和"平民教育"思想，即面向全民，实行终身教育；关注社会底层民众的生活能力培养，追求"生利"价值，为平民服务，为平民子女健康成长服务，多方面体现了教育的服务宗旨。著名的平民教育家晏阳初先生，强调平民教育要教人做人，做整个的人。所谓整个的人，首先就是要有知识，而后要有生产能力，最后还要有社会公德。因此，他积极推动文字教育、生计教育和公民教育，把教育民生做到深层。乡村教育家梁漱溟先生，更是相信教育可以救国救民。他对中国传统文化有着十分深刻的反省，在积极采纳中西优秀思想的基础上，在山东邹平县建立乡村建设研究院，重点研究乡村建设问题，培养乡村建设人员，探索民族自救之路。具体途径是在乡农学校中对农民进行知识教育、精神陶冶、生产劳动与自卫训练等，以此组织农村，推进社会，达到"政教合一"的目的。尽管他们的教育民生理想大都以失败告终，但却为我们留下了宝贵的精神财富。

新中国成立之后，党和国家十分重视教育民生工作，把教育作为国家富强的根本，尤其是改革开放之后，更是把教育提高到一个很高的地位。十二大提出把教育与农业、能源、交通和科技一道，"作为经济发展的战略重点"，把普及教育视为建设物质文明和精神文明的前提；十三大提出"百年大计，教育为本"，要求把教育发展放在"突出的战略位置"；十四大，特别是十五大和十六大，基于科教兴国战略，再三强调"把教育摆在优先发展的战略地位"；十七大、十八大分别把教育作为"民族振兴的基石"和"民族振兴和社会进步的基石"，坚持优先发展。①

**2. 首善教育对民生的解读**

民生和教化是紧密联系在一起的，民生是教化的前提，所谓"仓廪实而知礼节"，唯有满足人民群众的基本需求而后才能够施以教化；反之，教化是民生的动力，受过教化的人才能够更好地促进民生的发展。首善教育就是在这种逻辑下追求教育的民生价值的：

（1）建立教育是最大的民生的观念

知识改变命运，教育成就未来。教育有助于改善民生，教育通过对人们基本知识技能与职业技能的培养，提高人们认识世界、改造世界和适应社会的能力，从而改善老百姓基本的物质生活状态。受教育程度与人们在社会经济政治中所得到的各种待遇和发展机会密切相关，受教育程度越高，意味着发展机遇越多，物质生活条件越好，教育对老百姓物质生活状态进行改善的同时，还能够引导人们形成积极健康的物质生活方式，提高物质生活品质。教育还赋予了人们道德和审美意义，通过对人整体素质的提升，特别是通过对人们人文素质的培养，提升人的生活智慧与审美素养。教育能充实并提升人们的精神生活世界，改善人们的精神生活质量。教育传授给人们知识，引导其形成积极健康的心理体验，培养人们的智慧、德行与理性，使人的自我得以提升，并唤醒人对生活意义的思索。教育中所蕴含的知识、智慧、德行以及一切真善美的元素，均有助于增加人们的幸福感。

（2）保障人民的受教育权

因为教育的巨大意义，所以受教育权就是每个公民最为重要的权利之一。近年

---

① 朱国仁. 从国计到民生：关于我国教育民生的思考[J]. 清华大学教育研究，2013（4）：35-39。

来，江北区经济社会发生翻天覆地的变化，城市面貌焕然一新，居住在江北区的老百姓的生活环境和生活条件发生很大变化，老百姓生活的幸福指数也在不断上升，但江北区经济社会还处在一个转型期，民生问题也比较多，有的还相当突出。但在对民生问题的关注中，江北区对教育的关注远远高于其他民生问题。解决教育的民生问题，主要是解决老百姓最关心的教育权、受教育权、教育资源等方面的问题。在具体的实践中，首善教育要致力于解决"学有所教"这一民众最直接、最现实的利益问题，并将其作为"努力办好人民满意的教育"这一新目标的主要表现形式。

（3）提升教育质量

保障人民的受教育权并不仅仅是"有学上"的问题，更重要的是"上好学"的问题，只有教育质量得到了提升，才能够称得上教育之首善。因此，办好每一所学校，教好每个学生，是江北区区域教育治理的目标。让江北区老百姓的子女有学上，有好学上，是江北教育人的不懈追求。针对在城市大拆迁、大开发、大建设中，如何科学谋划校点布局；在解决老百姓的子女上学难的同时，如何增加优质教育资源；在城市流动人口急剧增加的过程中，如何让流动人口的子女接受平等的教育等一系列的教育问题，江北区倾注了大量的财力、人力和物力，有效解决了以上问题。江北区把努力提升区域的办学水平，提高教育质量，统筹各类教育协调发展，满足人民群众对教育的各种需求作为解决教育民生问题的主要手段。

总之，首善教育要处理好民生问题，首先就是要让每一个孩子都有公平的受教育权，这是教育民生所要解决的最大问题；其次就是要在高质量教育的基础上，解决人民群众的受教育权的问题。江北区通过着力打造"硬件"与"软件"、科学统筹"公平"与"优质"、大力提升"内涵"与"品质"，让优质教育均衡发展落到了民生实处。公平与优质，都是首善教育区域治理的核心与重点，需要在下面一一进行说明。

# 二、首善教育的公平发展

公平正义是人类的永恒追求，社会公平是公平正义的价值理念在现实社会生活中的体现。《国家中长期教育改革和发展规划纲要（2010—2020年）》提出，要"形成惠及全民的公平教育"，党的十八大也提出"大力促进教育公平"，习近平总书记指出

"要让每个乡村孩子都能接受公平、有质量的教育"。建设惠及全民的公平教育，已经成为广大人民群众的强烈愿望和我国教育改革发展的基本政策。首善教育是在响应党和国家教育方针政策的基础上提出来的，它必须做好教育公平工作，促进区域人人都获得公平的受教育权，公平的发展权，教育公平是首善教育的题中之意。

### (一)教育公平及其维度

在汉语中，所谓"公平"，即"公正而不偏袒"或"公正而合情理"之意。在《辞海》中，"公平"亦称"公正"：①人们从既定概念出发对某种社会现象的评价，亦指一种被认为是应有的社会状况，反映社会生活中人们的权利和义务、地位和作用、行为和报应之间的某种适应关系；②作为一种道德要求和品质，指按照一定的社会标准（法律、道德、政策等）、正当的秩序合理地待人处事，是制度、系统、重要活动的重要道德性质。可见，所谓公平，既是对事物发生发展的因果进行判断的标准，也是一种重要的价值规范。在某种意义上，大致公平就是社会良善的一种重要表现，也是一种良性的伦理标准。首善教育，必须是追求公平的教育。

美国学者约翰·罗尔斯是当代最为知名的公平研究者，在他看来，社会利益的恰当分配是公平的，而公平的基础有两条原则：首先，每个人都与别人一样，有着最广泛的自由权力的平等；其次，应把社会与经济的不平等安排成：①基本上为每个人着想；②与工作和地位联系起来，并对所有人敞开。[①] 他同时提出了三个非常重要的正义原则：①每个人都应享有与人人享有的一种类似的自由权相一致的最广泛的、全面的、平等的基本自由权的平等权利[②]，即自由平等原则；②社会的和经济的不平等应该这样安排，使它们：a. 在与正义的储存原则一致的情况下，适合于最少受惠者的最大利益，此为差别原则；b. 依系于在机会公平平等的条件下职务和地位向所有人开放[③]，此为机会的公正平等原则。上述三个重要原则成为我们思考

①　[美] 罗尔斯(Rawls, J.)著：正义论[M]. 何怀宏，等，译，57页，北京，中国社会科学出版社，2001。

②　[美] 罗尔斯(Rawls, J.)著：正义论[M]. 何怀宏，等，译，60页，北京，中国社会科学出版社，2001。

③　[美] 罗尔斯(Rawls, J.)著：正义论[M]. 何怀宏，等，译，83页，北京，中国社会科学出版社，2001。

教育公平问题的重要出发点和理论基础。

对于教育公平，学者们有不同的理解。北京师范大学石中英教授认为："教育公平是现代社会中政府在教育（机会、权利、利益、条件等）供给或配置过程中所应坚持的'应得'原则和所应实现的'相称'关系。"①然而何谓"应得"，在他的著述中语焉不详。对此，在联合国经济合作与发展组织 2007 年所颁布的文件中，对教育公平做出如下界定："教育公平有两个含义。第一个含义是公正（fairness），就是要保证性别、社会经济地位和种族等个人和社会因素不妨碍人达到其能力所允许的教育高度。第二个含义是覆盖（inclusion），就是要保证所有的人都受到基本的、最低标准的教育。例如，每个人都应该能够读、写和做简单的算术。"②按照这一理解，教育公平其实应该包含两个重要的含义：第一，每个人都享受保底的教育，尤其是弱势群体，更应该受到教育政策和资源分配的保护，这不仅是社会公平的基础，而且也是整个社会和谐发展的基石，因为整个社会的发展水平在很大程度上是由短板所决定的；第二，努力构建适合每个人的教育，即教育公平不是庸俗的平等，而是努力通过教育做到人尽其才，在保有底线教育的基础上最大化地促进每个人最大限度地成长，这不仅对于个人是有价值的，而且对于整个社会也是有意义的，因为整个社会发展的高度在很大程度上是由高水平的人才所造就的。

上述两个方面虽然涵盖了教育公平的核心内容，但是依据罗尔斯的思想，教育公平还应该加入第三个维度，即使每个人在公平环境下获得与其才能相匹配的就业岗位，真正做到才尽其用。同样，这不仅对于个人、家庭有着重要价值，对于整个社会也意义非凡，因为这意味着更多的人可以更好地为社会发挥自己的才能，而不是因为种种原因导致劣币驱逐良币，外行领导内行。由此，教育公平应该由三个维度构成：第一，起点公平，即运用一切力量确保每个公民都能够受到最为基础的教育，义务教育、终身教育思想都是对起点公平的最好诠释；第二，过程公平，即充分发挥教育自身的功能，在过程中因材施教，让每个孩子都获得最适合其个体发展的教育，最终达到其通过教育所能达到的标准；第三，结果公平，即让每一个有才

---

① 石中英著：教育哲学导论［M］，311 页，北京，北京师范大学出版社，2007。

② Field, S., M. Kuzera, B. Pont. No More Failures: Ten Steps to Equity in Education. OECD. http://www.oecd.org/education/school/49623744.pdf.

能的人，都能够通过公正、公开、公平的方式，获得他/她应得的职位和收入。起点公平是教育公平的基本前提，过程公平是教育公平的重要保证，结果公平是教育公平的最终目标。教育公平之三维虽然并不完全一致，在教育资源一致的情况下可能会顾此失彼，但如果政策得当，则可以使上述三者相辅相成，相得益彰。

### (二)首善教育的教育公平观

作为中外先进教育思想的继承者和国家教育政策方针的实践者，首善教育始终把追求教育公平作为区域治理的要旨，努力思考并切实践行教育公平，逐步形成了自身的教育公平观。

**1. 教育公平的价值观**

价值观是对某一人、事、物能够发挥什么作用以及在发挥何种程度的作用的认识。价值观是我们对人和事物做出判断以及采取何种行动的重要标准，有什么样的价值观，也就决定了我们会采取相应的行动。因此，如何理解教育公平的价值，对于做好教育公平工作具有重要意义。

(1)教育公平是一个优质发展社会所应具备的特征

在美国的宪法中，开宗明义地写着"人人生而平等"。尽管这一理念美国自己都没有完全做到，但是却给人类社会确立了一个重要的价值标准，那就是现代社会必须尽可能地确保每个人的权利平等，而教育就是其中重要的权利之一。《中华人民共和国宪法》(2004版)第三十三条规定："中华人民共和国公民在法律面前一律平等。"第四十六条规定："中华人民共和国公民有受教育的权利和义务。国家培养青年、少年、儿童在品德、智力、体质等方面全面发展。"

上述规定都是从人的高度来确定的，把人的尊严和人的价值作为寻求公平的基础。习近平同志指出："全面深化改革必须着眼创造更加公平正义的社会环境，不断克服各种有违公平正义的现象，使改革发展成果更多更公平惠及全体人民。如果不能给老百姓带来实实在在的利益，如果不能创造更加公平的社会环境，甚至导致更多不公平，改革就失去意义，也不可能持续。"习近平主席在联合国"教育第一"全球倡议行动一周年纪念活动上发表的视频贺词中还明确提出："中国将坚定实施科教兴国战略，始终把教育摆在优先发展的战略位置，不断扩大投入，努力发展全民教育、终身教育，建设学习型社会，努力让每个孩子享有受教育的机会，努力让13亿人民享有更好更公平的教育，获得发展自身、奉献社会、造福人民的能力。"概言之，一个优质发展的社会，必须充分尊重人的尊严、人的价值，必须通过教育实现人的尊严和人的价值，而后才能够成就整个社会的价值。

首善的社会是优质的社会。首善教育相信，教育公平是一个优质发展社会所应具备的特征，因为唯有通过教育，个体才能够把可能的成长转化为现实的成长，把潜在的能力转化为现实的能力，才能够因此获得自我的尊严和自我的价值。教育公平最为重要的作用，就是让那些因为民族、性别、贫穷而处于弱势地位的个体能够获得他们所需要的适切的教育，并使他们能够在教育中获得有效的成长，最终实现自己的尊严和价值。一个社会，只有使更多身在其中的人发挥自己的才能，实现自我的价值，并获得更多的尊严，才是健康的社会，才是优质的社会。这样的社会当然需要教育公平。

(2)教育公平是社会良性发展的保障

教育公平不仅是优质发展社会所应具备的特征，而且也是社会良性发展的保障。国际经济合作与发展组织(OECD)有关教育公平的文件对此有着深刻的认识："教育的失败会带来长远的社会和经济损失，因为那些缺乏参与社会和经济生产能力的人会在健康、收入支撑、儿童福利和安全等方面带来很高的消耗。"[1]也就是说，如果教育不能把一些弱势群体纳入教育体系中，使他们学会学习、学会生活、学会交往、学会生存，那么他们即将成为社会巨大的负担，拖累整个社会向前发展。

然而也正如这份文件中所指出的，这种教育的底线——公平在世界范围内都受到了极大的威胁。威胁主要来自于以下几个方面：由收入所带来的威胁，尤其是赤贫人口负担不起学校学习所带来的金钱成本和机会成本；由种族所带来的威胁，在一些国家和地区，少数族裔或者在政治上没有自己代言人的民族会受到歧视，乃至被剥夺平等的受教育的权利；由性别所带来的威胁，尤其是在一些国家和地区，女童受到歧视，得不到学校学习的支持；由身体残疾所带来的威胁，在一些国家和地区，残疾人并没有得到很好的照顾，他们没有机会进入学校学习到生存、生活和成长的能力。

改革开放以来，我国的教育获得了长足的发展。然而由于种种原因，我国教育

---

① Field，S.，M. Kuzera，B. Pont. No More Failures：Ten Steps to Equity in Education. OECD. http：//www. oecd. org/education/school/49623744. pdf.

并没有完全均衡发展，具体体现为：区域教育发展不平衡，东南沿海发达地区的教育水平远高于西部地区；城乡教育发展不均衡，城市教育水平普遍高于农村教育水平；群体教育发展不均衡，贫富差距成为影响教育程度的一个重要因素。重庆市江北区虽然处于重庆市区，但重庆是西部地区，区域内还有城乡差别，贫富分化也越来越严重，这些都对教育公平提出了挑战，也进一步凸显了教育公平的价值。

首善教育认为，社会是所有人的社会，只有促进所有人的发展与成长才能够带来社会的发展与成长。然而在社会群体中，由于文化、经济等方面的原因，总有一些人处于教育的弱势地位，如果稍不注意，他们就会丧失接受教育的机会，就会丧失自己能够达到的成长高度。因此，整个社会的良性发展，依赖于对弱势群体的关注和帮助，依赖于教育公平的有效推进。教育公平的首要价值就在于让所有的学龄人口都有机会接受适切的教育，从而为社会的发展输入强劲的动力。没有教育公平，就会让整个社会的发展受到局限。

(3)教育公平是个人尊严的保障

美国心理学家马斯洛认为，人的发展需求是有不同层次的。第一个层次是要满足自身的生理需要，尤其是健康成长和生殖的需要；第二个层次是安全的需要，人必须要能够有一个安全的环境，确保自我的生存不受威胁；第三个层次是爱和归属的需要，也就是说人必须能够得到社会的接纳，感受到人们对他的爱，这样才能够在社会中找到归属；第四个层次是尊重的需要，也就是说人人都渴望受到尊重；最高层次的需要是自我实现的需要，也就是人人都希望自己能够发挥自己的价值，能够为社会做出自己的贡献，同时得到社会的认可。在他看来，人只有在低层次需求得到满足的情况下，才会考虑高层次的需求，但是只有高层次的需求，才能真正保障个人的尊严和价值。

依据马斯洛的思想，教育公平最为重要的作用之一，就是通过均衡教育的方式，让那些整天为了满足生理需要和安全需要的家庭的孩子能够在其他层次的需要上得到满足，尤其是要引导他们进入教育系统，使他们通过自我的努力，获得自我价值的实现，从而获得自身的尊严。在这个意义上，教育公平就是要保障那些失去自我实现可能的人的发展机会和个人尊严。在国际经济合作与发展组织的文件中，如此评价教育公平在这个方面的意义："个体能够发展自己的能力并完全地参与社会是一个异常关键的人权问题。比如，在联合国儿童人权宣言中以及大多数国家的宪法中，这一权利都得到了确认。"

首善教育不仅关注社会之善，也关注善在个体身上的体现。无疑，自我实现是个人对善进行孜孜以求的动力所在。为此，首善教育必须通过积极推动教育公平，来让无力发展、无力接受教育的人，能够进入教育系统，接受有计划的培养，让他们通过知识改变命运，通过自己的行动创造自我的价值，从而让他们有信心、有能力获得自我成长和自我实现，获得社会的认可。在这个意义上，首善教育所提倡的教育公平，是一个尊严工程，是一个自我实现的工程，意义非凡。

**2. 教育公平的目标观**

理解了首善教育的教育公平价值观，其目标观也就呼之欲出。在首善教育看来，区域教育公平应该达成两个目标。

第一，实现区域内的社会和谐、稳定与繁荣发展。站在整个社会的立场上，教育公平是社会公平的起点，是社会公平的基础。社会只有实现了教育公平，才可能真正实现在经济和文化等方面的公平；只有实现了教育公平，其他社会公平才可能是实质性的公平而不仅仅是形式上的公平。社会公平是一个社会和谐发展的前提，如果社会不公平，就会使社会矛盾变得尖锐，社会内耗变得更加严重，这样整个社会就不可能真正和谐、稳定，更不可能获得繁荣。社会主义和谐社会的基本特征是"民主法治、公平正义、诚信友爱、充满活力、安定有序、人与自然和谐相处"。这样的和谐社会就是建立在公平正义基础上的社会。

第二，引导个人价值实现，维护个体尊严。首善教育关注社会，但同时也清醒地认识到，社会的发展是以个体的发展为基础的，只有个体实现了自我价值，个体具有人格尊严，整个社会才会相互尊重，整个社会才有公平正义和诚信友爱，才能够充满活力、安定有序、和谐相处。教育公平指的是每个社会成员享有同等的受教育权利，享有同等的公共教育资源服务，享有同等的教育对待，享有同等的取得学业成就和就业前景的机会。正是这样的教育公平路径，让每个人都能够获得适切的教育，都能够在教育中获得潜能的发展和自我价值的提升。

社会的繁荣稳定与个体尊严的实现是教育公平发展目标的两翼。这两翼既要同样有力，也要均衡配置；既不能因为关注社会而忽略个体，也不能因为个体而忘了整体社会的繁荣和谐。首善教育既要以人为本，关注人的个性成长，尤其是关注对弱势群体受教育权的保护，又要推动社会伦理建设，促进社会良性互动，引导社会有序发展。

### 3. 教育公平的过程观

教育公平是通过过程来实现的，因此必须建立正确的教育公平过程观，在教育过程中实现教育的实质公平，这样才能够真正实现首善教育所提倡的教育公平。

实质公平是和形式公平相对的一个概念。所谓形式公平，就是在形式上保证每个人都获得公平的对待，集中体现为权利公平、机会公平和程序公平。也就是说，要保证每个个体的权利得以实现，每个人都要有平等的机会，而且这些机会都要通过一定的程序来保障。形式公平看起来十分公正，但是却在一定程度上损害了个体的利益，也因此损害了社会的利益。比如，在义务教育的入学机会上，目前普遍实行的是就近入学，这的确实现了教育的权利公平、机会公平和程序公平，但是为什么一些学生就可以进入好的学校，而另外一些具有相同智力和相同水平的学生就一定要进入一个较差的学校呢？这样会不会导致前者难以适应学校的学习进度，而后者却难以获得他/她所需要获得的发展呢？可见，形式公平并不能真正解决教育公平的问题。

所谓实质公平，就是确保每个人都受到"相当"（相称）的教育。[①] 也就是说，教育者必须受到与其能力、认知水平、认知风格等相一致的教育，既不能让能力好的学生在教育中被打压、被埋没，也不能让能力较差的学生感受到不能承受的学习压力，从而对学习失去信心。只有这样的实质公平，才是真正实现了教育的公平，才能够发掘每个人的潜能，实现教育效能的最大化。

首善教育所追求的公平，应该是实质公平而非形式公平，尽管有些举措必须通过形式公平来实现。首善教育认为至善的教育，在于能够提供让每个孩子都能够获得适切发展的教育，这样的教育遵循教育规律，能够充分发挥每个孩子的天赋能力，让他们在教育中找到快乐、幸福和尊严。为此，教育必须继承中国传统文化中的因材施教的思想，改革德育过程，实现德育的综合化、实践化与生活化，让每个孩子都能从德育课程中反省自我，获得成长；改革课程体系，通过国家课程校本化与校本课程特色化，丰富学校课程，增强学校课程的可选择性和灵活性；改革课堂结构，改变师生关系，使之能够充分发挥学生的主体性和能动性，发掘学生的成长潜能；

---

① 　常秀娟. 关于教育公平内涵的思考[J]. 基础教育研究，2006(6)：6-8。

改革评价方式，对学生的评价走向多元化和综合化，避免运用单一的标准对学生进行评价等。通过这些过程的优化，让更多的孩子在学习中如鱼得水，这样才能够真正提供教育的实质公平。

### （三）首善教育的教育公平实践

首善教育不仅具有理论高度，也是实际的教育实践。在推进江北区教育公平的进程中，江北区教委以首善教育的伦理追求为依据，以国家的方针政策为指导，以动员社会不同方面的力量为途径，努力打造公平的教育环境，推进江北首善之区的建设工作。

#### 1. 优先发展行动

教育公平是国家的基本教育政策，也是江北区教育治理的基本教育政策。在促进江北区教育公平的进程中，首善教育坚持以事业发展促进公平，把教育摆在优先发展的战略地位，努力建立完善的基本公共教育服务体系，努力实现基本公共教育服务均等化。

（1）让教育成为最有希望的民生

"投资教育就是投资未来。"江北区在全面推进重庆现代化大都市首善之区的建设中，始终坚持把教育放在优先发展的战略地位，持续加大教育投入，不断改善教育民生。

"教育是最有希望的民生。"原江北区委书记燕平说。2013 年，江北区政府召开常务会，专题研究如何破解教育发展"瓶颈"、促进教育优质均衡发展以及实现教育公平。江北区时任区长何贵指出："教育均衡是民生之基，要加快推进义务教育均衡发展。"会议决定，投入约 8000 万元，在 2013 年暑假期间对区内钢锋小学等十所学校的校园环境进行综合整治改造，大力改善学校办学条件，办好老百姓家门口的学校，投入 4000 多万元对两江国际学校鱼嘴实验校等十所学校的设施设备进行更新换代。

"要用心用情用力办老百姓满意的教育。"江北区政府副区长段华说。大手笔投入推进学校硬件"提档升级"是江北区打造现代化教育首善之区的见证与诠释。2013—2015 年，江北区每年投入约 5000 万元实施了学校功能室、体育设施、食堂、厕所、校园绿化、电气设备等标准化提升工程。2014—2015 年，江北区投入 4000 多万元，对雨花小学、鱼嘴中学、北大资源鲤鱼池小学、鸿恩实验学校、新村小学等六所学校进行了改造和设备更新。2015年，江北区总投资约3.9亿元建成了鸿恩实验学校、重庆市十八中两江实验中学、北大资源鲤鱼池小学和复盛实验学校小学校区，新增占地面积184.75亩，新增学位6930个。

真金白银的投入，是教育民生情怀的彰显，更是学校由外至内"蝶变"的基础。通过实施校园环境综合整治改造和对设施设备"提档升级"，江北区学校的办学水平得到大幅提升。现在，江北区的学校不仅环境更加优美、文化气息更加浓厚，教育现代化水平也得到极大提升，首善的育人环境正在逐步形成。

(2)加快教育基础设施建设

基础设施是学生学习的重要功能，是教育公平发展的前提。江北区超前谋划教育重点规划项目，加快重点项目建设进程，大力推进义务教育标准化建设，着力改善学校办学条件。江北区适应经济新常态与教育新需求，主动调整思路，制定每一所学校的中长期规划，不再采用"热水瓶换胆"的方法，而是对"每一所"学校进行彻底改变，实现区内学校"硬均衡"。在势不可挡的旧城改造和城市化进程中，江北区积极应对，把拆迁作为推动发展的新机遇、新起点，及时整合校点布局。以主人翁意识参与到学校建设中，使新建学校能最大限度地符合教育教学的需求。建立教育系统要重点建设前期项目库，按照批准后的全区校点布局规划方案和重点建设项目规划内容，有序推进。

2011年以来，江北区投入约8.22亿元，新建了徐悲鸿中学、鱼嘴小学等五所学校，满足了新区开发适龄儿童入学的需求；投入约1.36亿元，完成全区中小学校音乐、体育、美术、综合实践等"六大功能室"的配备和部分学校功能室的拓展；投入约1.46亿元对全区学校部分运动场、食堂、厕所等办学设施进行标准化改造；投入约1亿元进行校舍排危及环境整治。2012年启动江北区规划校点保留学校整体综合整治实施计划，提升学校设施设备现代化水平，投入资金约1.8亿元，包括校舍外立面改造、校园大门改建、校园环境整治、校园绿化、校园文化打造及更新教学仪器设备等内容。2013年暑假完成了九所学校的综合整治。2014年暑假完成了雨花小学的综合整治。2015年暑假完成了新村小学的综合整治。

　　未来五年，为满足辖区入学需求，结合区域城市建设进程，江北区将规划引进一所大学本科院校，新建、改扩建21所中小学，新增学校用地872亩，新增校舍面积53.6万平方米，新增学位24840个，拟投入资金34.3亿元。目前江北区已经启动了五里坪小学、石子山中小学、江北嘴实验学校等19所学校的新建、改扩建工程

图2-1　建设中的石子山中小学

图2-2　建设中的江北嘴实验学校

前期工作。大量的投入和基础设施建设，为江北区的教育注入了活力，也为江北区教育公平的推进奠定了基础。从现有的投入来看，大部分都用在了薄弱学校的改造和建设上，用在了新建学校上，确保了江北区每一个孩子有学上，并在此基础上上好学。

图 2-3　建设中的两江国际学校鱼嘴实验校

**2. 普惠发展行动**

教育公平的首要步骤，就是底线教育，即确保每一个适龄的孩子有学上，上好学。因此，首善教育对于教育公平的推动，最先做好的，就是教育的普惠发展。

（1）学生每天一袋奶

2006 年 4 月，温家宝同志在考察重庆光大奶牛科技园养殖基地时题词："我有一个梦，让每个中国人，首先是孩子，每天都能喝上一斤奶。"从 2007 年开始，江北区启动了学生饮用奶工程，向在校小学生每天免费提供一袋奶；2010 年起，饮用奶工程覆盖到幼儿园和初中学校。2010 年，江北区又实施了学生营养改善工程，主要包括爱心午餐、营养午餐、食堂建设等内容，年均投入 1300 万元。全区学生的营养改善总体呈现出实施范围不断扩大、补贴标准逐步提高、经费投入逐年增加的良好趋势，有效促进了学生健康成长。学校食堂功能布局合理，设施设备更加完善，操作流程更加规范，食品安全保障水平得到提高。

(2)教育资助全覆盖

· 建资助中心，扶危济困

为进一步加大对家庭经济困难学生的资助力度，使家庭经济困难学生都能上得起大学、接受职业教育，根据《教育部 财政部关于要求县级教育行政部门成立学生资助管理中心的紧急通知》精神，江北区于2007年8月31日正式批准成立江北区学生资助管理中心。学生资助管理中心的成立，是继全部免除农村义务教育阶段学生学杂费之后，促进教育公平的又一件大事。家庭经济困难学生资助工作关系到家庭经济困难学生公平接受教育的权力，关系到我国教育事业全面、协调、可持续发展。在各县(市、区)教育行政部门成立学生资助管理中心，是贯彻落实家庭经济困难学生资助政策、切实做好资助工作的重要组织保证。江北区政府以高度的责任心和使命感率先在全市免除区内户籍中职学生学费，区委区政府出台民生政策，对残疾学生实施从小学到大学的教育资助。

学生资助管理中心的主要职责是贯彻落实国家各项资助管理政策，对学龄前贫困幼儿给予免保教费和生活费资助；向义务教育贫困寄宿生提供生活补助；免除高中低保学生学费并给予贫困学生助学金资助；全面资助中职学生接受职业教育，免除学费，给予生活费、住宿费资助；为贫困大学生提供信用助学贷款。

· 应助尽助，普惠江北莘莘学子

以"不让一个孩子因家庭贫困而辍学，不让一个家庭因孩子上学而陷入困境"为工作目标，江北区坚持"全力落实各类资助政策、努力完善资助政策体系、着力加强资助资金监管、用心用情做好民生事实"的管理理念开展工作。建立从学前到大学的全套资助系统，不让一个孩子因经济困难而掉队。

近五年，资助中心累计实施资助14508.57万元，惠及学生10万余人次。其中，实施学前教育资助46.79万元，残疾学生资助15.35万元，义务教育寄宿生生活补助429.86万元，高中贫困学生资助1301.83万元，中职资助11889.51万元，大学生助学贷款684.33万元，为大学新生提供入学资助12万元，向三峡移民高职学生提供助学金43.1万元。协调社会资源，与红十字会、教育基金会、团区委以及社会爱心企业开展学生资助共计85.8万元。在国家和社会的爱心资助下，受助的学生圆梦校园、心怀感恩、茁壮成长。许多学生用美丽的文字，深情地道出了对政府和社会的感激，龚政渝同学的文章还获得了市级奖励。殷缘同学在助学贷款的帮助下完成了大学学业，他诚实守信、勤奋努力，不仅归还了贷款，还考取了研究生，他的事迹为媒体所报道。突患重大疾病的陶清同学在大家的共同帮助下，度过了生命的危险期，其家庭也走出了最困难的时刻，她在市教育发展基金会副理事长王开达面前感激涕零，立志要珍惜生命、努力学习、回报社会。

•政策主导，多渠道整合资源

学生资助政策全面、给力，主要包括：《江北区户籍学生就读本区中职技工学校免学费住宿费管理办法补充规定》《江北区中职学生指纹考勤管理实施细则》《江北区残疾学生教育资助实施细则》《江北区学前教育经费补助管理办法》《关于调整完善中等职业技术学校学生资助政策的通知》《江北区中职资助资金管理办法》《重庆市江北区教育委员会 重庆市江北区财政局关于做好义务教育阶段贫困寄宿生生活补助资金使用管理的通知》《关于进一步做好学前教育资助工作的通知》等。

江北区教委积极整合社会资源，多渠道、多途径帮助政策覆盖范围之外的特殊情况的困难学生。例如，为身患重大疾病的学生、教职工向市教育基金会申请特殊资助，并组织师生为其捐款；为贫困大学毕业生提供短期借款，帮助其履行还款义务、走出困境；为爱心人士寻找精准资助对象，帮助农村孤儿学生完成学业；为烟草公司、永辉超市等爱心企业建立平台，以帮助品学兼优的困难学子；为单亲家庭学生、残疾学生以及孤儿向红十字会、团区委等机关社会团体争取困难资助；等等。

•监管到位，确保每一分钱都用在孩子身上

江北区教委以"狠抓政策落实、强化监督管理、力争开拓创新"为主线，全面落实各项资助政策，高度重视资金监管，用党纪法规和财经纪律在资金流经途中树立警示牌，督促学校用好、用对、用实国家专项资金，不越红线。学校建立校长第一责任人管理制度；在主管部门建立内部与外部、部门与社会监督相结合，贯穿事前、事中、事后的监督机制；开展指纹考勤、视频考勤、群众调查、专项检查、定期审计等一系列工作。在常态工作基础上，江北区将工作扩大到每个办学阶段，深入每一个资助项目。对助学金的发放情况进行实时监控，跟踪检查，第一时间排查问题、防患于未然。对群众反映的问题有报必查。对中职学生不在校学习、无考勤记录的典型单位进行严肃处理，全额扣减资助资金。坚持开展重点资助项目定期审计，覆盖资金总量80%以上。全力支持和配合纪检监督部门检查，并对查出的问题进行整改。经过多年的努力，学校对各项资助政策理解更加准确，资助工作进一步规范，近几年均未发现在资助资金使用环节上有违纪、违规情况。

·用心、用情，热情、亲切、真诚地为民服务

江北区坚持以群众满意为宗旨，用"以人为本、心系于民"的服务理念，将真诚和爱心渗透到工作中。区教委机关干部对学生、家长和其他群众的咨询耐心解答，百问不厌。学生资助中心时时关注受助大学生，通过打电话、发短信、QQ群、联系学校、联系社区、登门拜访等方法和他们取得联系，了解他们的思想、生活、工作情况，更新他们的联系电话、工作单位以及家庭地址；利用各种资源寻找失联学生，想尽一切办法催收贷款本息；帮助还款困难大学生筹措经费，协助其履行还款义务、维护个人信用。区教委用心、用情投入工作，总结出了"怎样对待愤怒的家长""如何催收贷款"等群众工作经验。

(3)解决流动人口随迁子女入学问题，保障教育公平

江北区始终坚持"关注每个学生终身健康快乐幸福发展，实施首善教育，全面建设现代化教育首善之区"的发展理念，坚守一以贯之的"首善教育"哲学，让孩子们同顶一片蓝天，平等享有受教育的权利，真正实现"首善教育，人人幸福"。

一是科学统筹规划，满足入学需求。根据全区学校实际办学情况和教育资源的总体分布，江北区教委科学预测入学情况，充分挖掘学校办学潜力，创设条件指定专门学校，以满足流动人口随迁子女的入学需求。

目前，我区共指定了23所小学、11所初中招收区外户籍流动人口随迁子女，占全区公办学校的79.2%，在其入学基本条件、报名程序、入学办法等方面进行明确，提前在街道、社区进行政策宣传引导，通过必要的技术手段(软件程序)对流动人口子女实行"录取"确认。对于因学位不足确实无法满足需求的流动人口，江北区教委根据相关政策进行统筹和引导，联合公安、街道等部门规范流动人口的材料审查，确保政策让真正符合条件的流动人口受益。

二是加大倾斜力度，促进均衡发展。根据教育部关于妥善做好进城务工人员随迁子女入学工作的相关政策，我区已将进城务工人员随迁子女接受义务教育纳入公共教育体系，对接收进城务工人员随迁子女的公办学校足额拨付公用经费，加大教育资源投入力度。

我区实行"两保底一补助"政策，对进城务工人员子女定点学校设立了专项经费的补贴，根据招收进城务工人员子女的人数，在保证学校正常教学经费的

基础上，按每生每年 200 元的标准补贴给学校，较好地改善了定点学校的教师待遇。

三是扩大优质教育资源，缩小校际差距。江北区力争将"办好每一所学校，让每一所学校都成为选项"作为实现教育公平的有效途径。政府加大投入，推进学校标准化建设，确保校际之间硬件均衡。积极探索优质教育资源集群式发展机制，打破校际资源壁垒，充分发挥各校资源品牌输出作用。大力发展民办教育，以"名校联盟""品牌输出"的方式与楼盘配套学校合作办学，满足家长、学生多样化的选择和多层次的入学需求。

据统计，2014 年，全区公办小学共招生 5251 人，其中本区户籍 3542 人，区外流动人口 1709 人，占招生人数的 32.5%。公办初中招生 4047 人，其中本区户籍 2380 人，区外流动人口 1667 人，占招生人数的 41.2%。

(4)全面开放学校体育场馆，方便市民健身

增强体质，全民健身，学校有责。江北区在重庆市率先启动开放学校体育场馆工作，主动服务社会，并不断增加开放学校所数、延长开放时间等，有效缓解了居民健身场地不足的矛盾，积极培育青少年及社区居民健康的生活方式。

2012 年 9 月，首批开放的十所学校分布在我区各个人口密集区域。2013 年 1 月，区教委对开放学校下发了《关于延长学校体育场馆对外开放时间的通知》；2014 年 6 月，区教委开放了第二批学校体育场馆；2015 年，按照江北区人大、政协会议通过的民生实事要求，区教委下发了《关于学校体育场馆向社会开放的通知》(江北教〔2015〕6 号)，对外开放学校达 100%。开放学校比例和开放时间均达到国家相关要求。

(5)学前教育"优质普惠"发展

幼儿教育是教育公平的起步环节，关系到孩子成长的起跑线问题，一直是社会关注的重点，也一直是大多数区域所头痛的问题。首善教育以"优质普惠"作为幼儿园建设的重要宗旨，积极推动江北区幼儿园建设，确保幼儿教育的普惠与公平。

江北区坚持以政府为主导办好普惠性学前教育的原则，出台了《江北区关于进一步加快学前教育发展的意见》(江北府发〔2010〕211 号)、《江北区学前教育三年行动计划》(2011—2013 年)(江北府发〔2011〕42 号)等十多个促进学前教育发展的政策文件。率先设立了普惠标准，对学前教育进行了总体规划，加大了以民办为主体的学

前教育的投入，加强了幼儿园安全、卫生、质量、收费的全面监管。一系列措施使学前教育收费合理，质量优异，得到老百姓的普遍赞誉。江北区在发展学前教育方面有"三大手笔"。

手笔一：创办幼教集团。

新村幼儿园自 2002 年起，为解决优质幼教资源紧缺问题，先后在江北区、南岸区创办六所分园，辐射五大区域，让更多老百姓的孩子享受优质幼儿教育。2009 年 5 月，江北区委、区政府授牌成立幼教集团。目前集团拥有七个园 1300 余名儿童，200 名教职工，其中事业编制教职工 59 名，市区园骨干教师 22 名，是老百姓读得起、口碑好的品质园，在地区乃至全国有较大影响力。在区委、区政府的要求下，江北区 2015 年在鱼嘴地区开办公益普惠性分园，为当地老百姓提供优质幼教服务，实现"优质办园、品质惠民"的追求。另外，我区良好的政策引导吸引了国内、市内众多品牌民营幼教集团，如为明幼教、红黄蓝教育机构、爱绿教育集团、三色教育集团、三之三国际教育集团等，为我区学前教育多元化发展注入了活力。

手笔二：举办普惠幼儿园。

江北区始终坚持"公益普惠"的发展原则，为社会提供"广覆盖、保基本"的学前教育公共服务。"十二五"期间，江北区学前教育三年的毛入园率达 100％，0～3 岁幼儿早期教育指导覆盖率达到 70％。我区率先出台普惠性幼儿园标准，从办园条件、人员配置、经费管理、履行职责、社会效益五个方面进行了明确的规定，特别重要的一条就是收费限价，保教费收费标准每个学生每月不得超过 400 元。申办普惠幼儿园需经幼儿园自主申报、街镇初审、教委审核的程序进行认定并挂牌。截至目前，江北区共认定了普惠幼儿园 65 所，在园幼儿 11000 人，普惠园数量及优质园比例在主城区均位居第一。65 所普惠园中 48 所为民办，边远农村地区 100％为普惠幼儿园。普惠资源的扩大有效解决了"入园难"，部分解决了"入园贵"的问题。

手笔三：实施政府购买服务。

江北区政府创新思路，改变过去政府"增编制、建园舍、保运转"的大包大揽和民办园自由发展的两种模式，出台优惠政策，加大财政投入，采取"政府购买服务"的方式激励各类幼儿园积极发展，相继出台了《江北区学前教育经费补助管理办法》《江北区学前教育以奖代补实施办法》等十多项发展学前教育的政策，在生均公用经费、学生饮用奶工程、特殊儿童资助、普惠幼儿园办园条件改善、师资队伍培训、保教人员补助、教职工保险补助、园所保安工作补助等方面给予奖补。学前教育经费占全区教育经费的比例接近2％。

(6)职业教育"优质特色"发展

职业教育是改变弱势群体命运最为重要的途径，也是区域发展的重要保障。《教育规划纲要》指出，发展职业教育是推动经济发展、促进就业、改善民生、解决"三农"问题的重要途径，是缓解劳动力供求结构矛盾的关键环节，必须摆在更加突出的位置上。首善教育立足经济社会发展需求，把职业教育纳入经济社会发展和产业发展规划，筑职业教育高地，办精品职教，推动全区职业教育科学健康发展。

江北区在具体的办学过程中，通过多元办学、特色打造、品牌创建等方式，增强学校办学活力，提高学校办学质量。同时，学校通过优化专业设置，对接市场需求和产业升级换代需要，努力打造学校专业建设特色。

·多元办职教

一是推进院校融合。江北区加大与重庆第二师范学院、重庆科技学院、重庆市电大等院校的衔接力度，采用"3＋2"专科分段培养、"3＋4"本科分段培养和"五年一贯制"专科合作培养的招生方式，拓宽应用技术人才系统化培养渠道。还与新加坡、韩国、日本等国外学校开展中外合作办学，培养高层次职业技术人才。二是深化校企合作。依托港城、鱼复工业园区，区内中职学校与海尔电器、长安汽车等近200余家市内外单位签订校企合作办学协议，积极打造校内外专业实习实训基地。构建"课堂设到工场、企业搬到学校"的教学模式，与企业展开全方位、多层次的合作，促使学校技能教学更规范、更标准，教学内容更贴近企业和经济社会发展的实际需要。三是拓展教学改革。我区主动对接市场需求和产业升级换代需要，探索试点工学结合、订单培养、顶岗实习和以双元制为基础的现代学徒制办学模式，提高学生的创新求实精神和实践能力。四是职教资源共享。职业学校通过开展校内短期职业技能培训、校外职业技能展示服务等多种方式，将职业教育延伸到企业、街镇和社区。

区内各中职学校每年面向企业开展工商管理、会计、人力资源管理等继续教育，年培训企业在职在岗人员2000余人。学校通过开展送培训进社区、街镇、厂区等方式，为社会培训失业人员、退伍军人3000余人。学校还组织在校学生定期为敬老院、社区居民义务开展社区服务活动，加强了学校与社区的联系。重庆市女子职业中学(以下简称女职中)还与深圳陶源居基金会联合兴办了重庆市陶源居社区文化教育中心，开创了职业教育与社区教育合作的先河。

·专业有特色

女职中发挥示范校引领作用。2013年，女职中以成功创建全国首批中职示范校为契机，加强示范校专业建设，根据专业特点，确立示范专业发展方向及专业体系建设，以示范专业建设为立足点，加强专业部集群建设。

图 2-4　重庆市女子职业中学的学生茶艺表演

一是学前教育部是学校的重点专业部和全国首批重点示范建设专业，专业部注重传统与现代结合，职前与职后融通，将培养"平优、业精、体健、艺广、仪美"的人才要求和"培养具有中华传统美德的现代女性"办学目标贯穿到教学实践中去，构建出与"工学结合、园校互动"人才培养模式相适应的"四三二一"课程体系，改革创新"互动、互助、互评"的教学模式，完善以学生发展为主要目标的"三位一体"评价体系；为学生的专业成长提供了优质完备的实践平台，在重庆市乃至全国享有"办学特色鲜明，办学效益优良"的美誉。为社会培育出20000多的学前教育专业人才，毕业生就业立足于重庆及西南地区，深受用人单位好评。二是护理与美容美发部是学校的优势专业部，现开设有美发与形象设计、美容美体、护理、服装设计与工艺等专业，配置了美发实训室、美容美体实训室、化妆实训室、服装实训室、珠宝实训室和多个护理实训室等专业训练室。通过训练，学生在发型设计、化妆和服饰搭配等技能方面独树一帜，赢得了重庆市用人单位的一致好评。通过示范校建设，专业部构建了"二合四岗"的人才培养模式，完善了"五大模块＋四套教学计划＋三个证书"的课程体系，改革了教学模式，创新了教学方法，建立了"4＋4"学生学业考核与评价体系。凭借优秀的教师团队和教学理念，通过"以赛评学、以赛促学"的方式，极大地提升了学生的专业知识水平和岗位技能，达到了学生的学习成果与市场接轨的目的。三是旅游部针对第三产业飞速发展的人才需求，旅游部特开设了酒店服务与管理、航空服务、旅游外语、旅游服务与管理、会展服务与管理、公共文秘等社会需求专业。在课程设置方面，专业部在开设传统课程的基础上，与用人企业联合开发了茶艺技能与表演、插花艺术、咖啡制作艺术等特色课程，以适应市场的高素质发展需求。在示范校建设过程中，专业部构建出"八双一合"的人才培养模式，优化了人才培养方案；对接行业岗位构建课程体系，开发了以职业岗位能力为核心的课程体系，优化了专业团队整体结构，提升了专业建设整体水平。通过课堂教学、校内实训和校外实习，有效提高了人才培养质量和学生适应市场的能力。四是财经部以服务重庆经济为首任，强调学生的知识与素质同步、实践能力与创新能力共显，体现"知识、能力、素质"的相互协调，力求将学生培养成职业综合素质高、岗位胜任能力强、社会适应速度快的现代职业女性。下设会计、金融事务、电子商务、计算机、物流服务与管理、美术设计与制作、数字影像技术等专业，建有会计模拟室、会计电算化室、电子商务室、专业计算机室、广告设计制作室等多个实训室。拥有一批以中青年骨干教师为主的责任心强、业务精湛的文化课和专业课专任教师团队。

两江职教突出专业特色。两江职教中心坚持以就业为导向，以质量为宗旨，以服务为核心，形成德育序列化、培养小班化、管理精细化、师资双元化的办学特色。学校依托一流设备，狠抓专业办学特色。

一是信息技术类专业。学校建有先进的计算机网络技术综合实训基地，配有最新网络实验设备。网络综合布线实训基地能模拟楼宇间的布线状况以及线路的分布情况，让学生在接近真实施工现场的情况下进行操作训练。学校现有的理论教学用房及实训室均配备交互式多媒体教学系统，全部实现多媒体功能。一流的多媒体设备为全校教育教学，为学校开展优质课、示范课和教育教学改革提供了硬件支持。二是汽车制造与检修专业。该专业拥有3个车间和4个实训室，现有432个实训工位，包括汽车整车检测与维修一体化、发动机构造与维修一体化、汽车电气构造与维修一体化。建有汽车表面涂装，车身修复，四轮定位，二级维护，汽车电器维护场地，发动机拆装，汽车电器，汽车制动，汽车空调等多种汽车部件总成演示实训考核设备平台实训场地，同时作为江北区中等职业学校汽车二级维护与四轮定位、汽车空调维修项目技能大赛赛场、学生技能鉴定考场，学校的知名度得到了提升。

经过积极推动，江北区职业教育获得了很大的发展。目前，江北区有中职类学校6所，国家级示范校1所、市级重点校2所。共开设12大类专业，主要以文化教育、机械制造、电子信息技术等二、第三产业发展为主。目前，全区在校中职学生11982人，每年为社会输出中职毕业生4000余人，学生就业形势良好，就业率达98%。可以说，江北职业教育正以蓬勃向上的姿态发展着，前进着，为江北区的教育公平发展发挥卓越的价值。

**3. 均衡发展行动**

江北区在大力促进教育公平中，着力推进区域的教育均衡发展，教育均衡是教育公平的核心，抓住了均衡，也就抓住了公平。对于江北区而言，最大的教育差距其实是学校之间的差距。首善教育抓住这一"牛鼻子"，通过改善办学模式，辅助薄弱学校等措施，提升教育均衡水平。

（1）办学模式的"三驾马车"

提升区域教育优质均衡水平，缩小学校办学差距，促进教育公平，需要调整教育生态结构，发挥品牌学校优势，壮大优质教育资源。优质教育形式可以而且应该多元化。江北创新办学模式，创造性地实施了集团化办学、学区制推动、合作共同体"三驾马车"式的变革。

· 集团化办学

集团化办学是推进基础教育均衡发展的重大举措。它以行政指令为主，兼顾学校共同意愿，将一所名校和若干所学校组成学校共同体（名校集团），以名校为龙头，在教育理念、学校管理、教育科研、信息技术、教育评价、校产管理等方面统一管理，实现管理、师资、设备等优质教育资源的共享。

我区有序推进区域集团化办学实践的步骤如下：一是成立专门机构，负责集团化办学的组织、部署、协调和管理工作。二是建立保障机制。安排给予对口学校每校每年 30 万～50 万元的经费支持，用作对口学校的工作经费与校区学校管理基本经费的补充。三是加快学校融合。遵循"优势互补、人员互通、资源互享"的原则，要求集团化办学试点学校依据共同的办学理念和章程组建学校共同体，在学校规划、日常管理、课程建设、教师发展与设施使用等方面实现共享、互通、合作、共生。对紧密型学校要求做到五个"一体化"，即财务一体化、制度一体化、教学管理一体化、教师聘任一体化和考核评价一体化。对松散型学校要求教师和中层干部深度交流互动，每学期安排不少于十名中层干部和一线教师交叉从教，定期共同开展教师培训、教学互动。四是完善考核激励。教委重点对校区学校"增值性效果"进行考核，如教育教学管理水平、教学质量、社会声誉、招生规模等，考核结果在两校综合考核中占一定比例。在职务评聘、编制使用方面向派出教师倾斜，并按照规定发放交通、通信、伙食等补贴。

江北区自 2012 年开始积极探索实施集团化办学。2012 年 9 月，江北区试行了新村实验小学与两江国际学校鱼嘴实验校的集团化办学。2013 年 9 月，江北区继续增加集团化办学试点学校 3 对 6 所，探索实施了华新实验小学和福宁村小学、洋河花园实验小学和头塘小学、鲤鱼池小学和钢锋小学的集团化办学，将头塘小学改为"洋河花园实验小学头塘校区"，福宁村小学改为"华新实验小学福宁村校区"，钢锋小学改为"鲤鱼池小学钢锋校区"。2014 年 2 月，在充分总结 4 对 8 所小学的集团化办学经验的基础上，实施了徐悲鸿中学与载英中学初中集团化办学。2015 年 7 月，又实施了十八中学与鱼嘴职业中学的普通高中集团化办学，使江北区集团化办学学校增加到 6 对 12 所。目前，华新小学与福宁村小学、洋河花园实验小学与头塘小学积极想办法、谋点子，促进集团两校尽快融合，实现了"1＋1＞2"的效果；新村小学、鲤鱼池小学、徐悲鸿中学分别与两江国际学校鱼嘴实验校、钢锋小学、载英中学开展了深入的交流与互动。

· 学区制推动

"学区制"是义务教育均衡发展体制和机制创新的实践模式之一，是中小学实行分片划区管理的制度。在学区内通过一定的管理制度、运行机制及考核评估措施，搭建交互平台，实现资源共享，实施优质学校对薄弱学校在学校管理和教育教学上的指导与帮扶，以及教育设施设备、师资和生源的均衡分配，从而缩小区域内学校间的差距。这是一种中心拉动、以强带弱、共同发展、整体推进的均衡发展策略。区教委予以经费支持。

江北学区制改革与试点，按照优势互补、资源共享、交流互动、携手共进的工作思路，通过实施校长带动、捆绑评价、特色整合、课题引领、名师辐射策略，在尊重法人学校办学自主权的基础上，学区长学校向成员校输出成功的办学理念、先进的学校文化、优质的教育教学管理和教研科研、人力资源，逐步实现学区各校"九统一"（统一教学管理、统一设施共享、统一教师管理、统一课程安排、统一教学活动、统一集体备课、统一教师培训、统一质量监测和统一评价激励）和"五共享"（管理资源共享、人力资源共享、设备设施共享、育人环境共享和信息资源共享），力争3~5年内建立起完整的学区制管理体制和运行机制，实现学区各校优质、均衡、内涵、特色、协调发展，学校间的办学水平差距明显缩小。

目前，江北区按照"相对就近、优势互补、分步推进、整体提高"的原则，在条件成熟的区域建立了试点学区。江北区首批开展的学区制改革试点有两个，一个是玉带山学区，包括玉带山小学、行知小学、滨江小学、徐悲鸿小学四所小学，玉带山小学为该学区学区长学校，其他为成员学校；另一个是华新学区，包括华新实验小学、和济小学、科技小学三所学校，华新实验小学为学区长学校。从2015年秋季开学，玉带山学区和华新学区开始运行，以三年为一个周期开展试点。

· 合作共同体

江北区积极探索新的优质教育资源配置及运作方式，坚持公办教育与民办教育协调并进发展策略，鼓励社会资本积极参与、多元化办学，实现优质特色发展。

一是大力推进优质学校以"名校联盟""品牌输出"的方式与楼盘配套学校的合作办学。我区通过推进"御龙天峰·十八中学、北大资源·鲤鱼池小学、新村·国奥小学、新村·国兴小学、金融街·新村小学"等优质学校的建设，扩大名校辐射范围，满足人民群众多样化的教育需求，让更多的老百姓在家门口就能享受到优质的教育服务。

2014年7月23日，重庆尖置房地产有限公司与江北区签订协议。双方约定，由重庆尖置房地产有限公司在御龙天峰项目的地块上修建一所现代化学校，并在建成后将其无偿移交给江北区政府。新建学校占地约30亩，土地性质为出让地，土地成本价为每亩1200万元，学校建设费用约为8000万元，新建学校总计投入

4.4亿元。另外，重庆国奥实业发展有限公司、北大资源集团等公司都积极与江北区政府合作，将开发项目修建的配套学校无偿捐赠给区政府。其中国奥项目新建学校占地25亩，土地性质为出让地，建设总投入5000万元（不含土地成本）；北大资源项目新建学校占地22亩，土地性质为出让地，建设总投入6000万元（不含土地成本）。

二是大力推进中外合作办学。为提升我区教育国际化，促进中外教育交流，满足广大学生和家长对多元化教育的需求，自2014年开始，我区十八中学与英国卡迪夫公学合作举办中英国际高中教育项目。

中英国际高中教育项目立足于中方高中现有的优质教育资源基础，通过引进英国高中的教学资源、教学理念、教学大纲与教学方法，不断提高双方的学术水平，提升两所学校的国际化水平，促进两校之间的学术交流与合作，以及从各个方面提高两校的办学水平。中英国际高中教育项目主要由重庆市第十八中学负责提供场地、保证中方师资、进行项目教学日常管理；由英国卡迪夫公学负责引进外籍教师、英方高中课程和对课程实施进行监督和评估。本项目面向江北区内外招收具有接受国际高中教育以及出国学习意向的初中毕业生，共同实施中英国际高中教育，毕业合格发给学生中英双高中文凭。

（2）突破了薄弱学校

在市场经济条件下，日益加快的产业化进程正在加剧市场主体之间的竞争。而教育的公益性与公平发展，则要求教育公共服务均等化，特别需要加大力度扶持边远、薄弱、规模小的学校。根据国家、市级全面改善义务教育薄弱学校文件精神，认真按照义务教育薄弱学校基本办学条件底线标准排查辖区内所有中小学校，分类、逐一研究各个学校的发展状况，开展"全面改薄"工作，以改善和提升办学条件为目的，对辖区义务教育薄弱学校存在的问题制订切实可行的方案，优先安排资金实施改造，持续改善和提升义务教育薄弱学校的办学条件。教育资源向薄弱学校倾斜，办好每一所学校。

一是资金倾斜，加大对农村、薄弱学校的投入。江北区给予学校公用经费、生均公用经费、寄宿生管理费、交通费等专项补助。

江北区每年给予每生200元的农村学校公用经费专项补助，给予农村寄宿制学校15万～20万元的寄宿生管理费；给予农村学校5万～10万元的交通费补助，给予小规模学校专项经费补助，200人（含200人）以下的学校，公用经费按200人计算，201～400人（含400人）以下的学校，公用经费按400人计算，九年一贯制学校、高中（含职高）不足80万元的补足80万元等政策，每年投入经费500多万元。

二是编制倾斜，推进师资水平基本均衡。在教师人事管理上，江北区按照全区教职工编制总额，优先保证农村学校特别是村小用编。从农村学校布局、学生数、结构变化的实际出发，江北区及时补充编制空额。新增教师优先满足农村，特别是寄宿制学校和边远薄弱学校的需要，做到数量足够，配置齐全，学校间生师比基本均衡。为了给农村学校引进优秀人才，解决农村学校教师结构性缺人的难题，江北区建立并完善城镇教师到农村任教服务期制度，实施城镇教师晋升高一级职务必须有在农村学校任教或交流一年以上经历的制度，建立城乡教师定期交流制度，实施名师到农村学校定期讲学制度，鼓励城区教师到农村任教。城镇中小学教师到农村支教达到了规定要求，促进了城市、农村师资水平的逐步均衡。

三是培训倾斜，有效提升薄弱学校教师队伍素质。江北区加强对农村教师培训，通过教研员上示范课、举办教学讲座、开展专题研讨等形式培训农村教师，建立了名师与边远学校教师结对帮扶制度；对农村学校校长实行专题培训，选送农村学校干部到北京、上海、广州等教育先进地区顶岗学习培训。干部教师队伍建设的"五大工程得到"有力推进。

四是以强扶弱，提升边远薄弱学校办学实力。我区推动集团化办学、学校联盟建设，实施"强校带弱校""城市学校对口支援农村学校"工作，促进农村学校管理水平的提高。"农远工程"项目学校全部配备卫星接收系统与媒体设备，拓展优质教育资源。

五是配置均衡，改善办学条件。江北区统一实施标准化学校建设工程，统一配备"六大功能室"，中小学视频监控和报警系统全覆盖，塑胶运动场全铺设，实现"班班通"，学校信息化建设达到100%，城乡学校办学条件差距全面缩小。

# 三、首善教育的优质发展

教育公平的实现，不能靠削峰填谷来完成。正如贫穷的共产主义不是真正的共产主义一样，以平庸化造就的所谓的教育公平，也不是真正的教育公平，更与首善教育自身的追求相违背，与区域社会治理的目标相违背。联合国教科文组织认为："普及教育能否实现，很大程度上取决于可接受的教育的质量。"因此它提出要在普及教育中重视教育的质量标准："要全面提高全民教育的质量，使学生获得被认可的和可测量的学习成就，尤其是在读写、数学和基本的生活技能方面取得好成绩。"①公平必须以质量为前提，提高质量才能促进公平，教育公平与教育质量具有统一性，既相互促进，又相互制约，但具有价值取向的一致性。对教育质量的追求不能以牺牲教育公平为代价，牺牲教育公平为代价换来的教育质量是得不偿失的，也不会是真正的教育质量。因此，在区域教育治理中，无论是促进教育公平，还是提高教育质量，首善教育都力求做到提高全民教育质量，建构以学习为中心的教育体系，因材施教，激发学生的求知欲，满足学生个性化学习的需要。"优质"与"公平"，一个都不能少，每个都必须做好！

### （一）首善教育的质量观

"优质"即优异的质量和品质，教育质量是这一概念的核心。2010 年颁布的《国家中长期教育改革和发展规划纲要（2010—2020 年）》要求"以提高质量为核心""树立科学的教育质量观，把促进人才全面发展、适应社会需要作为教育质量的根本标准"。首善教育要促进教育的优质发展，就必须首先明确什么是教育质量，如何提升教育质量。

教育质量的内涵有一个变迁的过程。有学者认为，我国关于质量的概念主要来自国家标准 ISO9000 质量标准体系。在这个体系里，质量的定义包括两层含义：第一层是程度说，认为"质量是顾客对产品或服务的满意程度，它指的是客体对特定主体需要的满足程度"，这是质量外在性的一面；第二层是特性说，认为"质量是反映实体满足明确或隐含的能力的特性的总和"，它指的是客体本身的属性，这是产品质量内在性的一面。从此出发，他认为我国的教育质量观也可以分为两个类型：程度说的教育质量观，也被称为"合需要"的教育质量观，它指的是教育所能提供的服务

---

① UNESCO（2000）. Dakar framework for action and millennium development goals. http：// unesdoc. unesco. org/images/0012/001202/120240e. pdf.

使消费者满意的度；特性说的教育质量观，也被称为"合标准"的教育质量观，它是指教育满足需要的能力的特性，十分注重教育效果的知识性和学术性。而我国教育质量观的演变，则基本上经历了三个阶段。20 世纪七八十年代，是特性说质量观或合标准的质量观，强调教育对外在标准的满足，是社会本位的；20 世纪 90 年代，是程度说教育质量观或合需要的质量观，关注教育对教育主体本身需要的满足，倾向于个人本位的教育质量观；21 世纪以来，两种教育质量观发生了融合，既满足外在标准对教育质量的要求，又强调个体发展的需要。

事实上，国际对教育质量的认识也发生了类似的改变。联合国儿童发展基金会(UNICEF)在其《教育质量定义》一文中，从学习者、教育环境、教育内容、教育过程和教育成果五个方面对教育质量进行界定，认为教育质量取决于"学习者身体健康，具有良好的身心准备；环境安全，资源充足；学习内容与基本技能的获得相关联；在学习过程中持有儿童中心的理念；所学到的知识、技能和态度与国家教育目标和公民参与相关。"[1]

首善教育作为优秀教育思想的继承者，也持一种综合的教育质量观。这一质量观包括如下几个方面的内容。

**1. 优质教育必须能够满足儿童的积极需要**

教育是否优质，首要的判断标准就在于儿童是否喜欢，是否能够在教育的过程中获得足够的成长。在这个意义上，优质教育是以儿童为中心的教育，是人本主义的教育，是以学生为本的教育，是以学习为本的教育。

然而教育对儿童需要的满足，并不是满足儿童所有的需要，而是要充分迎合儿童那种奋发向上的天性，满足他们旺盛的求知欲和对世界的掌控欲，满足他们不断创新的需要。在这种情况下，儿童的主体性才能够获得真正的成长，他们的潜能才能够得到有效的开发。

**2. 优质教育必须能够促进其他教育主体的成长**

尽管儿童是教育的中心，但是这并不是说在教育中儿童是唯一的成长者。如果

---

[1] UNICEF(2000). Defining quality of education. Education working paper. Programme Division. New York. A paper presented by UNICEF at a meeting of the International Working Group on Education，Florence，Italy.

这样，教育就会变得陈旧和庸俗，因为教育中的其他主体并没有获得成长，他们只会用老一套来教育学生，他们只会用暮气沉沉的精神去束缚学生。

因此，优质教育必须要关注到教育中的其他主体，主要是教师和家长。教育的过程，是师生之间、亲子之间、长幼之间围绕着学习的对象所展开的交往活动，在这个过程中，不只是儿童成长了，教师和家长也在不断成长着。关键是，优质的教育要关注到这种成长，引导教师和家长从一种傲慢的情绪中解脱出来，真正倾听孩子，倾听世界，与孩子一起成长，只有这样，教育才会变得更有效率，同时也更富有温情。

**3. 优质教育必须对社会的要求做出回应**

教育和成长永远不是发生在真空中的，而且学生终究要面对这个世界，面对这个社会。因此，首善教育必须引导学生从"独善"中走出来，真诚地，并且富有反思地面对社会对教育的要求，对自身成长的要求。而且首善从本质上来说，不仅要让学生获得良好的成长，还要重构社会伦理，构建更加美好的社会，这就更需要在教育质量中加入更多社会性的因素，积极回应社会对学生成长所提出的要求。

要在满足儿童需求的情况下回应社会所提出的要求，最为重要的就是把儿童需求与这个时代、与现实世界结合起来，而不是让他们生活在一个真空中，或者生活在一个虚幻的美好世界里。在他们与世界的接触过程中，逐步揭示他们应当承担的责任，揭示世界并不完美因此需要他们去改善，这个时候社会本位与个人本位的质量观就会一致起来。

**4. 优质教育必须善于营造优质和谐的育人环境**

环境是无声的语言，是潜在的课程，可以在不知不觉中影响学生，改变人们的思维方式。因此，尽管有例外，但优质的教育大都是在优质和谐的育人环境中完成的。首善教育要成就学生之善，并进而成就社会之善，就要积极改变育人环境，让这一环境变得更加优雅、和谐与温馨，这样才会潜移默化地影响学生，影响所有教育的参与者，从而让优质教育获得更大的支持。

## （二）首善教育的优质教育实践

在上述教育质量观的指引下，首善教育结合区域教育发展的需要，结合区域内各类教育以及各校的特征，做出一系列提升教育质量，打造优质教育的工程。概括来说，包括如下几个方面。

### 1. 优质师资工程

教师是教育质量的根本保障，只有有优秀的教师，才有优质的教育。多年来，首善教育积极关注教师的专业发展，通过多种方式促进教师成长。坚持以深化人事制度改革为重点，以建设高层次人才队伍为核心，以规范人事人才管理为突破，牢固树立"以人为本、人才第一"的人事工作理念，大力实施"人才兴教"战略，创新工作机制，提升教师队伍的整体素质，强化服务意识，提高管理水平和办事效率，锐意创新，求真务实，推动师资队伍建设、人事管理、人事制度改革等方面均衡发展。建构围绕新课程改革而学习提升的教师专业发展体系，实现教师专业化发展，实现常态化，多种层次、多种内容、多个梯度的教师培养培训已经成为江北新课程改革的常态和亮点。

(1)"五大工程"培育大批优秀教育人才

干部教师队伍建设"五大工程"，涵盖"师德师风建设工程""全员素质提升工程""学历提高工程""名师培养工程""校级干部能力提升工程"五大工程。在"五大工程"中，"师德师风建设工程"主要着眼于教师职业道德培育。其余四大工程则指向教师专业能力和发展的类型层次。2010年，为进一步改革和加强全区中小学干部教师队伍建设，实现教育家办学的教育发展方略，提升中小学干部教师队伍的整体水平，江北区委、区政府高标准确立教育人才队伍建设新目标，从顶层设计并启动实施教育人才系列培养培育新规划。在教师继续教育经费占教师工资总额（含绩效）的4%的基础上，区财政每年配套500万元"五大工程"专项经费，全力打造全区干部教师队伍。

师德师风建设是推进"五大工程"的核心。目标是健全师德师风建设工作机制，营造师德师风优质发展的环境与氛围，提升中小学教师的师德师风水平。以师德师风主题教育活动为载体，开展"我是光荣的人民教师""加强职业道德建设，做人民满意教师""以德为先、育人为本，做学生和家长的贴心人"等主题教育活动；组织"好教师在我身边""我是光荣的人民教师"等征文演讲比赛，实施"三进三服务""千名教师访万家"等专项教育活动。建立教师职业道德考核奖惩机制，在"职责义务""表彰奖励""禁令与处置"等方面提出明确要求。深入开展"师德师风整顿行动"，构建形成社会、家长、学生和学校四位一体的师德建设监督体系，通报处置违规教师，严厉打击有偿家教。

图 2-5　在 2014 年第 30 个教师节表彰大会上，区委区政府对 120 名师德标兵、优秀教师及优秀教育工作者进行了隆重表彰，千名教师举行了庄严的宣誓和承诺

全员素质提升推进是"五大工程"的基础。目标是建设一支师德高尚、结构合理、区域均衡发展、适应素质教育和新课程改革要求、适应社会发展和教育现代化要求的高素质专业化教师队伍。教师进修学院作为教师培训基地，坚持以国培标准做区级全员培训，以未来教育家培训的标准设计骨干教师和名优校长培训，科学设置培训课程，精心策划培训菜单，建立全体教师的电子档案，采取走出去与请进来、自培与送培、高级研修与顶岗锻炼相结合的方式，构建形成了"全员培训联动、教师典型带动、专家名师拉动、网络平台互动"的培训体系。

目前，江北区教师进修学院开发出《教师的 PCK 建构（小学语文、小学数学）》（PCK 指学科教学内容知识，是 Pedagogical Content Knowledge 的简称）的课程与教材，利用寒暑假对全区 3600 多名专任教师进行了系统培训；启动了第二轮高标准、高质量的全员培训工作，实现了从教师培训到教师终身学习管理的飞跃。

学历提高是推进"五大工程"的关键。目标是把全区教师的学历水平提升到新的高度。新时期，在教师学历普遍达标的情况下，提高学历已经成为教师、教育新的共同需求。创造条件，搭建平台，是教育主管部门必须思考的问题。

据统计，2009 年江北区获得硕士和博士学位的教师仅有 32 人，其中一线学校不足 20 人。为此，区教委统筹部署，出台经费保障政策，细化培训目标，开展精心指导，组织考前培训，确保了"报名积极、学得有效，录取量多"。几年来，投入近 1000 万元，全额报销在读硕士和博士教师的学费和交通费，目前全区已毕业及在读的硕、博士学位教师 425 人，占专任教师的比例已由 2011 年的 1.1% 提升到 10% 以上，位居重庆市第一。

名师培养是推进"五大工程"的保证。目标是打造具有独立教育思想、具有鲜明教育风格的中小学名师梯队。教师专业发展是教师成长的重要基础，抓骨干和名师队伍的建设就抓住了关键。从规划实施、培养管理、考核奖励等方面，建立比较完善的体制机制。在规划上，形成从"区骨干教师及初级'双师型教师'"到"重庆市'未来教育家'培养对象"共八个梯队的名师培养机制。在培养管理上，坚持先培训后评选，坚持派出支教、挂职锻炼、跨校交流，发挥名师的示范辐射作用。区政府携手北京师范大学（以下简称为北师大）合作共建重庆市首批教师教育创新实验区，区教委遴选了 18 名首批"名师工作坊"教师参加北师大"一对一"的专业技能培训；培育市区名师工作室、中青年教师自主工作室 19 个。一支师德高尚、业务精湛、结构合理、充满活力的高素质专业化教师队伍正在形成。

据统计，现有专业技术人员 3686 人，其中正高级职称 10 人，副高级职称 470 人，中级职称 1941 人，初级职称 1265 人。享受国务院津贴人员 2 人，重庆市未来教育家培养对象 2 人，特级教师 16 人、中学研究员级教师 10 人、重庆市名师 4 人、重庆市骨干校长 6 人、重庆市骨干教师 186 人、区骨干教师 389 人。

校级干部能力提升是推进"五大工程"的重点。目标是培养一批具有国际视野的专家型校级干部，形成各中小学鲜明的办学特色。选派校长到教育发达地区挂职锻炼，与国内外著名高校合作建立校级干部培训基地，开办校长高级研修班，举办江北教育大讲堂，加强校级干部的学习培训，增强学校管理的业务能力，提高办学治校本领。

(2)人才管理创新，促进教育高位均衡发展

· 交流轮岗，成为新常态

干部教师合理有序交流是促进教育资源城乡共享和均衡发展，实现教师由"学校人"成为"系统人"变革的重要途径。江北区制定《关于开展中小学干部教师交流工作实施意见》，探索"区管校用、学区管学校用"的用人体制，建立干部教师"学区交流轮岗"或"片区交流轮岗"制度，形成城乡互动、区域联动机制。健全教师交流的奖惩激励机制，将教师交流、支教和在边远学校工作的经历作为教师评定职称的准入条件，把教师交流工作纳入督导评估指标和对学校的考核中。

从2012年至今，在实施集团化办学模式的基础上，根据工作需要，采取对口帮扶、片区交流、捆绑发展等方式，交流教师520多名，推进了干部教师的合理流动和有效调整，提升了优质教育资源的辐射力和影响力。

· 低职高能高聘，尝试新办法

根据现行学校岗位设置要求和教师职称评定条件，岗位结构比例和晋级评职拥堵矛盾十分突出，探索实施"能上能下、能高能低"的用人机制，尝试低职高能高聘的办法，可以缓解教师晋升压力，调动教师的工作积极性。

经过充分调研论证，江北区制定了《江北区教师专业技术职务低职高能高聘方案》，当前已经对区进修学院、十八中学、新村小学等14所学校共87名优秀教师试实施了低职高能高聘办法。

· 考核与激励机制，激发教育更大活力

完善校级干部考核评价及激励机制。按照《江北区校级领导班子及校级干部学年度考核评价实施办法》要求进行考核，考核评价内容主要由办学水平考核、民主评议、个人业绩和业务能力提升评价四部分组成。我区按照校级领导班子考核综合得分排序，评选出好班子，班子的考核结果与校级干部个人年度考核和奖励性绩效工资发放挂钩，奖励性绩效工资由管理津贴(日常考核)和奖励津贴(学年度考核)两部分组成，管理津贴采取按月发放的方式，奖励津贴采取年度考核后一次性发放的方

式，充分调动了校级干部工作的积极性。

完善教师考核奖惩激励机制。根据《重庆市江北区中小学骨干教师考核办法(试行)》规定，我们从"师德师风、教育教学业绩"两个维度，按"科研成果、教育教学实绩、示范辐射和教师培养、领导同行及学生家长认可"四项内容实施年度考评，每年投入150多万元进行奖励；实施"首席教师"试点工作，树立一批教学一线、专业水平精良的教师典范。

图 2-6　江北区教育系统"治庸治懒治散"专项行动动员部署会议

2014 年对 3 名有违师德师风行为的骨干教师进行了"一票否决"，2015 年对 4 名在职教师参与有偿补课等违规行为进行了严厉查处。在区政府的大力支持下，设立"特设岗位"，对 10 级到 3 级岗位中有突出贡献的 134 名教师给予了"特设岗位"的奖励。

(3)多渠道引进教育人才，优化整个师资队伍

江北区构建人才引进"绿色通道"。拓宽视野，多方争取，开辟人才招聘和引进的绿色通道。制定《江北区教育系统引进优秀紧缺专业技术人才暂行办法》，在区纪委的全程监督、组织及人事部门的指导下，引进高层次人才。搭建优秀大学生招聘平台。加大优秀毕业生招聘力度，在考试和考核的基础上，近年通过公开公平、竞

争择优的方式，招聘大学生。

近三年来我区共引进教师 270 人，占教师总数的 9.6%，其中音、体、美、英语等学科专业教师 82 人，改善了教师的结构和质量，为教育储备了优秀人才。

（4）"私人定制"催生教师"无限生长"

首善教育在教师发展上的大手笔，就是和教育部普通高校人文社会科学重点研究基地北师大教师教育研究中心合作开展的 APEx（优质教师队伍培育）教师教育创新实验区中的"名师工作坊"项目。这种培训模式最大的特征在于"没有短期突击的集中培训，没有大课讲座，没有远程选课，有的是一对一的'私人定制'式的教师培训"。

·名师工作坊：拨旺种子教师心中的那团火

步入执教生涯的第 16 个年头，江北区教师进修学院曾维义遇到了职业生涯的一道坎——从信息技术教研员向教研员转变。这个让人羡慕的"提拔"，一开始却让曾维义感到"痛苦又绝望"。

"以前只要守好自己的一亩三分地就行了，现在要带着大家一起冲锋。"曾维义刚到进修学院时，工作开展起来很困难，"信息技术课没有考试，没有考试就没有推动力。开展教研活动非常困难，校长不重视，一线教师也不响应"。

曾维义从重庆市南岸区的学校过来，没有本土资源，靠行政力量又拽不动教师的积极性，这个问题一直困扰着他。

2014 年 6 月，"名师工作坊"项目正式启动，曾维义入选首批"种子学员"。和曾维义一样，18 位"种子学员"大多都在经历痛苦的转型期。

徐悲鸿中学物理教师任慧钦一直想扭转"书本物理课"的现状，看到国外的物理课上得风生水起，她也试着将物理学史和物理情境资源，无缝地嵌进物理课的课堂教学中。"但很多情况下，有些好的设计就如同小火花一样，闪了一下，就灭了。"她对自己的探索并没有十足把握。

从好教师到名师，他们需要破壳的那一"啄"。"我们要做的就是将这些火苗燃成燎原之火。"名师工作坊项目主要参与者、北师大教师曹夕多说，名师工作坊学员选拔的标准中，最重要的一条是要有强烈的发展意愿。

和以往教师培训的名家讲座、远程培训不同的是，名师工作坊走的是"私人定制"路线，"他们都是优秀的教师，但他们需要从经验型教师向研究型教师华丽转身"。因此，从一开始的教师叙述、适合个人发展成长方案的拟定，到北师大教授深入诊断学员课堂、帮助学员凝练风格，再到行动研究、成果物化，每个项目的设置都精准地对接教师需求。

"推着教师走很困难，为什么不试着在前面领着教师走呢？先辟出一条路，大家自然会跟着你走。"经过一轮一轮的深入"诊断"，导师桑国元副教授给曾维义以启发。

曾维义说："桑教授点醒了我，下一步我准备整合科学力量，在江北区搭建学习平台，将原本割裂的信息技术课堂和活动课程融合起来，以微课和电子教材的形式呈现。"

"以前的专家培训像悬在头顶的探照灯，耀目又刺眼，北师大的教师却像地灯，柔和又照明了前路。"字水中学政治教师刘旺告诉记者，工作坊的学员和导师之间的关系并非"指导与被指导"的关系，而是合作协商的关系。

刘旺的导师、北师大副教授张华军说："之所以叫工作坊，就是因为这里不是课堂，而是教师们的自留地，是思维火花碰撞生发的地方。"

• 集群研修："难兄难弟团结起来打群架"

曾几何时，说起教师培训，就像揭开校长张天海的一块伤疤。

张天海所在的重庆江北区诚善中学，是一所打工子弟学校，典型的"薄弱校"。

他说："以前只要一搞培训，我们学校的教师总是坐在教室最后一排，交流发言的也都是'骨干'，久而久之，教师的自信心受到打击，有了畏难情绪。"

诚善中学一名教师倾吐了心声："大大小小的培训没少参加，收获却不多，台上的专家高在云端，我们却在草间穿行，有多少东西可以落在我的课堂上？我学到的都是零星的知识，而不是一个完整的体系。培训如何不再是片段式的'浮光掠影'呢？"

最让张天海头疼的还是校本教研："一个学科只有一两个老师，叫我们怎么开展教研活动？"

为了解决这个问题，诚善中学联合猫儿石实验学校、寸滩实验学校等在内的七所学校组成"联盟"，开展包括集体备课、教材试题研究、课后研讨在内的集体研修。这样的集体研修让教师们重燃教研热情。鸿恩实验学校校长张坤戏称这为"难兄难弟团结起来打群架"。

北师大团队入驻江北区之后，对"七校联盟"和有着同样性质的小学"十校联盟"进行摸底调查，发现情况并不乐观。联盟校内缺乏优质教育资源的引领，目前仍是弱弱联合，学科教研组内缺乏教师领导者，没有形成教师学习共同体的文化氛围。校本研修集群项目的主要参与者、北师大教授胡艳说："我们选择联盟校作为教师创新发展的突破口，不求锦上添花，但求雪中送炭。"

根据联盟校的特点，北师大为其量身定做了"以校为本的教师研修集群建设"项目。在学科的选择上，胡艳也颇费了些思量，"联盟校中英语和体育学科教师不足，水平较差，区教研员也很难关注到这些教师的发展"。最后，结合联盟校的需求，突破口放在了"生本课堂"的英语学科教研活动和"一球一操推广"的体育学科教研活动上。

为更好地克服北师大与重庆相距较远的"异地恋"问题，北师大建立了一支由北师大专家、重庆本地专家、江北区教研员和联盟校骨干教师组成的"集群建设支援小组"。该小组像一个转动咬合的齿轮，将距离遥远的北师大和江北区黏合到了一起，北师大设计了从联盟校教研活动，到小片区教研活动，再到校本教研的一系列培训流程。项目主要参与者、北师大副教授宋萑说："基层老师提出口味要求，北师大研究菜谱和烹饪方法，本地专家准备食材，区教研员掌勺烹饪，最后端给基层教师的是一道丰盛的精神大餐。"

（5）探索"首席教师制"

江北区在全区中小学实施"首席教师"制，充分发挥优秀教师、骨干教师的示范引领作用；将一批热爱教育，师德师风优秀，专业知识扎实深厚，教学理念先进，创新能力强，教学经验丰富，教学业绩突出，学生、家长认可度高，并在全区同学科中有较高知名度和较大影响力的教师评聘为学校首席教师；由所在学校与首席教师签订责任书，由区教委授予"首席教师"称号并颁发荣誉证书。学校对首席教师实行目标管理，区教委和区教师进修学院对首席教师进行学年度考核评价。获得"首席教师"称号的，其荣誉记入业务档案，在评先评优、职称评审、岗位晋升等方面同等条件下优先，在选择教育科研课题项目、申请科研课题经费等方面优先，在任期内考核后，由区教委给予适当工作经费。2015 年，"首席教师制"已在全区两所高中、一所初中、三所小学进行试点。

**2. 评价革新工程**

评价是教育质量的把关者，评价的目标和方式在很大程度上会影响人们对教育质量的理解，影响教育主体的教与学的行为。为更好地提升区域教育质量，实现优质教育的目标，首善教育对区域教育评价进行了深入改革，实现了教育评级的综合化、多元化，为教育质量的改善扫平了障碍。

（1）改革教育质量评价制度

江北区坚持立德树人导向，建构包含中小学生综合素质评价体系、学业水平与课业负担监测评价机制等在内的素质教育评价体系。

·中小学生综合素质评价

一是建立起小学、初中、高中三个阶段完整的学生综合素质评价体系。二是评价内容更全面、立体，江北区从思想品德、公民素养、学业水平、身心素质、审美表现、实践能力等方面进行评价，结合学生发展规律和社会现实，创造性地把心理素质和实践能力作为评价维度。三是评价主体多元化，以学生为主体，以学生的实际表现为依据，通过学生自我评价，与教师、家长、同学的意见有机结合，力求全面反映学生的综合素质状况，评价方法更加科学。四是结果呈现更加清楚和全面反映学生成长轨迹。全区中小学全面使用素质报告册，汇集了学生 2～3 年的综合素质情况，并设计了学生、家长和教师的互动平台，增强了评价的导向作用和教育功能，帮助学生自我认识、自我教育和自我控制。

·学业水平与课业负担监测评价机制建设

一是完善评价体系。我区大力推进评价体系改革，改变单纯以升学率和学科考试成绩作为唯一标准的评价体系，全面实施学生综合素质评价，建立体现素质教育、以学生发展为核心、科学多元的中小学教育质量评价制度。小学取消百分制，实行"等级＋评语"的评价方式；中学实行"等级＋综合素质"的评价方式，逐步促进学校教育教学更加注重学生能力和素质的发展。全面实施普通高中学业水平考试和综合素质评价。加大教育科研工作力度，扩大社会参与教育评价的领域，委托第三方参与教育评价，建立健全教育评价服务绩效管理机制。

二是加强质量监测。我区实施了中小学素质教育质量监测，将体育、艺术、科技等纳入质量监测的范围，对质量监测的功能、内容、方式等进行丰富和完善，不断提高质量监测的科学性、导向性和有效性。小学重点监测高年级段学生的基本素质和能力水平，初中重点监测基础水平和优生规模，普通高中重点监测重点本科(以下简称重本)升学率和名校学生数量。江北区教师进修学院对毕业年级教学工作进行了专题研究，重点加强了对初中和集团化学校教学质量的监控，积极发挥区级质量监测机制的督查指导功能，初步建立适应区域教育发展实际、符合教育规律的质量评价体系。

三是建立并完善中小学生学业水平与课业负担监测评价机制，进一步规范办学行为，切实减轻学生过重的课业负担，促进青少年学生全面发展、健康成长。江北区成立中小学生课业负担监测评价机构，制定中小学生学业水平课业负担监测评价工作方案，围绕重庆市教委减负、提质"十项规定"的要求，随机抽取部分学校开展学生课业负担监测评价试点。在分析总结试点工作的基础上，江北区逐步建立学生学业水平与课业负担监测评价机制，对学生的学业水平与课业负担状况进行常态监测，将监测结果适时地在相应范围内进行公示。我们还建立了考核奖惩机制，实施质量分层考评，依据监测结果对学校办学水平进行综合评价，确保减负提质落到实处，增加实效。今后，我区将继续探索引进第三方专业调查监测机构，即由政府机构以项目的形式委托给大学、研究机构或其他民间专业机构开展学生课业负担的监测，以保证监测客观公正。

2013年10月，重庆市评估院对全市40个区县进行了质量监测，江北区12所小学的五年级、6所初中的九年级参加了监测点，监测结果显示我区学业质量均衡状况、学生身心健康、人际沟通、爱好特长、学习习惯等方面均高于全市平均值，学生学业负担与学业质量呈"高质量、低负担"状态，学习兴趣指数、行为习惯指数处于全市前列。

2013—2015年，江北区高考、中考质量逐年攀升，尤其是在保证整体升学比例的基础上，注重提升高分段人数比例。2014年高考重本915人，重本上线率30.3%；总上线率98.6%。2014年中考联招上线率52.1%；700分以上72人。2015年高考重本1039人，重本上线率32.08%；总上线率99.4%。2015年中考，一次性合格率90.3%，联招上线率54.5%。

(2)教育多元化评价制度建设

·建设开放性教育评价机制

党的十八大以来，江北区大力推进教育治理体系和治理能力现代化，以构建政府、学校、社会新型关系为核心，以推进教育"管办评"分离为基本要求，切实提高政府"管"的针对性、学校"办"的规范性，第三方"评"的科学性，逐步形成政府宏观管理、学校自主办学、社会广泛参与评价，三者职能边界清晰、良性互动"共治"的教育治理新格局。我们把多元化评价作为促进学生全面发展、个性发展的载体，社会广泛参与评价，引导学生、家长和社会公众，建立多元化学校监督、指导、评价体系，对学校管理水平和教学质量进行动态监管与评价。增强教育决策的科学性，学校管理的针对性和有效性。

区政府教育督导室每学年度对学校的综合督导和专项督导，科学地制定督导考核指标体系，在学校自评的基础上对学校的课程建设、教学与科研、人才培养质量、师资建设、管理制度、校园文化等进行全面的督导评估。在依法办学、自主管理、民主监督、社会参与等方面对学校进行客观评价，建立科学的评价激励机制，按照体现差距、兼顾公平、重在激励、便于操作的思路，采取"等级定基数""办学规模、办学类别对奖励系数"的办法计算学校奖励资金，最大限度地调动学校的积极性、主动性和创造性。

· 建设教育多元化评价环节

教育多元化评价制度建设是针对只关注学生考试分数，以追求升学率为唯一评价手段的方式而言的，要实现教育多元化评价就必须把握三个环节：一是基于学校课程计划的各学科课程、教学的过程性评价是否全面实施，将评价的功能确定为诊断和改进，通过过程性评价的实施促进学校课程计划的调整和完善；二是以促进专业可持续发展为导向的教师考核是否全面实施，而不是仅仅停留于教师之间教学成绩的横向比较；三是以全面素质为内容的学生素质评价是否全面实施，而不是只关注考试成绩，甚至对学生成绩进行班级内、年级内的公开排名。把握好对教学的过程性评价，对促进专业可持续发展的教师考核，对学生全面实施素质教育的考核这三种评价方式，对学校遵循教育规律，促进人的全面发展，坚持全面科学的教育质量观来说可谓举足轻重。

## 3. 特色学校工程

学校特色是一所学校整体上所呈现出来的办学思路或者在某些工作中所表现出来的独特之处。特色学校建设就是把学校建出特色，达到"人无我有，人有我亮"的目的。多年来，江北区以建设"艺术教育展示区""阳光体育先进区"为契机，致力于特色学校培育，开展了"一校一品"的特色学校建设工程。支持鲤鱼池小学、玉带山小学、华新小学、米亭子小学、观音桥小学等特色学校挖掘和发展传统特色项目，扩大特色项目的影响力，并不断开发新的体育、艺术发展点，形成新的特色项目，进一步完善和提升学校素质教育体系，提升学校整体办学水平。帮助港城小学、苗儿石小学、行知学校、东风实验学校等原有办学基础相对较差的学校，准确定位体、艺特色项目，聚焦学校特色发展，培养学生一至两项体育艺术技能，体现学校影响力，成为新的特色学校和老百姓身边的好学校。

"十二五"期间，我区成功创建市级体育艺术特色学校八所，市级特色学校占比和绝对数量居全市 40 个区县的前列，区级特色学校占全区学校的 50%，培育了跳绳、游泳、毽球、足球等优势体育项目和少儿美术、书法、摄影以及管乐、声乐等优势艺术项目，形成了体艺特色学校"一校一品、一校一景""百花齐放、各美其美"的区域特色，促进学生个性多元发展。

在港城小学，这里的学生以跳绳为乐。跳绳不仅丰富了他们的课余生活，让他们拥有了更健康的体质，还让学生找到了新的舞台。学生段中飞在今年的世界跳绳锦标赛上以每秒 5.5 个的成绩成为中国首个世界跳绳大师。

图 2-7 学生段中飞成为中国首个世界跳绳大师

玉带山小学把版画引进课堂，让每个孩子都学画版画，画画培养了学生的创造能力和想象力。学生的版画甚至还走出"国门"，在法国巴黎、英国伦敦举办的"玉带山版画作品展"中，赢得了世界的赞许。

203 中学以科技为特色，让学生在动手动脑中提升思考能力和实践能力，学生自己创造的机器人还夺得了全国机器人创新设计与挑战赛的金牌。

鲤鱼池小学的书画，米亭子小学的少儿足球，复盛实验校的根雕，字水中学的田径，十八中学的管乐和足球，行知学校的"葫芦丝"，华新小学的烙画，科技和雕塑，望江小学的泥塑，钢锋小学的剪纸，苗儿石小学的毽球，五里店小学的校园故事，劳卫小学的摄影，喜乐溪小学的民乐……斑斓璀璨的特色让学校拥有了闪亮名片，也打开了学校深入践行素质教育的大门，为每个学生的个性发展点亮了不同的舞台。

江北打造特色校园文化、促进内涵发展的路径，让教育均衡不仅仅是外在的均衡，更是内在的均衡，从而通过素质教育来激发城乡学校的办学活力，为每个学生的终身发展服务，为城市综合化改革寻找新的更具文化内涵的突破口。

如今全区已命名了 32 所德育、体育、艺术、科技类特色学校，有十所学校获市级体育、艺术类特色学校称号。从 2013 年起，每年设立 300 万元特色学校专项经费，助推特色学校建设。同时，江北还深入实施"体育、艺术、科技 2+2"项目，保证每个中小学生在义务教育阶段和高中阶段能够掌握两项体育运动技能，具备一项艺术特长和一项科技活动技能。江北教育呈现出"一校一品""百花齐放"的新格局。

特别是近几年，江北不少学生在全国中小学生艺术展演、全国中小学生运动会、重庆市中学生田径锦标赛、青少年科技创新大赛等舞台上取得优异成绩、大放异彩。江北区培育出一大批在全市甚至国内有影响力的特色学校，形成了"校校有特色、生生有成长、教师有专长"的素质教育格局。

**4. 信息化建设工程**

教育信息化是实现教育现代化的基础和条件，是教育现代化的重要内容和主要标志，以教育信息化带动教育现代化是当今世界积极应对大数据时代、新媒体时代教育变革与发展的共同趋势。这一发展趋势，促使教育者重新思考自身的角色，研究解决在信息化背景下指导和培养学生的社会生存和工作能力的问题，发挥教育信息化在学生个性化培养、教师个性化教学、学习内容智能化推荐等方面的强大功能，实现"网络学习空间人人通"。优秀学校一定要在教育信息化方面领先。高度重视信息技术对教育发展的革命性影响，充分发挥教育信息化对于促进教育公平、提高教育质量、创新教育模式的支撑和带动作用，以建设、应用和共享优质数字教育资源为手段，促进每一所学校享有优质数字教育资源，培养教师和学生应用计算机等信息技术的能力，将成为教育信息化工程扩展优质教育资源的关键。

(1)教育信息化"四个着眼"

江北区全面落实《教育规划纲要》对教育信息化建设的总体部署和发展任务，以建设覆盖全区各级各类教育的数字化环境为基础，以推进教育现代化为根本任务，以信息技术与教育教学过程的全面深度融合为核心，着眼于未来经济社会的发展需要，着眼于全面深化教育综合改革和教育的科学发展，着眼于促进教育均衡公平和提高人才培养质量，着眼于人的终身学习和学习型社会的构建，为全体师生个性化学习、终身学习提供公平的信息化环境和服务，努力实现教育信息化可持续发展，形成与全区教育发展水平相适应、与全区经济社会发展水平相协调、体现较高水准的教育信息化建设新局面，逐步成为深化教育改革、助推经济发展、全面实现首善教育的重要支撑。

全区教育信息化的总体目标，一是按照教育信息化建设"顶层设计、因校制宜、循序渐进、资源集成、互通共享"的总体思路，建成硬件适用够用、教学资源丰富优质、师生共享好用的区域"教育云"；二是以教育信息化带动教育现代化，为每名师生学习者提供个性化学习、终身学习的信息化环境和服务；三是推进信息技术与教育教学的深度融合，确保教育信息化服务课堂教学、服务师生发展、服务教育改革。到 2017 年，建成与江北现代化首善之区和智慧城市建设相适应的教育信息化服务体系。

全区教育信息化建设有十大任务：一是完善区域教育数据中心建设；二是课堂教学诊断平台建设；三是教师网络教研平台建设；四是"云课堂"教学评价管理平台建设；五是加快"微课堂"校本区级资源平台建设；六是加快青少年科技活动网络社区建设；七是完善教学质量监测评估系统建设；八是加快网络学习空间"人人通"建设；九是完成校园无线网全覆盖；十是完成中小学教师新一轮信息技术应用能力培训。

(2)课堂录播系统走进教室

在教育教学领域，信息技术扩张着教育教学的时空，更新着教育教学的方式。课堂录播，深度融合着教育教学变革。

第一，资源共享共研，突破时空局限。课堂教学录播系统形成课堂实录性教学资源，是教学研究的资源库和教师成长的档案库，有利于教师跨时空资源共享，有利于学生实时远程学习，有利于开展立体多元的课堂诊断和教学研究。在具体操作上，一是能够组织教师认真点评课堂录像资源或自我观摩反思，促进教师教学能力的提高；二是利用多媒体录播系统，开展远程互动教学，充分发挥名校、名师的辐射引领作用，共享课堂优质资源，促进城乡教育均衡发展；三是以点播或直播课堂视频的方式开展远程教研，探索教改课改的新方法、新途径等。

第二，立体多元诊断，跟踪指导改进。课堂录播系统能够实现三大功能：一是形成具有整合性的教学资源库，学科教师通过课时预约、课前准备、课堂录制、教学反思四大环节，完成系统的一节课教学，并通过教学点播观摩其他教师课堂或网上异地听课，查看其课堂教学实录、教学设计、教学资源、教学反思，不断积累教学资源。二是建构多元、互动、立体的诊断教研平台，从教师到教研组长，从教研员到其他专家，都可以参与对课堂的网上评价诊断，兼容实现及时的、延时的、远程的、现场的教学研究，而录播系统本身还能够通过建立模型，科学分析大量定量、定性的评价数据，形成教师教学诊断报告。三是形成跟踪诊断指导、分类促进整改的机制，各级教学领导和专业研究人员通过平台，对需要关注的教师个人或群体，可以跟踪分析诊断其教学状态，分别提出其需要改进的教学问题、专项能力，在纵横比较之中，对教学发展和教师成长进行全方位的管理与促进。

第三，建构区域特色课堂教学诊断平台。课堂教学录播系统建设，关键是课堂教学诊断平台建设。课堂教学诊断平台建构"四级模块式"评价指标体系。课堂教学诊断主要有"团队实施、分项落实、适时交换、互动交流、诊断应用"五种策略，课堂教学诊断平台具有"全程综合、即时多元、延时反复、史实对比"四种特征。

按照国家"教育信息化十年发展规划"的要求，江北区以"教育信息化带动教育现代化，促进城乡教育均衡发展"为目标，加强教育信息化软硬件的相互渗透，建设并应用课堂教学录播系统。目前，江北区投入 480 万元，建成录播教室 20 间，12 所首批试点学校，预计五年内各校课堂录播系统的建成率达 100%，真正形成中小学课堂教学交互式诊断平台。

通过这些年的建设与实践，首善教育的深度、广度、气度逐步扩展，区域教育的高度、厚度与活泼度逐步彰显，以首善教育形成的价值共识更为坚定，推动区域教育始终保持一种协调进步、务实高效的发展动态与趋向，为江北全面建设"高端产业集聚区、都市核心展示区、人文风尚示范区"提供了人才保障和智力支持。

一是绘制蓝图,区域教育发展路径渐明渐朗。从区域教育的顶层设计上,我们确定了建设"优质均衡教育强区""开放教育特区""特色教育名区"的发展定位,提出了"一条主线(即改革创新)、两篇文章(即充分调动校长办学积极性、促进教育优质均衡发展)、三件大事(即管好人、用好钱、做好事)、八大工程(即办学水平评估科学化工程、学校文化建设工程、深化新课程改革工程、质量提升工程、学前教育普惠发展工程、教师专业化发展工程、教育民生工程、党风廉政建设工程)"的工作思路,突出改革、内涵、优化、保障等关键环节,追求区域教育创新、均衡、优质、特色、健康、和谐发展,努力推动现代化教育首善之区建设。

二是加快建设,区域教育均衡发展全面提速。从区域教育的规划建设上,我们按照中段调点、上下段调面、核心地段优先储备配套学校建设用地的原则,整体优化全区校点布局,实现中小学、幼儿园规划全覆盖;加大学校建设力度,品质学校总量增加,基本建成观音桥、铁山坪、鱼复三大教育板块;义务教育学校全部高标准配备音乐、体育、美术、综合实践等"六大功能室";学校信息技术普及率达到100%。区内校际、城乡、区域办学差距明显缩小,发展基础明显增强,均衡教育水平走上新台阶。

三是创新机制,区域教育发展方式有效转变。从区域教育的管理体制上,我们实施"四大举措",以激发办学主体活力。落实简政放权,提高学校自主办学的能力和动力。以集群发展为新生动力,推动学校集团化办学,实施学区制,以"名校联盟"的方式与新建楼盘配套学校合作办学,扩大优质教育资源配置效率,满足老百姓多样化的教育需求。探索教育管办评分离,创新学校办学和评价机制,健全教育评价体系,使学校管理价值和效果得到提升。深化人事制度改革,优秀人才引进、干部教师轮岗交流、低职高能高聘、首席教师制度等教育人才机制创新工作顺利推进;携手北师大合作共建重庆市首批教师教育创新实验区,建构起涵括"五大工程""八个梯次"的区域性教师教育模式,干部教师参加学历提升、学科领导人高级研修、未来教育家培养、境外基地培训等专业化培养成为常态,教师专业化素养大幅提升。

四是培育内涵,区域教育发展质量稳步提升。在区域教育的质量建设上,我们坚持"四个为先",素质教育之花竞相开放。坚持德育为先,积极开展培育、践行社会主义核心价值观主题教育活动,深入开展校园足球运动,全面实施素质教育。坚持特色为先，按照"一校一品、一校一景"区域教育特色发展理念，培育了一批以"书画艺术、体育健康、科技创新"为办学特色的市区级特色学校，形成了"校校有特色、教师有特点、学生有特长"的素质教育格局。坚持文化为先，重视学校文化价值体系的构建和"百年老校""百年名校"的建设，完成全区50%的学校基本物质文化建设的目标任务。坚持质量为先，深化中小学课程、课堂改革，普通高中教育质量一直保持全市领先，重庆市女子职业中学创建成为全国首批示范中职学校。

五是保障民生，区域教育惠民行动深入推进。从区域教育的民生实事上，江北区落实"三个增长"，生均教育事业费、生均公用经费定额标准在全市领先，保障学校办学水平持续提高。我们率先实施义务教育阶段学生和江北区户籍职教学生全免费教育、学生营养改善计划、贫困学生资助等民生政策，率先实现"城镇普惠性社区幼儿园达到城镇幼儿园总数的60%"的目标，指定招收进城务工人员随迁子女学校达全区义务教育中小学70%以上，全心全力为每个孩子的成长和未来服务。全面开放学校体育场馆，将学校创建成为重庆市社区教育示范区，则满足了市民群众对教育资源的需求。

# 第五章　首善教育的学校变革

　　学校层面的综合变革，是当代中国教育领域综合改革的有机组成部分，也是首善教育推进必须面对的重要问题。在推进首善教育的过程中，我们深深感到学校变革内蕴着多维关系的综合互动，内蕴着多元主体的多维互动，并呈现为动态生成的过程，同时，我们也深深体会到学校变革关键在于要在"质量＋特色"的坐标下把握学校的发展态势，让学校成为学生喜欢的地方。

## 一、学校变革：首善教育改革的落脚点

　　自 20 世纪 80 年代以来，我国不断深化教育改革，教育改革也带来了学校的变革。随着我国基础教育从"有学上"到"上好学"的转变，江北区的教育也面临着人们的受教育需求不断向质的需求转化，及接受教育向接受好的、优质的教育转化的局面，因此，学校必须做出相应的变革。

### (一)学校变革的历史回顾

　　经过三十多年的变革，实践证明，学校变革应该从单项变革走向整体转型性变革，回顾这些年来学校变革所取得的进步，能够让我们更好地认识当下学校变革的基本任务。

#### 1. 学校变革的历史进展

　　我国学校变革的历史进展主要经历了关注基础条件时期、关注内涵发展时期、关注学生发展时期、关注改进民生时期与关注综合改革时期。

　　关注基础条件时期。一是以 1985 年中共中央发表的《关于教育体制改革的决定》（以下简称《决定》）为标志，该《决定》将重点放在"改革管理体制，在加强宏观管理的同时，坚决实行简政放权，扩大学校办学自主权"上，这样学校变革就主要围绕着学

校发展的基础性条件展开，关注点为围绕办学经费的困难和逐步完成普及九年制义务教育的任务以及扩大学校的办学自主权。二是以 1993 年《中国教育改革和发展纲要》（以下简称《纲要》）的颁布为特征，该《纲要》把学校变更的重点转向"建立起比较成熟和完善的社会主义教育体系，实现教育的现代化"上来，于是，学校办学规模、效益、质量以及学校结构等就成为这一时期学校变革的热点。三是这一时期，教育法制建设开始起步。1986 年，我国通过了第一个有关教育的专门法——《中华人民共和国义务教育法》，1995 年，《中华人民共和国教育法》正式颁布实施，这两个法律都提出了促进学校变革的措施，提出了改革和完善教育投资体制、增加教育经费的任务，明确要求实行多渠道筹措教育经费的措施。可见，这一时期学校变革的重点集中在改善教育发展的外部保障性条件和宏观教育体制与机制的建设上。

关注内涵发展时期。一是以 1998 年制定的《面向 21 世纪教育振兴行动计划》（以下简称《计划》）为标志，该《计划》着眼于面向 21 世纪教育蓝图的勾画，在学校变革上主要强调了新教师队伍建设和新课程体系建设。二是 1999 年 6 月《中共中央国务院关于深化教育改革全面推进素质教育的决定》这一纲领性文件的颁布，确定了深入开展素质教育这一教育改革主线，认为我国当前的学校教育在体制、机制、目标、课程、内容、方法等一系列方面都不适应 21 世纪中国社会发展的需要，教育要加强对人的创新精神与实践能力的培养。

关注学生发展时期。2001 年，《基础教育课程改革纲要》以国家文件的形式颁布实施，明确强调"改变课程过于注重知识传授的倾向，强调形成积极主动的学习态度，使获得基础知识与基本技能的过程同时成为学会学习和形成正确价值观的过程。"至此，"以学生发展为本"的教育价值理念已成为中国学校变革的价值坐标。正是在这样的背景下，以华东师范大学叶澜教授领衔的"新基础教育"明确提出了"把个体精神生命发展的主动权还给学生"的论点。这样，师生精神生命的主动发展就成为学校变革的出发点。

关注改进民生时期。2002 年中国共产党第十六次全国代表大会，进一步突出了教育在国家发展中的战略地位，各级政府都十分重视将教育放在先导性、战略性地位，教育投入大幅增加，基础教育办学条件日益改善。这些为学校变革提供了强有力的支撑。2007 年召开的中国共产党第十七次全国代表大会，更是将教育放在了改进民生的首要地位。2012 年召开的中国共产党第十八次全国代表大会提出要"努力办好人民满意的教育"的要求，强调"大力促进教育公平，合理配置教育资源，重点向农村、边远、贫困、民族地区倾斜，支持特殊教育，提高家庭经济困难学生的资助水平，积极推动农民工子女平等接受教育的进程，让每个孩子都能成为有用之才"。可见，办让人民满意的教育，是教育为人民服务的最高宗旨，也是最大的民生工程。

关注综合改革时期。2013年11月12日，党的十八届三中全会通过了《中共中央关于全面深化改革若干重大问题的决定》，提出了深化教育领域综合改革的要求，指出要"全面贯彻党的教育方针，坚持立德树人，加强社会主义核心价值体系教育，完善中华优秀传统文化教育，形成爱学习、爱劳动、爱祖国活动的有效形式和长效机制，增强学生社会责任感、创新精神、实践能力。强化体育课和课外锻炼，促进青少年身心健康、体魄强健。改进美育教学，提高学生审美和人文素养。大力促进教育公平，健全家庭经济困难学生资助体系，构建利用信息化手段扩大优质教育资源覆盖面的有效机制，逐步缩小区域、城乡、校际差距。统筹城乡义务教育资源均衡配置，实行公办学校标准化建设和校长教师交流轮岗，不设重点学校重点班，破解择校难题，标本兼治减轻学生课业负担""义务教育免试就近入学，试行学区制和九年一贯对口招生。推行初高中学业水平考试和综合素质评价""深入推进管办评分离，扩大省级政府教育统筹权和学校办学自主权，完善学校内部治理结构"等。这样，学校变革就转向了坚持立德树人、大力促进教育公平、推行学生综合素质评价、完善学校内部治理结构等的方向上来。

**2. 学校变革的动力机制**

有学者认为，学校变革的动力机制是指推动学校运动、发展的内外部力量的作用方式，是使学校系统诸要素、诸环节在互动中形成整体良性运行的结构和功能。在该学者看来，学校变革的动力来自学校系统的内部和外部，而动力要依赖动力机制的运行才能得以呈现和发挥作用，所以明晰学校变革动力机制的功能定位、作用方式、运作机理有助于学校变革的深度推进。学校变革动力机制的功能定位为动力激发、动力聚合、动力维持，学校变革动力机制的作用方式是制度规约、利益驱动、权力赋予、绩效问责。建立学校变革的共同愿景、激发学校变革的正向能量、设计学校变革的实施路径是学校变革动力机制的运作机理。①

也有学者指出，学校变革的动力机制是指影响学校变革发生和发展的诸动力因素及其相互作用的方式或过程。该学者认为，综合互动是学校变革诸动力因素相互作用的方式，差异概念化、概念文化化和文化制度化是学校变革诸动力因素相互作用的过程。②

还有学者对学校变革动力的内涵进行了界定，他认为，学校变革动力是引起或推动学校变革的某种力量或力量的集合。学校变革动力是一个复杂的系统，既包括学校内部发动、赞成和支持变革并努力实施变革的主体动力，又包括学校组织自身所特有的结构、制度和文化等内蕴的冲突所产生的组织动力，还包括由于社会变化而对学校系统提出的新需求所产生的环境动力。③ 在该学者看来，学校变革是一种正向的力量，它推动着学校的变革与发展。为此，该学者提出了学校变革阻力的概念，认为它是一种与学校变革动力在方向上相反的力量或力量的集合，也就是说，它是阻碍学校变革发生与发展的力量。

有学者指出，学校变革动力机制的构成要素主要由变革主体、变革动力、变革对象三个基本要素构成。变革主体指的是学校变革动力的载体或实施者，是存在于学校变革中的利益主体；变革动力指的是推动学校变革发生的力量，也就是影响学校变革的各种因素或因素的集合对于学校变革施加作用并使之改变的力量；变革对象是学校变革过程中一切变革客体的统称。学校变革动力机制表现出连锁性、回归性、复杂性、动态性，渗透着主观因素的客观性等结构特点。在学校变革机制建设的过程中，需要根据学校变革机制的结构特点，协调主体之间的关系、优化要素间的结构和关系、调整动力结构反思及调整变革机制建设的侧重点和针对性。④

综上所述，学校变革的动力机制是推动学校变革的正向力量，它涉及学校利益的相关者，关乎学校人的变革、事的变革与物的变革，是学校变革发生、发展的诸

①　韩晓霞，代建军. 谈学校变革动力机制[J]. 教育理论与实践，2014(11)：28。

②　杨炎轩. 学校变革的动力机制探析[J]. 教育发展研究，2008，28(8)：58-61。

③　孙翠香，王振刚. 学校变革动力：概念、形成基础及系统构建[J]. 教育科学研究，2012(1)：33。

④　范敏. 学校变革机制：构成要素、结构特点与建设思路[J]. 教育科学研究，2012(1)：38-39。

要素以及诸要素之间多维关系的综合互动。

### 3. 学校变革的基本理论

有学者从学校与社会的不同关系模式的角度，尝试把学校变革理论分为三种范型，一是适应与促进理论，二是冲突与批判理论，三是互动与共长理论。① 其他的学校变革理论还有库尔特·勒温（Kurt Levin）的力—场分析理论，钦和贝思（Chin&Benne)的变革理论，标准、市场和学校本位的学校发展理论，组织学习和学习型组织理论等。下面，我们将对其中的主要理论做一个探讨。

标准本位的学校变革理论。这一理论体现在国家和教育政策对学校办学的整体水平开展的评估上，是一种自上而下的管理，它是通过标准化考试的管理来对学校进行的控制和评估。

市场本位的学校变革理论。这一理论由萨伯和默（Chubb & Moe)在 1990 年提出，其基础来自经济学的理论，是一种经济策略，核心是市场通过它自身的特性，能够培养出高效学校所必需的自治。也就是说，学生和家长可以自由选择，市场竞争的压力会以某种方式迫使学校为了变得更为有效而不断发展。如此一来，通过加强学校自主权和家长、学生的选择权，促进学校自治并打破科层制的约束。政府各级各类行政机构仅对其问责、评估和调控。

学校本位的学校变革理论。这一理论的核心是通过学校成员的参与，以问题和人本为导向，实现学校不断改进。它是一种校本管理和改进或学校自主管理的发展过程。学校本位的学校变革理论强调不同的变革切入点，一是个体策略，二是组织策略，三是系统策略。个体策略是通过影响个人来引起学校变革；组织策略是着眼于学校内部来推进学校改进的途径，重点是学校内部的组织发展和组织中各种角色的发展；系统策略把学校作为一个系统的变革，学校系统受教育政策和计划等外在系统的影响，需寻求学校系统同整个社会系统的平衡发展。②

在谈到组织策略时，我们要提一下学习型组织理论。学习型组织理论是由阿吉瑞斯（Chris Argyris)与熊恩（Donald Schon)在 1978 年提出的，即"提出问题—引入

① 杨小微著：全球化进程中的学校变革——一种方法论视角［M］，19～30 页，上海，华东师范大学出版社，2004。

② 张兆芹. 学校变革与发展的理论和策略分析［J］. 教育发展研究，2004(11)：10。

理论—尝试应用—个人反思"四个步骤，以帮助实践者从经验中获得知识，并提出行动学习循环，较重视应用理论和个人反思。彼得·圣吉(Peter M. Senge)是学习型组织理论的集大成者，他认为，推动学习型组织是希望组织能够产生根本改变(profound change)，为此，他提出了"五项修炼"，即自我超越、改善心智模式、建立共同愿景、团队学习与系统思考。可见，学习型组织理论试图解决的是学校变革的动力问题，它是学校本位的学校变革理论的重要组成部分。

### （二）首善教育的学校变革的概念透视

以上我们对学校变革的历史进行了回顾，那么，学校变革的内涵是什么？首善教育的学校变革内涵又是什么？

#### 1. 学校变革的内涵

有学者认为，学校变革"是学校作为一种社会机构和教育组织，在受到外力(如社会转型)或/和内力(如学校自主发展的强烈愿望)的推动下发生的组织形态、运行机制上的更新与改造"①。也就是说，我们所言的学校变革，特指在当代中国教育改革背景下，以一所所学校为单位而主动开展的、自觉的、综合而富有深度的变革，就是我们在当前教育变革情境下可以感知、可以体验的学校自我变革"这件事""这个活动"。②

也有学者指出，学校变革是一个积极的价值探索过程，寻找学校变革的核心价值，并以此为前提定位学校变革的具体价值目标，是实现学校卓越发展的前提。在该学者看来，人始终是学校教育的价值核心，围绕人和人生的主题，寻找我国基础教育学校变革的核心价值，追求、成就每名学生实现美好人生，是基础教育学校变革的最终价值追求，也是新时期我国基础教育学校变革的核心价值目标。③

---

① 杨小微著：全球化进程中的学校变革——一种方法论视角[M]，19页，上海，华东师范大学出版社，2004。

② 李家成. 透析学校变革的复杂性——当代中国学校变革理论建构的起点之一[J]. 教育理论与实践，2006(11)：21。

③ 宋兵波，王琦. 论我国基础教育学校变革的核心价值[J]. 中国教育学刊，2014(8)：8。

　　还有学者认为，学校变革是指学校作为一种独立的社会组织形态，在多种因素的交互作用下，学校组织成员及组织本身所发生的、复杂动态的变化过程及结果，包括学校组织成员在价值观、信念和行为方式等方面的变化以及学校组织在结构、功能、运行机制及组织文化等方面的变化。[①]

　　我们认为，学校变革是在我国基础教育从"有学上"向"上好学"转型的背景下，以学校文化积淀为灵魂，以学校的特色发展为战略选择，以学校的内涵定位为关键，在学校自主发展的强烈愿望的推动下实现学校人才培养质量的改进与提升，从而促进每位学生的健康成长。

### 2. 首善教育的学校变革的内涵

　　对于什么是首善教育，在前面的章节中我们进行了一定的探讨，简言之，即"三首""三善"和"三维路径"。"三首"即首先、首要和首创。所谓首先，即"立德为先"，也就是把道德的建设作为首善教育的先行之旨；所谓首要，即"树人为要"，也就是把个人核心素养的培育作为首善教育的重中之重；所谓首创，即"创新为魂"，也就是把超越自我、不断创新的精神作为首善教育的核心追求。"三善"即善心、善学、善治。所谓善心，即"育人以心"，把育人的事业做到每个孩子的心上，心善则一切善，心能则一切能，此为首善教育的育人之根；所谓善学，即"达人以学"，会学则能学会一切，善学则能学得一切，如此方能成人，此为首善教育的育人之要；所谓"善治"，即"群人以文"，以文化凝聚社会，以文明和谐社会，此为首善教育的育人之本。"三维路径"即对于学生、学校和区域而言实现首善教育的三条路径：基础教育＋个性特长、质量＋特色、公平＋优质。

　　鉴于首善教育的思想意蕴，我们将首善教育的学校变革的内涵界定为：在首善教育理念的指引下，通过"基础教育＋个性特长""质量＋特色""公平＋优质"三条路径，以学校文化积淀为灵魂，以学校的特色发展为战略选择，以学校的内涵定位为关键，将"立德为先""树人为要""创新为魂"贯穿学校变革始终，在学校自主发展的强烈愿望的推动下做到"育人以心""达人以学""群人以文"，实现从"有学上"向"上好学"转型，从而促进每位学生的健康成长。

---

　　① 孙翠香，王振刚. 学校变革动力：概念、形成基础及系统构建[J]. 教育科学研究，2012（1）：33。

**3. 首善教育的学校变革的理念**

基于首善教育的学校变革的内涵，我们不难看出，首善教育的学校变革具有以下四大理念。

第一，首善教育的学校变革必须坚持立德树人。立德树人是学校变革的根本目的，立德树人是我们国家的育人模式，也应是我们国家的课程模式、教学模式。无德的教育就不是真正的教育，为此，学校变革要超越知识，更要超越分数，牢牢指向人的发展。立德树人是学校变革的根本任务，也是教育改革的根本方向，"它重视的是以知识、技能为中介，为载体，从知识中生长起良好的思想品德，生长起智慧；重视以思想品德来关照知识、技能，让知识的学习、技能的训练有魂有根，把知识转化为智慧，让技能体现道德意义"①。

第二，首善教育的学校变革必须坚持文化育人。《周易》认为，"刚柔交错，天文也。文明以止，人文也。观乎天文，以察时变。观乎人文，以化成天下"。"刚柔交错，天文也"意指天上的日月星辰刚柔交错，泛指自然界之美；"文明以止，人文也"则指在中国传统文化看来，能否"观乎人文以化成天下"是人类世界与动物世界相区别的根本标志，因此说"文明以止"。首善教育的学校变革中文化育人的理念就是要做到"育人以心""达人以学""群人以文"，从而达到"善"的境界。

第三，首善教育的学校变革必须坚持特色发展。《国家中长期教育改革和发展规划纲要（2010—2020 年）》（以下简称《纲要》）指出："树立以提高质量为核心的教育发展观，注重教育内涵发展，鼓励学校办出特色、办出水平，出名师，育英才。"可见，《纲要》强调的就是学校的特色发展，这也是学校变革的目标之一。为此，首善教育的学校变革在特色发展上要把促进人的全面发展、适应社会需要作为衡量教育质量的根本标准，把提高质量作为学校变革发展的核心任务。

第四，首善教育的学校变革必须坚持创新为魂。学校变革的历程是不断发展的历程，也是学校不断超越的过程，它蕴含着超于自我、不断创新的精神实质。当前，基础教育正处在从"有学上"到"上好学"的转型时期，经济社会发展对高质量多样化人才的需要与教育培养能力不足的矛盾、人民群众期盼良好教育与资源相对短缺的

---

① 成尚荣. 以立德树人统领教学改革[N]. 中国教育报，2015-01-14(06)。

矛盾、增强教育活力与体制机制约束的矛盾依然存在，唯有坚持创新，才能促进学校的变革，同时为学校变革提供强大动力。

### (三)基础教育发展的时代抉择

早在 2002 年，叶澜教授就对学校变更中存在的问题一针见血地指出："在我看来，当下存在的最主要的问题是教育界还缺乏对当今社会变革的深层把握，缺乏在此深层把握基础上对世纪初学校变革核心问题的整体式认识和策划，多了一点对时髦的追逐和赶潮的心态，多了一点喧哗和浮躁。"①为此，要全面把握好社会转型期的学校变革，就要顺应时代的需求，并做出学校变革的时代抉择。

#### 1. 基础教育的发展趋势

上海市教育委员会原副主任尹后庆在谈到如何构建新型的适应未来经济社会发展需要和人的健康成长的现代化的基础教育时，提出了必须推动和实现基础教育的五大转型：在教育价值上，突破对功利价值的过度追求，更加关注教育对"人"本身的价值；在教育质量观上，突破以学科知识传授为主的单一的质量追求，更加关注以人的全面而多样发展为特征的全面质量；在培养模式上，突破高度统一的标准化培养模式，更加注重需求导向的个性化、多样化的培养；在教师专业成长上，突破单纯强调掌握学科知识和教学技能，更加注重教育境界和专业能力的提升；在教育管理方式上，突破以行政手段为主推动教育发展的方式，更加注重思想领导和专业引领。② 可见基础教育转型不仅体现在教育价值上，也体现在教育质量观上，还体现在培养模式上，更体现在教师专业成长与教育管理方式上。可以这样讲，这五大转型，也是基础教育发展趋势的集中体现。

#### 2. 当下学校变革的基本走向

20 世纪 80 年代以来，我国的学校变革为提升学校办学质量做了大量的、有益的探索。尽管这些措施各不相同，但也呈现出一些共同的走向，这些走向主要有以下三个方面。

---

① 叶澜．实现转型：新世纪初中国学校变革的走向[J]．探索与争鸣，2002(7)：12-13.
② 尹后庆著：见证变革——站在上海基础教育转折点上[M]，119～121 页，上海，上海教育出版社，2013。

　　一是变革重心：从外控管理走向校本管理。所谓外控管理主要是指政府和教育管理行政部门对学校的管理。所谓校本管理，指的是以学校为基础的管理，它是基于学校、在学校中、为了学校的管理。学校变革的这一基本走向对于政府和教育行政部门而言，需要推进依法行政，形成政事分开、权责明确、统筹协调、规范有序的教育管理体制，以加大政府简政放权力度、推行清单管理方式、加强和完善政府服务机制等；对于学校来讲，就是要建设依法办学、自主管理、民主监督、社会参与的现代学校制度，做到依法明确和保障各级各类学校办学自主权、完善学校内部治理结构等。

　　二是价值取向：从过度追求功利价值走向关注人的价值。教育是以学生为本的，学生的全面发展理应得到关注。这样，学生健康成长就成为学校变革所追求的重要目标。为此，学校变革要以学生发展为本，更加关注学生的存在与发展，更加尊重学生的个性特长，更加重视学生的兴趣和需要，更加注重人与自然的、人与文化的和谐共生、相互滋养的价值取向应该得到更多的关注，甚至成为现代教育的价值首选。于是学校变革的价值取向就从过去对分数、功名等的过度追求走向了对人的价值的关注。

　　三是变革过程：从科学管理走向文化构建。学校文化是学校在长期的教育实践和与各种环境要素的互动过程中积淀、传承与创造的，并为其成员所认同和共同遵循的信念、价值、假设、态度、期望、故事、逸事等价值观念体系，制度、程序、仪式、准则、纪律、气氛、教与学的行为方式等行为规范体系，以及学校布局、校园环境、校舍建设、设施设备、符号、标志物等物质风貌体系。[①] 而科学管理的理念在于学校被塑造成工厂，教学被定义为标准化生产。学校变革文化构建就是要提升学校教职员工参与学校变革的文化自觉，通过教师和学生的自主参与、自主学习、情感体验，反复积淀、升华，显现出特有的学校变革文化的生命力。

### 3. 首善教育的学校变革与基础教育转型

　　从基础教育的发展趋势我们可以看出，基础教育迫切需要学校变革，学校变革是基础教育改革的落脚点，也是首善教育改革与发展的落脚点。首善教育的学校变

---

① 范国睿. 从时代需求到战略抉择：社会转型期的学校变革[J]. 教育发展研究，2006(1)：4.

革是基于基础教育改革的变革，主要有以下三个方面。

一是文化自觉。文化自觉是对观念和行为的觉悟，是对观念和行为的扬弃与创造，是对观念和行为自主性的生成与确立。[①] 可见，学校变革，是一种学校文化重建，绝不是某一领域、某一局部、某一点的变革，而是整体的学校文化的变革。不断增加学校的文化积淀，才是学校特色发展的灵魂。因此，学校变革中的文化自觉需要把坚持以人为本作为一种行为方式，把反思办学观念和教育行为作为一种习惯，把办学传统作为学校承前启后的一条通道，把教育交流作为吸收世界先进教育理念的一座桥梁，把倡导创新学校文化作为一种职业本能。[②] 为此，要优化课程结构、创新培养机制、完善培养模式，以教育家的精神把文化自觉推入学校变革实践。

二是特色办学。在学校教育发展过程中，学校变革不可能自发的产生，而是需要变革的独特性、预见性、时效性、校本性。独特性在于要有独特的办学思想、独特的办学内容、独特的办学策略、独特的发展道路；预见性在于在全球化和信息化突飞猛进的时代，国际交往的范围不断扩大、频率不断加快，学校变革需要信息化的能力与国际化的视野；时效性在于要及时跟进首善教育的推进步伐，为建设重庆现代化大都市首善之区提供智力支持与人才支撑；校本性在于只有创建特色品牌，以特色求发展，才能使学校在未来竞争中立于不败之地。

三是集群发展。学校变革的目的之一就是实现从"有学上"向"上好学"的转变，这样，"建峰填谷"就成为区域教育改革、实现教育公平的重要任务。无疑，集群发展就成为学校变革的共同愿景。"形散而神不散"，大道无恒、大道归一是集群发展的根本特征。学校变革的集群发展战略要始终以"止于至善"为境界追求，不断追寻"良善"的道德责任担当，追寻"擅长"的专业提升，实践丰富多彩的办学模式，这样，才能实现教育的集群化发展，达到共生成长、优质均衡之目的。

简言之，没有上述三个方面的学校变革，就不能臻于首善，也就不能实现基础教育的改革转型。

---

① 尹后庆著：见证变革——站在上海基础教育转折点上[M]，301 页，上海，上海教育出版社，2013。

② 尹后庆著：见证变革——站在上海基础教育转折点上[M]，304 页，上海，上海教育出版社，2013。

# 二、文化自觉：学校变革的思想灵魂

费孝通先生在谈到文化自觉时认为，生活在一定文化中的人对其文化有"自知之明"，明白它的来历、形成的过程、所具有的特色和它发展的趋势，自知之明是为了加强文化转型的自主能力，取得决定新时代文化选择的自主地位。[①] 对于学校变革来说，文化自觉主要体现在办学过程中思想观念与行为方式的主动选择上，它是学校变革的思想灵魂。

## (一)行为方式：以人为本办学理念的确立

一个理念要成为学校发展的"核心"，关键是必须具备这些基本属性：哲学性——是对办学思想最抽象、最深刻的概括；适切性——契合学校办学的传统、实态和愿景；差异性——具备不同于其他学校的独特之处；统领性——能覆盖学校工作的所有领域；超越性——能够成为脱离时间束缚的"永恒"存在。重庆市第十八中学是原四川省首批重点中学，重庆直辖后首批重点中学，全国教育系统先进集体。学校创建于 1949 年，现包括观音桥校区(老校区)和铁山坪校区(新校区)。学校坚持"树本砺新"的核心理念和"为成就每一位学生的未来服务"的教育宗旨，树本砺新是重庆市第十八中学的办学理念，同时也成为十八中人的一种行为方式。

"树本"，原意为建立根基。引申为遵循教育的基本规律，坚守育人的根本目的，激发学生的生命潜能，使其成人成才、成就理想。学校新校区位于铁山坪之麓，四周绿荫覆盖，大树参天，生机勃勃。"树本"表达了学校借绿色生态之雅境，寄树人育才之衷情；亦表达了学校执着探寻教育规律、努力成就教育伟业的美好意愿。

"砺新"，意为不畏艰难，勤加磨砺，不断进步，不断创生。砺新是进取的

---

① 尹后庆著：见证变革——站在上海基础教育转折点上[M]，314 页，上海，上海教育出版社，2013。

状态和心态，也是六十多年来十八中发展历程的写照，既彰显了学校"持学以恒"的坚定态度，也表达了学校日有所进的不懈追求。

重庆市第十八中学信守"树本砺新"的办学理念，具有学校办学理念的共同特性，即哲学性、适切性、差异性、超越性，既因循规律守正固本，又锐意革新化成大业。这一理念象征着十八中人将在更高的平台上规划办学，潜心探求育人之道、发展之道，不断铸就学校新的辉煌；既明白学校从何而来，又明白学校往何而去。学校提出的绿境文化就是学校办学理念的高度升华。

"绿境"，蕴含着蓬勃的生机、旺盛的活力；"绿境"，意味着科学发展、持续发展；"绿境"，象征着保护与共生的一贯坚持；"绿境"，承载着发展与创新的不懈追求。

绿境文化是学校教育生态的贴切描述——

学校新校区园林风格的建筑设计与自然环境相互交融，形成独特的山地校园景观、浓郁的地域特色和书院氛围，追求人与自然、人与人、人自身的动态和谐。

绿境文化是学校教育实践的厚重载体——

绿境文化作为学校品牌主题辐射教育活动的各个方面，教育活动同时也丰富完善着绿境文化的内涵。绿境文化既是物质的也是精神的，既是历史的也是现实的，既是今天的也是明天的，既是今天仰望的标杆，也是明天应达到的高度。

绿境文化品牌的结构体系如下：

| 品牌结构 | | 内涵特质 | 实施载体 |
|---|---|---|---|
| 品牌主题 | 品牌组成 | | |
| 绿境文化 | 绿色环境 | 原生态的、雅致的、互动的 | 优化办学环境 |
| | 绿色情境 | 和谐的、适应社会的、可持续的 | 提升办学行为 |
| | 绿色心境 | 独特的、纯粹的、卓越的 | 升华办学理念 |

……

学校遵循"为成就每一位学生的未来服务"的教育宗旨，"成就学生未来"是目标，体现了时代性、社会性和发展性。"成就学生未来"主要包括三层含义：一是成就学生的和谐发展，促进学生的全面发展和可持续发展，使学生既会做事又会做人；二是成就学生适应未来社会所需的潜质，教给学生一生有用的东西，为今后的社会生活打下良好的基础；三是成就学生的现在，只有立足现在，才能着眼未来。"成就学生未来"的宗旨是，我们要成就学生适应未来社会所需的潜质，其落脚点就是成就学生的现在，即立足现在，面向未来，培养能适应未来社会生活的人。

"服务"是落实理念的关键，它体现人本性、平等性和责任性。一是为发展学生的文化知识和技能服务，二是为挖掘学生的潜能和创造力服务，三是为铸造学生的精神和人格服务。从形式上看，提出"服务"理念，一是恢复了教育原本的平等性，改变了以往教育者高高在上的姿态；二是主动追求学校教育的科学化、规范化，以更先进的现代学校管理理念开展教育；三是体现在每一个教师教育教学的每个环节。人人服务到位，个个恪守服务规则，奉献出优良的服务成果。"服务"的宗旨，是贯彻"成就学生未来"的关键所在，是十八中对学生和家长利益的保障，是十八中对国家、社会、老百姓做出的主动积极的响应。

"每一位"是范畴，体现全员性、大众性、公平性。一所好的学校，不是靠一两个尖子班打造的品牌，而是整体教育水平的提高。"每一位"的含义，一是使每一位学生都能得到教师的关怀、尊重和重视，而不是某些优秀学生才能享受到特权。二是使每一位学生在学业、个性、特长等方面都能得到全面发展。三是使每一位学生都能在生动的课程、丰富的校园文化、多元的评价机制中感受到快乐和成功，让学校成为有人文魅力和独创精神的学校。"每一位"的宗旨就是，每一位教师不放弃每一位学生，并充分发展每一位学生。

"为成就每一位学生的未来服务"这一办学理念，总的说来，就是：第一，着眼未来，立足现在；第二，面向大众，服务学生；第三，生生平等，人人发展。我们深信，十八中教育的最大魅力就是让每位学生拥有希望，十八中教育的最大功能就是使每位学生分类推进，十八中教育的最大使命就是为每位学生的未来奠定良好的基础。

学校文化的生命力，就在于其深刻、丰富且独特的战略个性，而要建立起这种战略个性，首要前提就是必须确立鲜明而校本化的核心理念。只要我们真正确立了科学的核心理念，并将其作为贯穿学校所有办学思想的红线，再辅以执行系统的完全跟进与物质形态的完美展现，使办学的理念、行为和环境建设形成完整的"价值链"，那么学校文化就必定会具备鲜明的战略个性，就必然会建立起独具魅力的品牌形象，从而使学校整体文化力得以提升。

鲤鱼池小学是一所闻名全市的书画艺术学校，书画是其特色。但有特色不等于有文化，特色也不等同于文化。为此，他们凝练出"让教育充满氧气，让学生自由呼吸"的办学理念。

★文化凝练：想透教育的根本，落脚课程建设

鲤鱼池小学在凝练学校文化时，这样逆向思考：学校不是鲤鱼缸，圈养着学生；教育不是鲤鱼池，使学生成为一潭死水；同时也这样正向思考：学生是鲤鱼，他们的鲜艳活泼是因为有足够的氧气，他们的美丽多姿是因为自在畅游、自由呼吸。所以，鲤鱼池的文化理念就是一句话："让教育充满氧气，让学生自由呼吸。"

文化理念必须落地，需要再次回到"鲤鱼池"。鲤鱼池用什么样的水养什么样的鱼？教师是水，课堂是水，课程是水；这些水，是清澈的，是充满氧气的，是经常更新的，是能够让鱼儿自由地吐纳呼吸的天堂。其中，课程不仅是源头活水，也是鱼的食物，更是氧气。新课程改革中的课程建设的总体追求是校本化。一是国家课程校本化，即对国家课程进行二度开发，实施"学科内整合"，进行单元内容的调换或重组、链接。二是开发精品校本课程，按照艺体类、文化类、品德类、科技类、实践类五个领域逐项推进，每个领域打造1~2种精品校本课程，形成与"2+2"、课程辅助活动融为一体的校本课程体系。

★文化生根：认清教育的路径，追求"氧吧"课堂

教育的氧气和学生的呼吸主要体现在课堂，课堂应该成为"氧吧"。因此，建设"氧吧"课堂既是文化追求的生根之处，也是贯彻全市"卓越课堂"建设计划的具体行动。"氧吧"课堂有三个标准。一是"吸氧"需求：点燃学生兴趣点，找准学生症结点，即从问题性学习情境中，发现学生的兴奋点，暴露学生的困惑

点。二是"吸氧"方式：自学有目的，讨论有深度，发言有价值，使学生的学习行为不是演戏，而是体验和思考。三是指导"吸氧"：发现及时，点拨到位，方法成型，使教师对学生的学习信息收集敏锐、扩展有度、提炼有方、评价有力。这就是"氧吧"课堂的三维标准，让学生在课堂的"氧吧"中自由地呼吸。

打造"氧吧"课堂，关键是教师要"识个体、知大体、明进退"。"识个体"，就是要研究学生的个体差异；"知大体"，就是掌握学生的群体差异和班级的学科学习面貌；"明进退"，就是要从"满堂讲""满堂问"中退出来，并在"精要讲""如何学"等方面钻进去。为此，学校重视教师研究能力，加强校本研修，构建了"三阶段七环节"校本教研模式，开展了多层面、多样化的校本教研活动，总结推广了"学生立场、作文有效教学、中小幼衔接、教学与实践"等多个优秀教科研成果。

······

可以看出，鲤鱼池小学的"让教育充满氧气，让学生自由呼吸"的办学理念在诠释着"有氧教育"的深刻内涵。什么是"有氧"，什么是"有氧教育"，如何实施"有氧教育"已成为指导学校高品质发展和教师专业发展的重要途径。不断完善"有氧教育"的目标和路径，并把它融入学校工作的方方面面，已逐步成为学校高品质办学追求的文化符

图 2-8　华渝实验学校与重庆市教科院合作办学

号，是学校办学追求"止于至善"的具体体现。在"有氧"的文化浸润下，办学的方向更加明晰，实施路径更加科学。甚至可以这么说，核心理念的确立，是学校文化战略建设中最核心、最重要的工作。重庆市教科院华渝实验学校就是把"生命从此更精彩"作为办学理念的，以此构建育人摇篮，彰显育人魅力。

重庆市教科院华渝实验学校，是我区的一所新型学校，学校建校近 60 年。2012 年 8 月，华渝实验学校、南桥寺小学、石盘小学整合而成为重庆市教科院华渝实验学校。

合并之后，学校提出以"生命从此更精彩"为办学理念，学校把"精彩"作为华渝人的生命追求，把"精彩人生"作为华渝人渴望和向往的生命状态！在学校发展过程中，紧紧围绕文化建设主题，构建符合"精彩人生"的校园文化。

★ 精彩校园·构建育人摇篮

不了解华渝实验学校的人，走进校园就会觉得奇怪，怎么这个学校到处都是国防教育的影子，四个楼层的学生活动厅分别设置为海、陆、空、二炮四个展厅，并配置了舰艇、飞机等相应漂书台？宣传栏里还有学生的军衔晋级。《重庆时报》也曾报道：这个学校有点怪，人人实行军衔制。

……

这，正是华渝实验学校校园文化建设的独特之处。

该校由军工子弟学校转制而来，国防教育是该校特有的办学特色。以国防为重要设计元素贯穿校园文化建设主题，阐释现代国防最重要的核心——民族文化的自觉，民族心灵的操守，进而构建精彩校园，是学校校园文化建设的重要思路。

于是，在花园式校园，你会看到这样一些精彩的校园景观：

学校有一面校赋墙，准确诠释着学校的历史传承、办学理念、办学特色，儒雅诗意；

大型运动组合雕塑，形象地演绎着"精彩人生"的内涵；

"生命从此更精彩"的英文雕塑，国际现代；

精彩厅里"一路载誉"主题墙续写着"精彩生命"的华彩荣光；

格润厅内"百年树人"的主题雕塑，形象地阐述着"润泽生命"的春风化雨。

结合学校的国防特色，各个班级都配有国防特色展示栏，协调统一，又个性张扬；

四个楼层的学生活动厅分别设置为海、陆、空、二炮四个展厅，生动简介，并配置了舰艇、飞机等相应漂书台，充分体现了智慧的华渝人对于现代国防之根本——文化国防的理解与创新。

……

这些是华渝实验学校建设"精彩校园"的一个缩影，其国防气息浓郁，彰显了学校特色。

★精彩文化·彰显育人魅力

学校紧紧围绕"生命从此更精彩"的办学理念，传承国防教育精髓，深化校园文化内涵。

国防文化不只是生硬冰凉的兵器文化，它更是一种阳刚与温情相结合的人文文化。在特色国防文化活动创新方面，学校长期坚持，持之以恒，把国防文化深深地扎根于学生心中。比如，编写国防教育校本教材、"热爱科学 心系国防"国防军事模型制作大赛、"国防在我心"校园电视台主题节目、军事知识普及与竞赛；"我是小小兵"大课间站军姿、做军体操，午间十分钟"军歌嘹亮、唱响校园"；"红星闪闪我最亮"评星活动、"颗颗红星放光彩"星级示范班评比活动、"不想当将军的学生不是好学生"军衔晋级制、军歌常态化、军体操专题化、军训学段化、军队联谊持续化，形成了特色鲜明、体系完备的"国防教育特色"。这些活动培养了学生强健的体格、坚毅的品格、理想的人格、阳光的性格，促进了学生优秀民族品质、时代精神与个性品质的和谐发展。

文化不仅是看得见的外显的物质环境，更是看不见的内隐的精神气质。大道无形，在于浸润。江北区培新小学立足于学校的历史传承、现实状态和未来追求，通过开展经典教育活动，在传统文化、国学教育、经典诵读教育活动中提炼出学校"精培细育新苗美"的办学理念文化系统。

办学理念——精培细育新苗美，源于立校之教育理想和孩子成长的规律，也是对学校校名的高度概括诠释。

校训——知书达礼，是广大师生共同遵守的基本行为准则与道德规范，集中反映出学校的办学宗旨和历史传统，体现了学校的文化追求和精神风貌，亦是学校长期坚持的国学教育的目的和结果。

教风——谦恭儒雅，体现学校教师谦虚恭敬，待人谦和有礼，对事业敬畏真诚。同时体现出学识深湛，气度温文尔雅。

学风——友善聪慧，体现学校学生品格纯真，是传统礼仪文化的形象大使，友善对待他人，友善对待自然，友善对待社会。

校风——和美大气，意思是为人有胸怀，有教养；处事有能力，有办法；精神有理想，有追求。

办学目标——经典校园。学校以复兴中华文化为己任，大力弘扬中华文化、中华美德，积极深入开展国学教育经典诵读活动，恒心持久、人人参与、内容丰富、形式多样、方法恰当、效果显著、影响深远。

文化主题——经典润心气自华。学校广泛开展国学教育活动，经典诵读传唱活动，用优秀的传统文化、红色文化丰富我们的学识，拓展我们的视野，洗涤我们的思想情感，淬炼我们的精神意志，激发我们的理想激情，如春风化雨般浸润心田。

……

每个学校都有自己的文化理念，是否切合学校实际，是否和办学追求一致，则不尽然。培新小学，作为一个有着"国学教育"传统的学校，所提炼出的"精培细育新苗美"的办学理念既切合学校实际，又和办学追求高度一致，体现了学校坚持以人为本的行为方式，彰显了文化自觉。

## （二）百年流韵：办学传统的承前启后

学校变革的文化自觉是对学校办学传统的诞生、形成、延续有一个清醒的认识，这种自知之明就是要在对学校文化继承与扬弃的基础上，知晓未来学校办学的自主能力与自主地位。

江北区鱼嘴地区是江北区的农村地区。1905 年，鱼嘴镇中心小学诞生；1963 年，鱼嘴镇龙胆完全小学应运而生；1972 年，川江实验学校开办。鱼嘴中心小学、龙胆完全小学分别下辖四五个村小。由于地域偏、规模小、条件差，三校在历史的发展中特色不够鲜明。2010 年 5 月 7 日，国务院批准重庆设立两江新区，同年 6 月 18 日，两江新区正式挂牌成立。随着建设的不断深入和推进，鱼嘴地区高速发展，城市化进程速度加快，鱼嘴已发展成为重庆市的千亿级工业园。经济社会大发展也催生了该地区百姓对教育更多的期待，适应两江新区发展的教育将逐渐成为两江新区未来发展和管理中最为突出的问题，对此，重庆江北鱼嘴教育责无旁贷。2012 年 6 月 27 日，江北区委、区政府创新办学思路，将原鱼嘴镇地区的鱼嘴镇中心小学、鱼嘴镇龙胆完全小学、川江实验学校三所小学合并，成立一所新校，即重庆市江北区两江国际学校鱼嘴实验校。

两江国际学校鱼嘴实验校的学校行政班子秉承"百年流韵，薪火相传，与时俱进，扬弃并举"的十六字方针，把"爱润童心，幸福花开"作为学校的办学理念，提出了"爱育人文，化成天下"的校训，表达学校用爱来润泽教育，对学生进行人文关怀和人文精神培养的办学宗旨，诠释了在爱的浸润下，两江国际学校鱼嘴实验校的桃李芬芳，学生用爱回馈社会，实现个人及社会的幸福、和谐发展。新校确立了明确的办学目标：均衡教育样板（人人享受优质教育，个个实现全面发展，推动地区教育均衡，促进教育民生公平），鱼复教育典范（重塑教育社会良知，发挥辐射带动作用；引领鱼复教育方向，带动地区教育发展），两江教育窗口（与时代进步相协调，与教育变革相共进；服务两江社会事业，支撑两江快速发展），国际教育源地（从小树立国际眼光，从小正确认识世界；从小树立国际意识，从小加强国际理解）。通过不懈的努力，逐步形成均衡教育成就特性，润泽教育彰显特质，国际教育突显特色，艺体教育发展特长的办学特色。两江国际学校鱼嘴实验校的着力树师德，强师能，铸师魂，把"爱育人文，化成天下"的校训作为生命的召唤，用"勤勉务实、润物无声"的教风引领"三声"悦耳、"三习"修身的学风，通过"小手牵大手，村民变市民"的市民素养提升行动及知名企业爱心活动的开展，让每一位孩子在"爱"的润泽下健康成长。

为提高鱼嘴地区的教育质量，推进鱼嘴地区教育的可持续发展，全面助推江北区义务教育发展基本均衡，大力推进江北首善教育，为两江新区的建设做好支撑，江北区政府投入 1.2 亿元在鱼嘴地区重新选址修建，2013 年 10 月建成并投入使用，百年老校从此焕发青春。

学校占地 46 亩，建筑面积 15000 多平方米。现有教职工 95 名，学生 1317 人，教学班 30 个。学校由润爱楼、博学楼、启智楼、学生食堂、体育馆、教工休息室组成，设计规模为 48 个教学班，能完全满足鱼嘴地区适龄儿童的入学需求。学校设施齐备，各类专用功能室俱全：四间音乐教室、一间形体训练室、两间劳技室、两间书法室、两间美术室、两间科学室、三间信息技术室、一间在线演播室、一间藏书室、一间阅览室、一个室内体育馆、一个大型运动场、一个多功能演播厅……基础设施能完全满足一个大型学校各类教育教学活动的需要。优美的校园环境，充满人文关怀的校园文化，为孩子们的未来成长提供了优越的发展空间。

百年流韵，风采依然，百年逢春更芳华。如今的两江国际学校鱼嘴实验校已经成为江北教育的窗口、均衡教育的典范，正以新兴学校的姿态阔步发展于两江新区。这主要体现在以下两个方面。

第一，师德师能大提升。学校现有市级骨干教师 2 名，区级骨干教师 4 名，中学高级教师 4 名，小学高级教师 46 名，本科学历教师 52 名，在读研究生 2 名。在重庆市第九届基础教育论文大赛中，获奖情况如下：一等奖 10 篇、二等奖 14 篇，三等奖 35 篇，获奖等级和获奖数量均居全区前列，学校因此获得重庆市优秀组织奖；在江北区体育教师基本功大赛中，教师斩获一、二、三等奖，学校获得了团体二等奖；在江北区各类赛课活动中，获得一、二等奖的教师近 20 人次。区教师运动会上，学校代表队勇夺团体二等奖。学校还获得"中华魂"（放飞梦想）读书活动优秀组织单位一等奖以及区关心下一代工作委员会颁发的一等奖。

第二，学生素质大发展。在区科技创新大赛中，学生在多个项目获第一名；在区小学生啦啦操比赛中，24 名学生组成的啦啦操队获得二等奖；在江北区中小学生田径运动会中，学校代表队获得二等奖。学校获得江北区第六届中小学生合唱艺术节三等奖，区青少年科技模型大赛团体二等奖。学生徐慕林被评为江北区 2014 年"百名身边好人"——"身边最美少年"之一。在区级以上的各级活动及竞赛中，获一等奖的学生 21 人次，二等奖 38 人次，三等奖 52 人次。

### （三）变革动力：创新文化的持续熏陶

学校变革要把创新文化作为校园里的一种基本价值取向、一种行为方式、一种人格特征。唯有如此，学校师生员工才能形成追求卓越、变革创新、不断完善的进取精神。

新村实验小学（以下简称新村小学）是江北的传统名校，在20世纪八九十年代是江北的重点学校。可随着历史的发展，新村小学受地域及办学条件的限制，学校发展面临极大的压力。无论是场地，还是校舍设施，均赶不上当时新建的鲤鱼池小学和改建后的华新小学，这无疑给新村小学的办学地位带来极大的冲击。怎么办？学校依靠创新文化，并将其作为学校变革的持续动力，全力创建了重庆市示范校。

经过痛苦的抉择后，学校在已有的基础上加快发展速度，确立创建"一流学校"的目标，即"教师队伍一流、学校管理一流、教学设备一流、教学质量一流"。以"立足实用，适当超前"为指导，负重自强，加大投入，自筹资金180万元，贷款240万元，高标准地完成了"七室三系统"的建设。学校又贷款200万元，筹集资金120万元，修建了标准儿童游泳池、六百多平方米的大礼堂，于2000年，成功创建了重庆市示范校。从此，新村的发展驶入了快车道。2001年，与江北区教育学会联合创办"重庆江北双语实验小学"（公办民助），该校从一年级起，在非语言学科内采用英、汉两种语言进行教学，以形成良好的英语学习环境和氛围。"新村"和"双语"一体两翼为学校的发展插上了奋飞的翅膀。

在开展"双语实验"之后，经过六年的辛勤耕耘，新村的名声逐步扩大，在市区形成了很大的影响，社会反响极为良好，学校门庭若市。优质教育资源已不能满足社会的需求。怎么办？还是依靠创新文化。

新村小学要扩大优质资源，仅依赖学校本体的资源显然严重不足，怎么办？唯有创新体制，走向社会。2007年9月1日，在区教委的支持下，新村小学与同创集团合作办学的新校"新村·同创国际小学"如期竣工，时任副市长黄奇帆、市教委有关领导以及四百多名家长光临落成典礼。从此，一校两址，一体两翼的发展格局形成，新村小学通过办学体制的创新，实现了学校的跨越式发展，也找到了优质教育资源不断壮大的道路。

尽管如此，新村实验小学并没有墨守成规、故步自封、得过且过，而是以"队伍高素质、管理高水平、设施高规格、教育高质量"为更高目标，向巴渝名校迈进。

2010 年，重庆市教委组织了市直属校和主城区部分示范校教师教学技能大赛。由市直属校和各区县一所示范校共 12 所学校参赛，参赛学科涵盖小学语文、数学、英语、音乐、体育、美术、品德、信息、科学、综合实践等十个学科。每个学科出一名代表（语文、数学学科 2 名）参赛。

新村小学作为江北区的代表参加了此次竞赛。在这次比赛中，有人说江北新村小学是一匹黑马，始料不及。十个学科 12 名选手，新村小学共取得了 5 个一等奖、5 个二等奖、2 个三等奖的好成绩，团体总分位列第四，重庆市小学教育届为之一震。

这些成绩的取得是新村实验小学长期以来端正办学思想，贯彻全面发展的办学理念，树立基础教育无小科的必然结果，也是创新文化持续熏陶的结果。虽然励精图治之路艰辛，但是厚积薄发之势不可阻挡。新村实验小学书写了新村的传奇，更赢得了新村的尊严，也谱写了江北教育的新篇章。

为了让国学文化浸润每个孩子的心田，培新小学在校园文化建设中以"经典润心气自华"为主题，精心构思，整体打造。各教室、办公室从命名到布置都富含传统文化，每个楼道都彰显传统文化的特色。

在培新小学，你看到的会是："积多斋——财务室""藏草阁——后勤处""至善阁——书记室""至诚轩——校长室""与众厅——会议室""墨彩堂——美术室""启智轩——实验室""力行居、知信斋、丹枫雅社——办公室""集美馆、翠竹苑、博雅室、百草堂、翰云屋——教室"……

这样的构思和布局在培新小学无处不在：

五彩的"剪纸墙"——这是一大壁堡坎墙壁，可以做点什么呢？培新小学把一个个成语故事镌刻在装饰板上："闻鸡起舞""曹冲称象""岳母刺字""手不释卷""铁杵成针""悬梁刺股""熟能生巧""孟母教子""孔融让梨""凿壁偷光"……既感人励志，又成为学校靓丽的风景。

厚重的"木简"墙——这是面对学校操场的一处墙壁，学校把它装饰为一整面木简，在木简上镌刻了《弟子规》，学生上上下下均会在此朗朗上口地诵读几句。

古香古色的"国学启蒙馆"——走进国学启蒙馆，你就会被它古朴的传统中式气息所吸引，中式的书桌椅凳，古色的书架典籍，桌面上一本本国学经典读物，一套套笔墨纸砚，你一走进，就好像打开了历史尘封的大门，在和传统的历史对话。这里，已成为孩子们最向往的精神乐园。

……

学校特色创新文化内涵在环境建设中慢慢积淀，它用这样的方式悄悄走进孩子的心灵，润物无声，静待花开。

# 三、特色学校：学校变革的战略选择

世界级战略大师迈克·波特曾经说过："一个企业要生存、发展，只有两种战略，一是差异化，二是成本领先。"他把企业发展定位为一个指向"特色"，另一个指向"效益"，这对学校发展定位有重要的参考价值。特色从根本上讲，既不是管理特色，也不是课程特色，而是一种个性化的办学思路及其指导下的实践。① 特色学校一般要经过孕育、渐进，最后到形成的过程。

## (一)特色项目：特色学校的孕育

学校突出的、个别的"强项"或优势被称为特色项目，它是特色学校的孕育阶段。这些特色项目是学校根据培养目标，选出重点，采取措施，予以突破，逐步形成的某一方面的独特风格。

钢锋小学位于江北区大兴村地区，原先是一所厂办子弟学校，后划转到地方由区教委接管。学校场地狭窄，只有几亩，办学条件也较为落后。师资队伍素质不高，多由工人转岗而来，教学质量也不高。在这样的条件下，学校发展的方向是什么？

当时，学校有一名教师比较喜欢剪纸，剪得还比较像模像样。那么何不发挥教师的此项特长呢？于是在 2000 年，学校确立了"以纸工工艺为突破口，培养学生创

---

① 尹后庆著：见证变革——站在上海基础教育转折点上[M]，301 页，上海，上海教育出版社，2013。

造意识和实践能力"的特色办学思路。全校教师精心准备，把剪纸艺术带入课堂，并把剪纸艺术和课堂结合起来，开办"弘扬传统文化，剪纸艺术进课堂"系列活动，构建剪纸校本课程体系，拓展校园学习空间，开发学生创作潜能，通过动手创作让更多的学生享受到民俗文化的魅力。

　　慢慢地，学生变了。在剪纸的过程中，不但学生良好的行为习惯、做事习惯得以培养，学生的观察力、想象力、审美力、创造力和动手动脑的能力等综合素质也有了很大的提高。在学习过程中，学生运用各种方法，学会从课外广泛收集资料，选择和整理资料，培养了勤于探究的习惯和能力，个性得到张扬，同时又受到民族文化的熏陶，获得了美的享受。学生在剪中学、剪中乐，这也是钢锋小学剪纸特色教学的亮点。

　　慢慢地，学校变了。一批批剪纸艺术幼苗茁壮成长，一幅幅优秀作品脱颖而出，多批次学生的剪纸作品源源不断地在全区、全市，乃至全国的各级艺术大赛中频频获奖。各种媒体，如《晨报》《时报》《日报》《晚报》《商报》《少队报》《西部教育报》对学校剪纸特色的多次报道，给予了全体师生极大的自信。一把小剪刀，也可有大作为。

　　2013年，钢锋小学的多幅剪纸作品在重庆市特色学校作品年展中展出，其中作品《抓髻娃娃》被选送到在厦门举行的全国少儿艺术作品展中进行展出，并荣获国家教育部一等奖。2014年，15幅剪纸作品在重庆市美术馆展出，其中有一等奖作品2个，二等奖作品5个，三等奖作品8个，其中一幅作品《春回大地》被重庆市美术馆荣誉收藏。2015年，学校剪纸作品再次在重庆市美术馆展出，获得广大专家、领导以及家长的一致好评；4月，学校学生参加了区委宣传部举办的"老少共画中国梦"书法绘画艺术活动，充分地展示了学校的剪纸特色艺术。

　　钢锋小学的实践告诉我们，教师的特长是特色项目选择的依据，这样，才能通过教师的特长培养出具有特点的学生。钢锋小学的多幅剪纸作品的展出或获奖，说明一把小剪刀，也可有大作为。可见，特色项目是特色学校形成的基石。

　　江北区港城小学成立于2009年，由原溆澜溪小学、白云小学、卫国村小学合并组建而成。多年来，学校遵循"以特色兴校，促全面发展"的办学方针，坚持走以跳绳为切入点的体育兴校之路，形成了诸育并举、全面育人、特色兴校的办学模式。"跳绳"运动一直以来都是学校的一大特色、亮点。

2014 年 5 月，在香港举行的世界跳绳大赛结束，来自重庆的段中飞同学获得 15 岁以下组第一名，并获得"世界跳绳大师"的称号。段中飞何许人也？他是重庆市江北区诚善中学的学生。消息传来，诚善中学欢呼雀跃，全校师生为之振奋。在不远处的港城小学，全校也一片沸腾，因为段中飞是港城小学培养出来的跳绳人才。

像段中飞这样的跳绳高手，在港城小学有很多：

2009 年，学校获得重庆市小学生跳绳比赛团体第一名，2009 年获得江北区"健康杯"跳绳比赛团体第一名。2011 年，学校参加全国跳绳公开赛获团体总分第一名，2012 年，学校参加全国跳绳公开赛获团体总分第二名，2013 年，学校参加全市跳绳公开赛获团体总分第一名，2014 年，学校在第七届跳绳亚洲锦标赛上取得一金两银的好成绩；同年，学校以跳绳为基础编排的"猴趣"节目在2014 年第七届"小荷风采"全国少儿舞蹈大赛上获得"小荷新秀"银奖。

……

"绳"彩飞扬是港城学校确立的特色方向，为此，学校专门成立了特色校园创建工作领导小组，并建立了由多个部门分工合作的工作机构。学校坚持校长领导、特色工作办公室分管、教研组长具体抓的三级管理体制，做到工作落实、管理到位。

让每个学生都跳起来，让每个学生都健康起来是港城小学跳绳特色建设的目标，具体实践方式如下：

每天 30 分钟的大课间开展一系列的跳绳活动和绳类游戏；

每堂体育课中都有 5～10 分钟的跳绳活动；

每周五的"2＋2"活动也开展跳绳这一活动项目；

每年学校要定期举办一次跳绳运动会。

学校师生共同参与，人人有跳绳，人人学跳绳，人人爱跳绳。跳绳这项活动已经深入到师生们的校园生活中，"绳"彩飞扬已经成为校园里一道亮丽的风景线。

洋河花园实验小学的学生创作了近千幅高质量的少儿水墨画作品，其中作品《同学》《生活》获 2010 年教育部一等奖，作品《老人》获 2010 年重庆市群星奖一等奖，作品《工地》获 2013 年教育部一等奖。学生每年参加重庆市中小学艺术展演活动，多幅绘画作品荣获一等奖。同时，学生的水墨作品分别在市内多所特色学校、重庆市图书馆、重庆美术馆、四川美术学院、上海美术馆、厦门美术馆等展出，获得了较高的评价。

　　一方小天地，艺术教育却在全国如此有名气，都是因为一个人——齐亚宏。齐亚宏是学校的专职美术教师，他默默研究、扎实教学、勤于反思，潜心坚持儿童水墨教育的研究，取得了令人震惊的成果。学校在各年级开设国画课程，成立了阶梯形国画小组，每周开展三次绘画活动，并在校园里开辟菜地，种上各种时令蔬菜，让美术组孩子们观察写生；放学后带领学生到校园后山坡写生，感受大自然的气息。寒假，带领学生去中山古镇写生十天，体验老街吊脚楼的建筑特色……丰富多彩的各种艺术采风、写生活动，引导儿童走近生活，观察了解美的事物，激发起他们的表现欲望。

### （二）多项特色：特色学校的渐进

多项特色是特色项目的集合，它是由不同的特色项目组成的，而这些项目通过优化、组合，就形成了学校某一方面的特色，这就是学校特色。学校特色是指学校办学过程中所具有的某一方面或几方面的特色。可见，"学校特色"是学校比较单一的某个方面，是可以不断变化的，是初级形态的，是较低层次的概念。也就是说，它昭示着特色学校形成的渐进过程。

江北区港城小学跳绳成绩有了，可如何深入发展下去呢？经研究，学校决定创新思路，从"绳彩飞扬"走向"绳舞飞扬"。

　　学校成立花样跳绳校本课程开发小组，以体育教师为主，开展花样跳绳校本课程研究，编制花样跳绳训练方案，每周开设一节花样跳绳校本课程，教师普遍参与，并组织学生建立校级、班级花样跳绳运动队，形成规范的各级花样跳绳运动队。

　　结合学校的跳绳特色，学校还积极将跳绳元素创编于艺术节目中，编排了很多花式跳绳表演套路和文艺节目，收到了奇效。例如，以跳绳为基础编排的"猴趣"节目在2014年第七届"小荷风采"全国少儿舞蹈大赛上获得"小荷新秀"银奖。

花样跳绳在重庆市庆祝"五四"青年节"青春红歌会"、重庆市大中小学生广泛开展跳绳活动启动仪式、2011年全国学生阳光体育运动展示活动、第三届重庆市舞蹈比赛、重庆市春节联欢晚会、中央电视台"舞蹈世界"节目等活动中进行了展示，受到了广泛的称赞。

2011年5月27日，黄奇帆市长等亲临港城小学，在观看了学生的跳绳活动和校园文化后，伸出大拇指说："你们的做法很好，给全市带了个好头！"

教育部体育卫生与艺术教育司时任司长杨贵仁2011年12月16日在调研学校大课间活动时，高度赞扬了学校的跳绳活动，做出了"重庆江北阳光体育成效显著，港城小学跳绳活动特色突出，值得全国推广"的评价。

一根小小的绳子，竟舞出了如此的大花样。

和济小学只有几亩小天地，校园运动场环道也就一百多米，可就是在这样一个小天地里，校园足球却玩出了大世界。学校开展的"校园足球"特色项目获得重庆市

图2-9　校园足球赛蓬勃开展

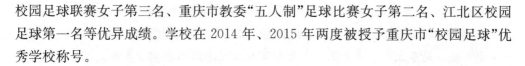

校园足球联赛女子第三名、重庆市教委"五人制"足球比赛女子第二名、江北区校园足球第一名等优异成绩。学校在 2014 年、2015 年两度被授予重庆市"校园足球"优秀学校称号。

　　和济小学在 2011 年被授予校园足球布局学校以来，把"校园足球"发展与学校教育教学活动融合在一起，形成特有的校园足球特色。学校每年开展"校长杯足球联赛""足球绘画展""足球征文""足球明星评比""足球歌曲演唱"等活动；每年元旦开展校园吉利斯活动"颠球大王、射球能手、绕杆能手"以及足球社团、足球夏令营、足球社会实践活动（作为力帆足球队联赛的牵手球童）；在全校各班每周一节足球课普及的基础上让校园足球活动得到广泛的推广，形成了点面结合的良好发展势头。2014 年 11 月以来，内蒙古乌海市教育代表团，重庆涪陵、云阳、江津等多地教育代表团到校参观学习，交流校园足球活动的开展情况。

　　和济小学通过玩转足球，使之成为学校深化素质教育，推动学校发展的突破口。小小足球魅力无穷，它不仅给孩子们提供了锻炼身体的机会，还给学校和家长提供了很多教育孩子的机会，并使其从中看到孩子的性格得到了磨砺，孩子的情商得到了提高。正如家长们所言：

　　　　"看似一项足球运动，却通过各种活动形式培养了孩子各方面的能力，这也是其他教育方式所达不到的。"

　　　　"人的成长，会遇到很多的风风雨雨，只有良师益友无私的指导和帮助，他才会走过一个又一个的坡坡坎坎。我相信足球会伴随儿子健康快乐地成长，感谢和济，感谢教练，感谢老师们。"

　　　　……

　　雨花小学也是我区的一所袖珍学校，学校很小，条件也很差，但却是一所具有悠久体育传统的重庆市体育传统项目学校。学校始终坚持以游泳为龙头来打造体育品牌，创办体育特色，取得了显著的成绩。1984 年至 2015 年已连续 25 届获得"重庆市体育传统项目（游泳）"称号。

　　学校至今已连续 24 年在全校学生中开设游泳课和游泳运动会，游泳课普及率达 95％，每年均进行会游率统计。据统计，雨华小学参加全国、省、市等各级各类游泳比赛多达 84 次，获团体冠军 29 次、单项冠军 345 次，共获得奖牌 896 枚；向专业队、地方队、各大专院校输送游泳人才 190 多人。

近几年学校年年代表江北区参加重庆市运动会、重庆市游泳锦标赛等，并取得优异成绩。尤其是去年，雨花小学作为市级游泳传统项目学校，独立组队参加在武汉举行的全国少儿游泳比赛，喜获 6 金、12 银、5 铜，32 个 4～8 名的优异成绩，为江北区和学校赢得了荣誉，为重庆市赢得了荣誉。

洋河花园实验小学为推进学校"少儿水墨画"特色发展，成立了"齐亚宏儿童水墨画工作室"。这样，"少儿水墨画"就成为学校艺术教育特色的主要抓手。

学校成立了"齐亚宏儿童水墨画工作室"，搭建更高更大的平台来推动学校的特色建设，齐亚宏老师也通过此平台带领更多的教师、学生一起来参与儿童水墨画的研究，让学校的特色教育发展得更好，让更多的孩子在美的熏陶下成长。

### (三)特色渗透：特色学校的形成

特色学校是指在全面贯彻教育方针的过程中和长期的教育教学实践活动中，在学校教育工作的整体或全局上形成具有比较稳定的、区别于其他学校的独特风格或独特风貌的，体现鲜明的学校文化特征，并培养出具有特色人才的学校。[①] 换句话讲，"特色学校"是从整体的角度加以考察的，是相对稳定的，是高级形态的，是较高层次的概念，是"学校特色"的提升。

玉带山小学创新办学理念，走"特色立校，特色兴校"之路，以创办一流特色学校为目标，开展了美术、音乐、舞蹈、科技等十余种课余兴趣活动，使学生的个性特长得到了充分的发展。在创办特色学校的过程中，以科研为先导，坚持普及与提高相结合，开展了"版画进入课堂教学的可行性研究""建设版画校本课程，促进学生综合学习"等区、市级科研课题的研究，人人学习、个个参与，从"面"上普及版画教育，从"点"上深化版画教育，促进了版画特色校园文化的建设，协调了特色教育与

---

① 辜伟节著：特色学校与校长个性[M]，30～31 页，南京，南京师范大学出版社，2004。

基础教育、素质教育的关系。

中国版画家协会原副主席、著名版画家牛文 1998 年儿童节在重庆国画院举办的玉带山版画展座谈会上这样说：

玉带山版画很漂亮，学生、教师、专家都很喜欢，每一张画都有特点。与其他地方的版画相比，不论在题材、内容、表现形式上都有独到之处……教师肯定、鼓励、支持那些形式上有独创性的版画作品，抓住不落俗套、源于生活的题材，让学生的版画生动、鲜活而有童趣。

徐悲鸿夫人、徐悲鸿纪念馆馆长廖静文 1999 年 5 月在北京中国美术馆举办玉带山版画展座谈会上这样说：

看了玉带山版画展我非常惊讶，我对江北特别有感情，抗战的那几年，我和悲鸿都生活在那里（玉带山盘溪），我把那里当成第二故乡。今天在这里看见玉带山小学这么多好的美术幼芽在我的第二故乡破土而出，非常激动，对他们充满了希望。我想是不是当年悲鸿和他所办的中央美术学院以及美术研究员包括当时的张大千、冯法祀、吴作人等人，曾经把他们的艺术灵感洒在了那片土地上。

"拿到任何版画展览上去看都是很好的作品。"中国美术家协会顾问、中国版画家协会主席王琦 1999 年 5 月在北京中国美术馆举办玉带山版画展上这样说：

今天看到玉带山小学出现这么好的版画成绩，心里有说不出的高兴。一是这些作品都来自生活，二是表现的艺术手法很自由、无拘无束，处理黑白、用刀都非常自由、潇洒，特别是形象夸张突出，夸张得很好，显出儿童天然的稚拙感和稚拙气，这种原始的稚拙更有生命力，更有活力。比如，《玉带桥》对建筑结构的夸张真是妙极了，黑白的构成、用刀以及下面水的用笔都非常完整，真是百看不厌，这件作品拿到任何版画展览上去看都是很好的作品。

2000 年 11 月 15 日，欧洲木版基金会董事长博林格女士、会长冯德宝先生来到了玉带山小学。

在玉带山小学美术馆展览大厅里，一行人兴致勃勃地观看着展出的作品，并不断地向翻译问起该校儿童版画的开展情况，当冯先生看到展出的一幅以民间故事为题材创作的版画《老鼠娶亲》时，兴奋地向翻译讲："这幅画太精彩了，我能收藏吗？"在玉带山小学校长的示意下"老外"笑了："清朝末年中国的一幅民间木版画我有了，80 年代山西版画家宁积贤的版画《老鼠娶亲》我收藏了，今天我又收藏了这张玉带山小学儿童版画，在中国我收藏《老鼠娶亲》一百年了……"

一行人还相继观看了玉带山小学儿童版画创作室，并一同收藏了该校具有浓厚的民族特色、充满童趣的版画《时装》《唢呐声声》和藏书票《羊》《课外活动》两张版画的原版。

"小小的年纪，了不起的成就！"

"多么令人惊异的才能与创造力！"

"动人心弦的不只是这些幼小艺术家的想象力，通过他们的版画，更能使人感受到其中所反映出来的卓越文化！"

2003 年 6 月，在英国伦敦举办的玉带山版画展会上，玉带山版画以其独特的魅力让素以矜持著称的伦敦人写下了如此热情洋溢的评语。

十几年来，玉带山小学学生共创作版画作品 5500 余件，教师、学生个个会版画，先后五次在重庆、北京、法国巴黎、英国伦敦举办展览，在全国及省市级报纸、杂志发表作品 525 件，各类获奖 1280 件，14 件作品被中国美术馆收藏。

在版画特色的带动下，玉带山小学在艺体项目和学科教学方面全面开花，科技、拉丁舞、管乐队获重庆市大奖，少儿足球等项目在全国及市区各级比赛中摘金夺银，学科教学质量也跻身全区前列。玉带山小学少儿版画画出了一片天，从少儿版画到各类艺术，再到全面发展，玉带山小学成了教育、教学有特色，育人有目标，管理有创新，成效有突破的学校，成为江北教育特色学校建设的典范。

鲤鱼池小学成立于 1991 年，建校时间不长，才二十多年；但学校一直坚持"书画教育"特色，做到"人无我有，人有我优"的境界。学校在办学过程中遵循"以书画教育为切入点，以艺术教育为突破口，以现代化教育技术为手段，全面实施素质教育"，以"扬艺术特长，求全面发展"为培养目标，并具体落实到"上好课、写好字、画好画、走好路、说好话、唱好歌、做好操、扫好地"的八项行为准则中，在"科教兴校，办出特色"的道路上不断探索。

"以书画教育为切入点，以艺术教育为突破口，以现代化教育技术为手段，全面实施素质教育"，这是鲤鱼池小学的现代办学理念，更是学校的长远发展战略。近年来，学校紧扣时代发展契机，围绕江北区倾力打造"优质教育强区、开放教育特区和特色教育名区"的良好机遇；秉承"扬艺术特长，求全面发展"的育人目标，开拓优质均衡发展的"书画"特色育人模式，坚持培养"快乐而卓越"的教师，注重对学生的心灵进行塑造，传输书香、传播阳光、传递七彩梦想。学校用"爱"诠释教育的全部真谛，全面探索特色素质教育之路，致力于为每个孩子提供阳光的、均衡的、多元的、创新的、看得见的彩色童年，彰显了素质教育的品质内涵和品牌延伸。

走进鲤鱼池小学，爱的教育处处可循：学校坚持"扬艺术特长，求全面发展"的育人目标，把中国传统文化中的书法和国画作为本校特色教育，将"人无我有，人有我精，人精我特"的发展思路贯彻到实际中来，并以此为契机，激发少年儿童强烈的求知欲和表现欲，让教师之爱引导学生之"爱"。如今鲤鱼池小学艺术氛围非常浓厚，师生们的杰作展示比比皆是，书法、国画、水彩，笔力遒劲、功底深厚。浓厚的艺术氛围折射出学校在特色发展上精益求精，教师在培养孩子兴趣爱好上精雕细琢。孩子们耳濡目染，陶冶在中国传统文化的墨韵书香中。

鲤鱼池小学以书画特色为两翼，学校办学水平显著提升，办学规模由 12 个班发展到 40 个班。高效优质的发展得到江北区委、区府的高度重视，2010 年，学校新建了一栋 10000 平方米的标准综合教学楼，该教学楼能够容纳 42 个班日常教学。学校非常注重孩子们的动手能力与创新能力，组织开展了小发明、小制作、小论文、科学实践活动、车模、海模、空模、电脑程序设计、机器人、科幻画等科技活动，并在各项竞赛中屡获佳绩。扬艺术特长，求全面发展，鲤鱼池小学始终坚持以人为本，多元发展，舒展灵性，张扬个性；以现代理念铸就内涵教育，以书画特色描摹七彩梦想。鲤鱼池小学已经不是传统意义上的有书画教育特色的学校，而是一所有着浓郁学校特色氛围和人文气息的特色学校了。

在特色学校发展的道路上，华新实验小学依托科技特色教育，从师资配备、课程建设、科技活动、教育科研等方面入手，全面打造科技校园，实现了学校特色向特色学校的转变。

华新的科技辅导员很多：

有以各级科技教育专家顾问团为指导的专家层面的人员，他们为学校科技教育工作导航引路；

有以王显平（江北区中青年挂牌名师）、龙精明、潘宁等优秀科技辅导员为主体的专职辅导员，在科技创新教育、科普科技教育方面形成教师梯队和团队合作机制，做到人尽其才，各尽所能，取得丰硕成果；

有以全体教职工、家长、社区辅导员为辅的普及层面，形成了科技辅导员在教职工中的全覆盖，并以"大手拉小手"的方式，让科技教育实践活动走进家庭，走进社区。发挥学校、社会、家庭三方面力量，形成科技教育的合力。

学校将课堂作为科技教育的重要途径，配齐科技活动课教师。学校分年段编写了科技教育校本教材，每周安排一节科技校本课，任课教师开展校本教研，边试验，边研究，边总结，不断完善科技校本课程的开发与实施，夯实学生科技素养。

学校开设科技兴趣社团活动课程，如制作标本、动漫创作、航模、车模、船模、环保小实验、机器人制作等活动内容，培养学生的科技兴趣和创新意识。

学校开展科技专长课程，针对各项竞赛需要，充分利用学生课余时间，开展专项活动训练；开设生物试验、社区调查、小制作、四驱车制作、机器人制作、航空（海）、无线电测向等项目。活动课形式多样、内容丰富，充分调动了学生的积极性，培养了学生动手、动脑的能力，培养了学生的创新精神和创新能力。

学校开设科技教育实践课程，组织丰富的科技校外活动。教师带领学生参观科技馆、三峡博物馆、污水处理厂，到缙云山自然保护区，到成熟小区、家庭进行科学小调查，并写出调查报告。学校开展一系列丰富多彩的科技活动、综合实践活动等，通过这些活动，大大提高了广大学生的科技素质和动手能力，掀起了全校学科学、爱科学、用科学的热潮。

学校处处有科技教育的印迹：在校园文化的建设中，校红领巾广播站、阳光电视台、学校网站、宣传窗、班级墙报等，都为学生提供了科技教育的活动舞台。学校还开辟了"科技长廊"，在班级设立了"科技园地"，定期展出学生的优秀科技作品，气氛的有效烘托，给教师和学生提供了不断投入到科技实践的原动力。学校每年定期举办校园科技节，科技节里的各种竞赛活动强调趣味科普，如"小巧手比赛""小发明比赛""金点子发布""科幻绘画比赛""网页设计评比"等，都是学生喜闻乐见的实践，参加率达100％。学校还将学生参与科技技能的运用掌握情况作为评价考核学生参与"实践大课堂"活动的重要内容。

……

正是由于华新实验小学的科技教育的办学特色，近年来，华新实验小学共有6名学生先后获得重庆市青少年科技创新市长奖或市长提名奖；有11名学生荣获江北区青少年科技创新区长奖或区长提名奖。在国际奥林匹克机器人中国区选拔赛中，作品《海滨浴场救助机器人》获金牌一等奖；在二十三届中国青少年科技创新大赛中，作品《英语辅助教学机器人》获"创造发明"一等奖；学生创意机器人作品先后多次获得重庆市青少年机器人竞赛一等奖，并代表重庆赛区参加全国比赛。

# 四、集群发展：学校变革的共同愿景

集群是特定领域内联系密切的产业在空间上的集中并由此带来范围经济和规模经济的机构的集合，是其空间组织结构的一种表现形式。可见，集群发展是特定领域内联系密切的产业的共同发展。对于教育而言，学校的集群发展是教育均衡发展的内在要求，它是共同发展、分类发展，而不是限制发展；是特色发展，而不是整齐划一发展；是持续、整体的发展，而不是短期、单一的发展。学校集群发展通过教育资源的均衡配置，办家门口的优质学校，其目的是满足广大人民群众日益增长的优质教育的需求。学校集群发展主要有集团化办学、联盟化学校、捆绑型学校等形式。

## （一）集团化学校美美与共

在江北，集团化办学主要有紧密型发展与松散型发展两种形式，尽管形式不同，但都使得集团化学校达到了美美与共的境界。

### 1. 紧密型发展

紧密型发展可以概括为"1＋N"的隶属模式，即同一法人模式。重庆市示范校的华新小学与福宁村小学、江北窗口学校的洋河花园实验小学与头塘小学，就形成了紧密型的集团化办学共同体。华新小学将以科技教育特色为统领的全面教育质量的提升与福宁村小学以烙画为特色的特色学校建设结合起来，成为江北名校与弱校共荣共生的代表。洋河花园实验小学以重庆市教师专业发展样本建设为代表的综合优势资源与头塘小学重庆市少儿美术艺术学校的特色扬长补短，互相促进，整体提升了各自学校的知名度和美誉度。重庆八中与宏帆八中、巴蜀中学与鲁能·巴蜀中学，以及即将投入使用和正在规划中的"北大资源·鲤鱼池小学"和"御龙天峰·十八中"等民办学校业亦成为或即将成为名校办民校的成功典范。

2013 年，洋河花园实验小学与头塘小学成为江北区 5 对 10 所集团化办学校点之一，创建了促进融合发展的协同创新机制，在统一管理策略、统一设施配置、统一课程规划、统一教师待遇、统一教研活动、统一师资培训、统一质量监测、统一评价激励等方面构建了"一体化"机制，实现了从"资源共享"到"机制创新"的发展，提升了江北教育的均衡化水平。校区间"同质异彩"的发展趋势明显，洋河校区成为重庆市教师专业发展的样本学校，头塘校区成为重庆市少儿美术基地学校。

集团内校区间实施了"调整师资结构式""补短式"与"扬长式"教师交流。教师由"校区人"变成了集团人，最终向"专业人"转化。特级教师、学科带头人、骨干教师相互交流，充分发挥其特长。

**2. 松散型发展**

松散型发展可以概括为"A＋1＋1…"的合作模式，形象说法为"兄弟姐妹"型，即各自法人模式。新村小学与新村同创·国际小学有效地吸收了民间资金，利用新村小学的"双语"教育特色，形成了名校辐射效应，实现了名校办学资源的最大化拓展。鲤鱼池小学与钢锋小学、新村小学与两江国际学校鱼嘴实验校，强校带弱校，资源共享、协同共生，实现了优质教育资源的全辐射。

随着江北教育的不断发展，随着国家及重庆市教育改革的不断深化，办学体制单一、教师来源单一、用人机制不灵活、学校校点布局不合理、校点数量不能满足民众就近入学的要求等一些瓶颈问题凸显出来，江北教育高位发展进入深水区。江北教育只有实施公民办结合的"双轮"驱动策略，才能让江北教育重获生机。随着江北经济社会的发展，新建小区不断增多，小区配套学校建设得到了落实。于是，新村小学与同创国际小区"联姻"，建成了"一校两翼"的公民办结合的新村小学，开启了江北义务教育民办教育的先河。随着新村小学运作的成功，宏帆八中、鲁能·巴蜀等民办初中、高中先后入驻江北，成为江北教育的志愿者和同盟军，壮大了优质教育队伍，实现了办学机制的突破，开启了江北办学体制创新的先河。

一花独放不是春，百花齐放春满园。随着新村同创的不断发展，办学效益日益彰显，学校美誉度、知名度不断提升，盘活了新村小学，同时也给江北教育提供了可以借鉴的样本。2012 年，新村小学与鱼嘴小学；2013 年，洋河小学与头塘小学、华新小学与福宁村小学、鲤鱼池小学与钢锋小学、新村小学与新村同创·国际小学分别抱团发展，实施了集团化办学。这 5 对 10 所学校代表江北集团化发展的聚合模式。

鱼嘴小学由江北名校新村实验小学以集团化的方式整体介入管理，更名为"两江国际学校鱼嘴实验校"。教委从新村实验小学抽调一名副校长到鱼嘴实验校任校长，并从新村实验小学交流一名中层干部、多名骨干教师到学校，将名校的教育理念、管理经验植入新校，实现优质教育资源共享，提高鱼嘴地区教育质量，推进鱼嘴地区教育的可持续发展，全面助推江北区义务教育发展基本均衡，大力推进江北首善教育，为两江新区的建设做好支撑。

学校确立了"集团带动"和"文化立校"的发展思路来推动学校内涵发展：一是把握历史机遇，促进内涵发展，让学校追求"有方向"；二是精心设计内容，认真组织过程，让主题教育"有品位"；三是转移工作重点，强化过程履职，让教学中心"更落实"；四是加强过程管理，注重专业引领，让队伍建设"有成效"；五是勇于实践，加强年级建设，让年级管理"显魅力"；六是精心设计项目，精心组织过程，让亮点建设"闪光芒"。集团总部定期派出骨干教师、优秀教师到校交流，用榜样的力量影响学校教师；以教研组为单位定期送课到校，开展课堂集体诊断，并进行磨课训练，逐步形成教研常态化、培训经常化、研讨深入化。

通过集团化办学的实施，先进办学理念已融入两江国际学校鱼嘴实验校。学校校园文化基本形成，管理水平得到提高；集团引领示范下的校本研修，促进了教师专业能力的显著提升；校际间教师队伍交流机制基本形成，集团化办学优势得到彰显，有效地缩小了城乡办学差距，推动了义务教育均衡发展，实现了城乡学校优质教育资源共享，让更多的群众得到实惠。

此外，江北区集团化办学学校从财务管理、学校制度、教学管理、教师聘任、考核评价等方面构建"一体化"机制，将先进学校的教育、管理理念和优秀师资输入一般学校，发挥优质学校的辐射、带动作用，缩小校际间差距，推动江北教育高水平、优质均衡发展。

### (二)联盟化学校各美其美

教育联盟的发展，整体推动新建学校、薄弱学校的快速发展，达到资源配置效果的最大化。"跨校联盟"对"跨校联合教研"起到了积极助推作用，实现了专家资源、教师资源和教学资源的共享，有效地推进了联盟学校的教研共同体建设，培养了各校的教学骨干，提高了联盟学校的教学质量。教育联盟学校主要通过主题式、项目式合作，共存共融而又各具特色、协同发展。联盟化发展有单项联盟、全面综合联盟等形式。

#### 1. 单项联盟

单项联盟——10所联盟学校孩子的足球梦。为了进一步加强学校的体育工作，实现增强学生体质、提高运动技能和培养人格素养的总目标和总要求，我区行知小学、滨江小学、徐悲鸿小学、科技小学、和济小学、雨花小学、钢锋小学、望江小学、胜利村小学、鸿恩寺小学十所小学组建了跨校体育联盟，通过专家引领、联盟教研、定期互访活动或比赛，整体推动联盟学校体育教学水平的提升，实现了联盟学校孩子的"足球梦"。

十校联盟教学互助活动在北京师范大学(以下简称北师大)专家的关注与推介下，还得到日本知名教育学者佐藤学的密切关注。2015年5月25日，佐藤学在北师大专家的引领下专程到访重庆江北区"跨校体育联盟"，参加了由和济小学足球教练王秋雨在滨江小学执教的足球课，还为联盟学校孩子足球友谊赛开球。他提出的"尊重每个人的差异，构筑相互学习的关系，让每一堂课都能向别的教师和同学公开，每个人的声音都能够得到倾听，使学校成为一个公共的、共享的、民主的和谐空间"的教育共同体建设思想，在同盟校得到了很好的实现。"跨校体育联盟"充分发挥了各校的特色，雨花小学的游泳、行知小学的啦啦操、科技小学的田径、和济小学的足球特色等都在联盟中发挥了自身体育优势，起到了资源共享、共同促进发展的作用。

图 2-10　日本知名教育学者佐藤学到江北讲学

### 2. 全面综合联盟

全面综合联盟——异彩纷呈的主题式教研。寸滩实验学校以加强合作、促进交流、提高质量、共谋发展为目的，与载英中学、诚善中学、鸿恩实验学校等七所学校组成"联盟"，在评价监测、学科联合教研、教学专题竞赛等方面，聚焦问题、联合研讨。

自"联盟校"机构成立以来，根据教师自身的需求和教学中存在的问题，各学科开展了经专家引领的主题研究活动。在寸滩实验学校的杨召丽老师和载英中学的杨晓磊老师执教的八年级"Unit 1 Topic 2 Section C"同课异构上，任课教师汇报了自己的设计思路并进行了认真的反思，陈实老师和与会的教师进行了深入互动。在评课活动中，大家充分肯定了这两节课在课堂中都积极渗透了新课程改革的理念，两堂课的设计都符合课标阅读课的模式。阅读前两位教师都在情绪上、语言上和话题上做了准备，为后面的阅读做好了铺垫。在阅读过

# 第六章　首善教育的课程改革

　　近年来，江北区中小学课程改革取得新的进步，立德树人、特色发展、质量提升、队伍建设的能力不断提升，符合素质教育精神的课程资源不断丰富，学习方式和教学方式逐渐优化。但是，随着教育改革和发展的不断深入，江北区中小学课程建设水平、课堂教学策略与一些地区还有明显差距，部分学校学生课业负担过重、课程资源缺乏、课堂教学方式陈旧等现象还在一定程度上存在，支撑课程改革的考核评价和保障机制还不健全。为深入推进教育改革和发展，促进教育内涵发展，全面提高全区中小学教育教学质量，提升全区基础教育优质均衡发展水平，实现现代化教育首善区建设目标，江北区根据区教委主任马培高"首善教育"思想的教育价值追求，于 2015 年初推动全面深化课程改革，从区域规划、学科变革、学校行动三个层面，对全区的课程改革工作从行政保障到专业支持，提供一系列的支持措施，以求趋近首善教育所倡导的善心、善学和善治。

## 一、致力于"三善"的课程改革区域规划设计

### (一)基于"三善"的区域课程改革目标定位

　　沿着首善的"三善"——善心、善学、善治，我们可以体察到首善教育内在的教育道路和教育风貌，领悟在首善教育下的区域课程改革的根本价值取向和目标定位。

　　**1. 体系构建：追求"善心"的教育情怀**

　　我区区域课程改革第一个目标为：建成适应区域发展的国家课程校本化、校本课程精品化、社团活动课程化的中小学课程体系，形成学习方式多元、课堂教学高效、课程特色明显、课程选择多样的课程文化生态。

　　之所以要拉通国家课程、校本课程和社团活动三条线，构建中小学课程体系，

其一是由于教育应怀揣培育"善心"的教育情怀,导人向善。人在成长过程中,要"召回良心",获得自查自正的自律能力,这需要的不是单纯的说教和纪律的强制约束,而是良好的思想浸润、广阔的实践天地和自身的深刻反省三种经历与体验。对于长期处于学校生活中的学生而言,课程是承载这三重经历和体验的重要载体。学生只有在多维多元的课程文化生态中,才能感受"善"的美好,只有在丰富的体验与经历中,才能形成向"善"的自觉。其二是由于教育应时刻秉持一颗"善心",真正关注人的全面发展,关注每个人发展的多种可能性,以多元和接纳的视角,通过多元的课程文化生态,为每个个体提供发展其个性特长、形成基础能力的路径,实现每一个人的健康、全面发展,以一颗"善心"为每个个体发展提供多种选择。

**2. 以学为本:培养"善学"的价值追求**

我区区域课程改革第二个目标为:扎实推进学科课堂教学研究,聚焦教与学关系的变革,切实改变课堂教学形态,逐步实现讲授和助学的有机结合。学生自主、合作、探究成为学习的主要形式,学生学习主体地位和学习品质得到进一步提升。

之所以如此强调学生的"学",将关注学生的"学"提升到前所未有的高度,是由于教育应坚持培养"善学"的价值追求,从研究有效的教到关注有效的学,真正地以学为本。"善学"即善于学习,强调学习的根本目的在于最终形成能够思考世界、解决问题的能力,强调知识和能力必须依靠学生自己的"学"才能内化,强调亲身实践的学习比单纯的信息加工更加有效,强调学习共同体的文化生态对激发学生学习效能的重要意义,不论是以能力为本的学习取向观和学习过程中的学生主体观,还是学习过程的体验观和学习的生态环境观,最终都指向培养学生学会学习的根本目的,让学生快乐学、有效学、善于学。只有把学生的学习特点、学习方式和学习心理吃透,找准促使学生学会学习的重要锁钥,教与学的关系才能发生转变,课堂形态才能多姿多彩。

**3. 能力建设:指向"善治"的区域统筹**

我区区域课程改革第三个目标为:全面提升校长课程领导力、教研专业人员课程指导力和教师课程实施力。校长成为学校课改工作的领导者、组织者和管理者,教研专业人员成为全区课程理论与教学实践的指导者、监督者和引路者,教师成为学校课程的开发者、实施者和完善者。

强调提高校长、教研人员和教师的能力,最根本的原因在于实现课程改革的"善治"。"善治"在公共服务领域中实际上是政府权力向社会的回归,其过程就是一个还政于民的过程。善治是一个上下互动的管理过程,它强调管理对象的参与,是一个上下互动的管理过程,主要通过合作、协商、伙伴关系,确立认同和共同的目标等方式对公共事务实施管理。贯穿课程改革全程,从教育行政部门到教研管理机构,从学校到基层教师,都始终有一个上下互动沟通的信息渠道,实现上下互动的管理过程。但要实现各类信息的有效整合,最终使各群体期冀的理想状况转变为现实,就必须在理想与实践中构建"能力"这一桥梁。随着桥梁不断地延展、延伸和稳固,各群体、各层级人员的能力也得以提升。现实的课程改革状况是,仅仅提供了上下互动、彼此关联的通道,而没有给予其相应的能力,而要使课改凸显成效,达到"善治",就必须进行课改中关键能力的建设。

## (二)渗透"三善"的区域课程改革主要内容

### 1. 课程体系建设("善学"的基础在于选择适合学生的学习课程)

(1)国家课程校本化

国家课程是国家教育行政部门规定的统一课程,它体现国家意志,是专门为未来公民接受基础教育之后所要达到的共同素质的提升而开发的课程。国家课程注重的是普适性,很难考虑到学校、学生的个别差异,满足多样化的需要。国家课程要面向全国,故容易导致与地方教育需求脱节;面向所有学校,容易与学校办学条件脱节;面向全体学校教师,容易与学校教师脱节,容易与学科发展脱节。校本课程的开发同样包括学校对国家课程因地制宜、因校制宜、因人(学生)制宜的创造性的改编和再开发,这是一个动态的过程。

我区在推动课程改革中,国家课程校本化按照三种途径推进:一是贯彻国家课程纲要和标准;执行国家和重庆市课程计划,开齐开足课程;开展中小学课程衔接教育实践与探索。二是学科课程内部整合,探索教材内容的序列化与重组,实现教学内容与结构的优化。三是在有条件的学校探索跨学科或相关学科课程资源的整合。

(2)校本课程精品化

一是梳理已有的特色课程、选修课程,挖掘和发挥资源优势,有重点、有选择地将其打造成具有本土特色的精品校本课程。二是立足校本资源和学生实际,开发符合学校办学理念和人才培养目标的校本课程。三是更加规范、科学地开设校本课程，逐步达到教学目标、内容、资源、师资、组织、实施、评价符合课程的基本要求的目的，使校本课程成为国家课程的重要补充。

（3）社团活动课程化

一是强化社团活动功能。学生社团活动作为学生自主发展、个性发展的有效途径，是国家课程和校本课程的重要补充。各校要结合实际组织开展社团活动，发挥社团活动的优势，不断彰显育人功能。二是规范开展社团活动。学校要以课程标准规范和完善社团活动，明确目的意义，实施计划、资源保障、制度建设、评价保障，确保社团活动更加规范，体现课程特征。三是提升社团活动水平。各中小学总结和提炼社团活动经验，提高工作水平，重点打造符合学校实际和学生个性发展需要的社团活动，使其成为校本课程的重要内容。

**2. 教与学关系变革（"善学"的标志在于优化学生的课堂生态）**

（1）改变课堂形态

教师以改变课堂教学形态为切入口，着力于提升学生的学习品质。在对学生和学情进行调研的基础上确定教和学的起点，坚持把学法指导和学习效果评估作为教学设计的重要内容，教学过程应凸显以学定教、因学活教等成功理念，使课堂教学形态更加符合教育规律。

（2）提高学习能力

教师以学习策略指导为核心，树立"学本立场"，更加关注和着力于教学关系中"学"的指导，开展基于学校、基于学习、基于学生的小课题研究，探索提升学生学习能力和质量的策略，帮助、协助、辅助学生学习的全过程。

（3）加强学习研究

教师以学习科学研究为抓手，建设"研学"指向的教研文化。校本教研要重点研究学生学习规律，关注学生群体特征和个体差异，在经常性、普遍性学情调查基础上，有序、有效、有力地开展校本教研和区域教研，为教与学关系的变革和优化提供理论源泉和智力支撑。

**3. 课程改革能力提升行动（"善学"的保障在于提升教育工作者的水平）**

（1）提升校长的课程领导力

学校强化以校长为核心的课程领导团队建设，不断提高校长适应课程改革的能力，使其科学制定学校课程建设规划，有效督查课程执行质量，客观评价课程实施效果，促进学校各类课程品质的提升，保障和推动学校课程改革全面、协调、科学发展。

（2）提升教研专业人员的课程指导力

教研专业人员课程指导是帮助教师提高课程理解力、课程开发力、课程实施力的重要保障。江北区教师进修学院加大教研员队伍建设力度，拓宽专业教研队伍成长通道，激发全面深化课改背景下教研指导队伍专业智慧和活力。教研专业人员要主动提升课程素养，掌握课程理论和学习科学本质；进一步强化课程教学、课程整合、课程开发的调研与指导职责，提高分类指导和专题指导水平；开展符合一线教学需求的教研模式的研究和实践。

（3）提升教师的课程实施力

教师是课程目标有效达成的关键，提升教师课程实施力的重点是提升教师的课程理解能力。各中小学和进修学院要深入推进教师课程标准的学习，强化对课程文本科学、创造性地解读，引导教师建构符合课改精神的课程文本理解体系；重视教师二次开发教材能力的培养和提升，指导教师开展基于课程标准下的教学设计，科学组织与学生学习需求相适应的课堂教学；提高教师课堂教学实施能力，引导教师运用适当的课程资源，主动开展师生交流和沟通，培养学生系统、高效的学习能力，不断优化学习策略和方法，提升学生学习品质。

## （三）落实"三善"的区域课程改革策略措施

### 1. 行政主导，上下联动——"善治"在于领导

课程改革是综合改革，是系统工程。在江北区委区政府的领导下，区教委将以全面深化中小学课程改革作为今后一段时期我区教育教学改革的重要内容，具体负责方案制定、组织保障、制度管理、过程监督、考核评价。

各中小学是全面深化课程改革的主阵地，校长作为课程改革工作的第一责任人，负责对本校课程改革的整体设计，按照《江北区全面深化中小学课程改革指导意见》要求，结合学校实际，制定"学校实施方案"并组织实施。重点实验组成员单位要率先深入开展课程改革试验，发挥样本和辐射作用，为其他学校课程改革提供借鉴和参考。

江北区教师进修学院具体负责全区中小学课程改革的研究、指导与诊断，指导全区中小学开展以教与学关系变革为切入口，课程体系完善、课堂教学高效为主要

内容的课程改革各项工作。

**2. 自主选择，分类开展——"善治"在于管理**

全区中小学深化课程改革采取"两分两有"的策略，即分段进行、分类开展，有重点实施、有选择推进。

各中小学根据课程建设的要求，按照"国家课程校本化、校本课程精品化、社团活动课程化"三个类别，以"国家课程校本化"为基础，结合"项目指南"，根据校情、师情、学情和资源开发能力自主选择，专项研究。有条件的学校应发挥自身优势，积极整合课程资源，开展跨区域和跨学段的课程建设。普通高中阶段课程改革以国家课程校本化和选修课程、社团活动建设等为重点，初中阶段以国家课程学习策略、校本课程、综合实践为重点，小学阶段以国家课程学习养成、特色课程为重点。各校自主选择学段重点、年段重点、学科试点及其课改的具体方向和内容。

**3. 重点推进，样本示范——"善治"在于布局**

江北区教委在条件较好的学校设立"江北区课程改革样本学校或样本学科"，重点推进，为课程改革提供引领示范。区教委在自愿申报的基础上遴选学校或学科开展专项试点，下放课程管理、教学评价、资源建设、质量评估方面的自主权，最大限度地激发学校自主创新、主动创造的积极性，为课程改革营造宽松的心理基础和生长空间。重点实验校、样本校、样本学科、试点校在政策允许的前提下，发挥自身亮点特色和资源优势，深入开展课程改革，努力形成符合教育规律、符合人才培养要求的教育教学改革成果。

**4. 系统培训，专项研修——"善治"在于队伍**

江北区教委建立和完善"课程三力"（课程领导力、指导力与实施力）提升机制，指导江北区教师进修学院组织开展相关人员系统培训和专项研修。培训和研修坚持问题导向、按需组织、目标明确的原则，重点开展以"学本"为核心的新课程改革理论与案例研究、课程建设的基本理论与实践，学习科学研究与学习策略指导、学业质量监测与绿色学业质量指标的理论与实践、云技术背景下的课程与教学改革等领域的研修，通过集中研修、校本研修与岗位实践结合，全员培训、提高（骨干、"种子"）研修与教研活动结合，专家讲学、共同体研修与主题沙龙研修结合的形式，切实提高校长的课程领导力、教研员的课改指导力和教师的教学实施力。

**5. 搭建平台，资源共享——"善治"在于开放**

江北区教委设置全区中小学深化课程改革专题网页，搭建全区中小学全面深化课程改革的计划总结、阶段诊断、共同体研修简报、教育大讲堂、课改资讯等内容的分享交流平台，实现资源共享，营造校校行动、人人参与的课改氛围。

**6. 交流研讨，展示评价——"善治"在于评价**

区域深化中小学课程改革是整体统筹的系统工程，必须全员卷入，需要交流切磋，需要对课程改革的实施过程、状态进行展示与评价。江北区采取了四个举措，即"教研员谈课改""校长论课改""学校晒课改""教师考课改"。

（1）教研员谈课改

江北区教师进修学院作为课程改革的专业支持机构，教研员对课程改革的领导力和指导力关系到课程改革的方向和科学性。为筹备这一次深化课程改革，学院的教研员进行了将近两年的准备，连续进行了不同主题的四次"教研员谈课改"的专题论坛。四次论坛的主题包括："十年课改我们做了什么""大家说：到底什么是课改""校本研修与问题反思""学科课改行动计划的突破口与创新点"。每一次"教研员谈课改"，都是基于文献研究，源于调查研究，体现数据验证和实例验证，引导教研员把课程改革的深化做得有深度、有高度。

（2）校长论课改

为深化落实这次课程改革，江北区组织中小学校长，自主设计所在学校的课程改革深化的实施方案，并围绕"做什么""为什么做""怎么做"开展了"校长论课改"的专题论坛，邀请专家和领导现场点评，以此为基础进一步修订完善各校的深化课程改革实施方案。这些论坛表现出三个特点：一是突出基于文化建设的课程改革，各校都结合自身学校的文化建设，把文化理念具体划入课程改革的价值方向、内容项目；二是强调教研发展，校长们都针对师资队伍的专业结构和素养缺失，提出了明确的教师培训内容和策略；三是强化校本课程建设，各校都按照"校本课程精品化""社团活动课程化"的总体要求，在继承传统的基础上，设计了各具特色的校本课程细目表。

（3）学校晒课改

每个学校深化课程改革的行动都是自主选择、突出特色的，同时，每个学校的课程行动又是"万众瞩目"的，处于"众目睽睽"之下的。区教育行政部门建立了课程改革专题网站，让各个学校把课程改革的每个行动、每一步举措都呈现在网络之中，让各校之间相互学习、相互交流、相互竞争，营造一种"千帆竞发"的课程改革氛围。

(4)教师考课改

教师是课程的设计师和建造师。教师必须让"三大关系"深入骨髓，即明确"教材与课程的关系""教育学的关系""发展与考试的关系"，使适应学生未来成长的教育观、教学观和学生观成为教师言行的本能与常态。同时，教师还必须用好各种新技术，如信息技术、学情分析技术、课堂观察技术、评价检测技术等。为实现这些目的，江北区采取不定期的"教师考课改"的措施，用灵活多样的方式对教师掌握课改、思考课改、实施课改的知识与能力进行考试检测。

# 二、体现"三善"的课程改革学科行动计划

## (一)细化"三善"的学科行动框架设计

### 1. 目标定位：源自"善心"，确立基于学科又超越学科的发展视野

在课程改革的学科行动中，我们特别提出：扎根于课改的学科行动，其目标设计必须要有基于学科又超越学科的定位。基于学科强调的是要遵循学科的内在逻辑体系，遵循学科的核心价值，提取学科培养人的核心素养，以核心素养为基本主线贯穿整个学科。

在基于学科的同时，更要有超越学科的视野。超越学科首先是要在学科与学科之间建立关联。著名的钱学森之问让不少人持续关注教育到底出了什么问题。为什么学生投入了那么多的时间精力去学习，产出却仍旧远远小于投入，学生越学越笨呢？究其源头在于每个学科只强调了单一学科的内在逻辑，没有在学科与学科之间建立链接。相互分割的知识结构只会让学生长期处于知识的堆积状态，学科与学科的截然对立本身就会产生思维定式，学生必定不能融会贯通、活学活用。学科与学科相互割裂只能培养专才，相互融通的学科体系架构才能塑造通才。专才掌握的是技术和知识，通才拥有的是思维和能力，在产业结构不断优化调整的进程中，通才

无疑具有不可比拟的优势。因此，学科行动要跳出学科本身的桎梏，积极探索与其他学科的内在联系，建立链接。然后是要在学科与实际生活经验之间建立链接。改革开放三十多年，课程改革的变革性实践，首先是研究主题——"以人为本"的初步确立，经历了从工具论到价值论的基本转换，从分数唯一、关注精英到关注人的发展、人的生活、人的生命的转变。尊重每个人的生命是教育的出发点和归宿，因此，学科要具有鲜活的生命力，必须扎根于学生的生命世界，在真实的生活经验世界中去感知、体验，才有真正意义上的"学"，学生的能力才能形成。研究主题的转换导致深刻的教育价值观念和行为方式的变革，实现了对传统的、不合理的教学观念和行为方式的突破和超越。

在课程改革下的学科行动中，我们一再强调教研员作为学科行动的引路人，在目标设计中一定要有基于学科又超越学科的视野，既要把握学科的魂，又要融入学科延伸的多维向度，因为多维多元的学科视角才能延伸出多元多维的课程文化生态。为了让教研员具备这样的视野，我们对教研员的学习规定了三条路径：一是开展专题学习，对于"课程含义与课程改革""学习科学与学习策略""学情分析与案例分析""课程意识与课堂改革""学本立场与学本课堂"等专题，教研员通过文献梳理、感受交流、学科启示等步骤，进行系统的深化学习。二是实施跨界自修，教研员自主阅读《大数据时代》《习惯的力量》《世界是平的》《靠结果生存》《真北》《学校会伤人》等多个领域的著作，开阔思想视野。三是加强理论储备，教研员对脑科学理论、学习理论等进行更进一步的学习，阅读《教育是静悄悄的革命》《学习的快乐——走向对话》《教师的挑战》《学校的挑战》等专著，提高关于教育、课程、学习的理论修养，掌握课程理论和学习科学本质。

**2. 内容制定：着力"善学"，实施基于调研及论证的支点选取**

在课程改革的学科行动中，我们特别提出：学科行动的内容设计必须找准"切入点"，面面俱到的课程改革往往只会应接不暇，造成方向错乱，因此必须找到影响学科建设体系的关键点和突破口，引发牵一发而动全身的效果。

而突破口和支点不是胡乱选取，而是基于区域课改的实际需要，基于学科行动中会遇到的实际问题，因为关注实际才能真正体现课程改革的"善意"。在学科课程改革的推进过程中，我们强调教研员不论如何选点，都必须抓住三个着力点，即"学习内容重构""学习策略研究"和"学本课堂指导"，从这三个点出发进行突破口和支点的选取。基于此，我们特别强调教研员必须在课程实施之前，在内容的最后制定上，坚持两个先行：一是需求调研先行，中小学各学科开展了学科课程改革现状与需求调研，摸清十多年来的课程改革进展和深化课程改革的焦点与难点，以此为依据重点研制《重庆市江北区进一步深化中小学课程改革学科行动计划》的改革内容部分；二是反复论证先行，针对需求调研中所涉及的问题进行筛选，在众多问题中提出最为关键、最迫在眉睫的问题，反复论证、斟酌所选择的突破口和支点是否指向了学科改革中的关键问题，是否能借由这个支点发挥其在学科改革中的推动作用，并借由此支点规划学科课程改革的思路、内容、专题、步骤，对其进行详尽的研讨，取得中小学一线教师的广泛认同。

**3. 时刻表拟定：落脚"善治"，指向行动的关键节点控制**

学科课改行动的实施是学科课程改革的一个重要环节，直接关系着学科课程改革的成效。对于学科课程改革的推进，教研员更多面对的是各学科的教师，只有教师真正把握了学科课改变革的精髓，学科课改才能够有效落实。而学科课改是一个长期的工程，不可能一蹴而就，我们要求教研员不论如何拟定课改时刻表，都要掌握以下三个关键节点，并在这三个阶段上提供支持、帮助、反馈和调节。

第一，基础夯实阶段——指向学科价值观念。学习专业标准，研修 PCK（教学内容知识），夯实学科基础，包括两个学期。教研员要完成的主要内容有三项：一是明确教师专业发展及学校建设质量标准；二是实施"教师专业标准""语文课程标准"两个模块研修，学习并贯彻教师专业标准；三是开展小学语文、小学数学两个学科的"PCK 研修"，建立学科教育的整体认知视野，夯实、推进共同发展的基础。

第二，把脉问诊阶段——指向教师个性发展。在两个学期中完成两项内容：一是"课堂诊断"，教研员对三个学科的全体教师，逐一听课，对教师在课例教学中反映出来的教育理念、PCK 把握与应用、教学能力等问题的状态进行"诊断"，并给每位教师填写"诊断表"。二是"课堂重建"，针对"诊断表"进行第二次诊断，逐一听课，重建课例，实施课堂教学的重建；通过说课等形式，以"追问"的方式，帮助教师进行课堂教学重建。该阶段主要通过"把脉问诊"促进"个性发展"。

第三，分层分类提升阶段——指向卓越发展。该阶段的内容和方式主要有两点：一是"种子"计划，培育名师。通过课堂诊断与重建，教研员挑选学科教师的优秀"种子"，培育样本校的名师，包括"教学型"名师、"德育型"名师、"研究型"名师等。二是采取导师制培养。通过组建导师团队，教研员对名师"种子"实施定向指导，加大培养力度。

教师是课程目标有效达成的关键，提升教师课程实施力的重点是提升教师的课程理解能力。只有根据关键节点制定科学的时刻表，才能真正把握教师在专业化、个性化、卓越化上遇到的问题瓶颈，使专业支持有的放矢。之所以各中小学和进修学院要深入推进教师课程标准的学习，强化对课程文本进行科学、创造性地解读，引导教师建构符合课改精神的课程文本理解体系，是源于对教师内在发展需求和动力的重新解读，为教师在课程改革中所遇到的关键问题进行充分预设；之所以重视教师二次开发教材能力的培养和提升，指导教师开展基于课程标准下的教学设计，科学组织与学生学习需求相适应的课堂教学，是为了提升教师整合教材、领悟学科核心价值的能力；之所以强调提高教师课堂教学实施能力，引导教师运用适当的课程资源，是为了让教师真正关注到学生的"学"，主动运用师生的交流和沟通，培养学生系统、高效的学习能力，不断优化学习策略和方法，提升学生学习品质。

### （二）聚焦"善学"的学科行动实施策略

江北区追求的"首善教育"，就是用特色教育、优质教育和开放教育来实现"完善的、理想的人的塑造"，凸显教育的公益与公平。教育改革的核心环节是课程改革，课程改革的核心环节是课堂教学变革。课堂教学变革，一定是围绕课堂教学本质，从目标到方法的连续一致的改进。我们认为，课堂教学的本质在理论层面上是以促进学生发展为目的的教师指导学生有效学习的活动。在实践层面上，它是以促进学生发展为目的的教学活动，以学生的学习为核心的教学活动，在教师指导下进行的学生学习活动，以提高学生学习有效性为标准而合理利用教学手段和策略的教学活动。首善教育的课堂变革，回归到本质的改革，即树立"学本立场"，打造"教"与"学"关系变革的学本课堂。

我们在《重庆市江北区教育委员会关于全面深化中小学课程改革的指导意见》中明确提出，课堂教学改革聚焦在"教与学关系进一步和谐"，即扎实推进学科课堂教学研究，切实变革教与学关系，改变课堂教学形态，逐步实现讲授和助学的有机结合。学生自主、合作、探究成为学习的主要形式，学生学习主体地位和学习品质得到进一步提升。为实现这一目标，我们拟定了《教与学关系变革行动计划》，明确提出：以改变课堂教学形态为切入口，着力于提升学生学习品质。在对学生和学情进行调研的基础上确定教和学的起点，坚持把学法指导和学习效果评估作为教学设计的重要内容，教学过程凸显以学定教、因学活教等成功理念，使课堂教学形态更加符合教育规律。为此，江北区学科行动强调学校将课堂变革的重点聚焦在"教"与"学"关系的变革上，形成了富有特色的课堂形态。

**1. 先学后教：学习活动的问题化**

学始于疑，而非教，问题是学之端，学会、会学、乐学、创学是学之果。这是学本课堂创建的基本法则。有了预先的尝试学习，才会有真正的学习问题；有了学习问题，才有了讲授的靶子；有了直击靶心的教学，课堂才能简明高效。这是学本课堂改革的良性减负之路，是学本课堂改革的关键理念。

例如，江北区培新小学就采取"双主作用"立场的"预学、导学"教学流程（见图2-11），形成了先学后教的学本课堂教学模式。该课堂教学模式，让学生在预备性学习中"生出"学习问题，利用问题来唤醒学生的学习欲望，挑战学生的学习潜能，实现课堂教学基于问题的主线整合。学习说到底是学生自己的事，任何人都不能替代，学习主体的矮化必定带来课堂教学的低效和生命的浪费，有效的学习是从"预习"开始的。这里的"预习"不仅包括传统预习的事先看一看、读一读、做一做，而且还包括情感、态度与方法上的预备。教师事先对学生学习方法的设计与指导，是指学生在正式学习前，知识、技能、态度与方法等全方位的准备。它的目的不仅是扫除课堂学习的知识障碍，而且是能让学生产生"困"——认知冲突，带着问题进行课堂学习；让教师及时把握学生的学习起点，进行有针对性的教学；更重要的是，教会学生养成自主学习的方法与习惯，从"学会"走向"会学"。其中的"展学"是现代课堂的重要特征，是针对目前课堂教学学生学习缺乏主动性而提出的，强调"展示"就是强调把课堂还给学生，通过学生自主的活动、主动的思考、合作的学习，促进学生学习的自觉，提升学生学习的自信力、思维力和表达能力；促进教学相长、师生潜能的开发，体验课堂的快乐。

此教学模式，先学后教，实现学习活动的问题化，教师真正成了课堂教学的幕后主持人，而学生更是在与问题"共舞"中提高了课堂中有效学习的比重，找到了参与课堂的舞台。

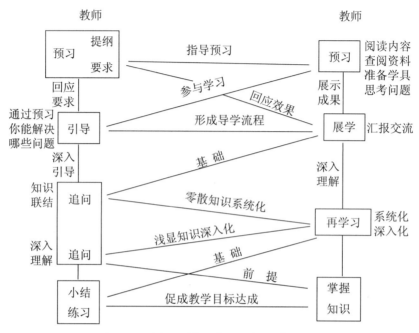

图 2-11　培新小学"预学、导学"教学流程图

### 2. 多学少教：实现学习活动量最大化

我们认为，没有学习，就没有教学效能；没有大量的学习，就没有高效的教学；没有科学的学习活动，就没有最优化的教学效能。换个角度看，学生的学习活动量越大，教学效能就越高；学生的学习活动品质越高，学习的深度、精细度越高，教学效能自然也就越高。这是课堂改革的秘诀所在。因此，压缩教师教的时间，为学生延展学的时间与空间，不断增加学生在课堂教学中的信息量、思维量、训练量、正能量，是实现学生学习活动量最大化的出路，是实现课堂教学高效化的正确选择。

例如，江北区新村实验小学探索并建构了基于学生"学"的"智慧课堂"教学模式。其课堂的总体架构为：两步骤三环节。

第一个步骤："课前延伸"。教师要完成预习学案的设计，组织学生预习。教师设计学案时要根据学生特点和教材，考虑预习时间和预习内容的难易程度，确立学生自主学习的内容和合作探究的内容，明确预习的目标和要求，引导学生采用恰当的方法进行预习。学生根据预习学案所提示的内容和方法进行预习，在预习中发现自己的问题，记录好自己感到困难的疑点、难点，为有针对性上课做好准备。

第二个步骤："课内探究"。这个步骤特别关注：第一，依据学生学情定起点。教师重视学情分析，准确定位学习起点，找准学习中的障碍点，为课堂中有针对地"教"和高效地"学"做好准备。第二，设计有效的教学环节。这里的"教学环节"，就是组织学生充分开展"学的活动"，每个环节的大部分时间应该是"学的活动"，即根据学生学情，对准终极目标设计相匹配的"学的活动"。从起点出发，对准终点目标，一般设计三个台阶(环节)，最后达成目标(见图 2-12)。"环节"用"台阶"表示，意在说明教学环节一般是逐层递进、逐步深入的。从学生学习的角度讲，一个台阶就是一项"学的活动"，每项"学的活动"都围绕环节目标展开。如此，学生的学习经验逐渐丰厚，学习能力逐渐提升，并最终达到终极目标。

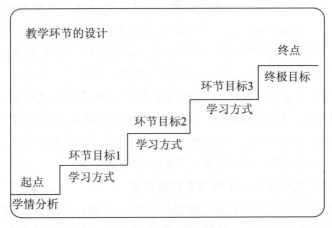

图 2-12　教学环节

通过实践，新村实验小学在"课内探究"这一步骤构建了"预学展学＋互动习得＋反馈巩固"三个基本的教学环节。其中"预学展学"指学生针对预学情况进行交流、展示，提出问题，尝试解决问题。"互动习得"，指教师聚焦核心问题，引导学生在课堂上与同学、教师互动习得。这段时间里，学生在充分自学的前提下，与他人合作、探究，通过课堂讨论与分享，将知识内化并活化。"反馈巩固"指教师着重将学科知识与生活关联起来，让学生在运用中巩固习得，最终收获能力与素养。

在教学过程中，教师还开发了"一图二表三单"的课堂变革技术工具。一是单元主干知识框架图（简称"一图"），旨在帮助教师精准把握教学内容及性质和关联；二是学习内容与学习目标双向细目表、学生学习基础与学习困难分析表（简称"二表"），旨在帮助教师正确地把握学习内容与目标的关联，学生的学习基础与起点，便于实施有针对性的教学指导；三是连贯一致的课前、课中、课后学习单（简称"三单"），课前学习单——预学单，课中学习单——工作单，课后学习单——作业单，用以帮助教师基于内容、学情、情境进行有层次、有类别的学习支架设计，加强教学的连贯性、一致性、针对性和学生独立学习能力的培养。

整个教学过程，多学少教，实现学习活动量最大化，让学生真正经历有意义的学习生活。这样的课堂有利于培养学生的自主学习能力和合作学习能力，为其终身学习打好基础。

再如，江北区华新实验小学致力于课堂改革，增强课堂教学的生动性、趣味性和互动性，营造和谐的师生关系，形成师生学习共同体，切实提升课堂教学的有效性。在课堂上，教师与学生彰显出"多彩开放、智慧灵动、平等自主、自信合作"的阳光课堂形态。教师打造出"一、二、四"课堂范式，围绕"一个中心"，即课堂教学中以激发学生学习主动性为中心；把握"两个关键"，即在教师主导下，以学生在"学会"中"会学"为关键，在知识运用上，以学生思维的拓展提升为关键；落实"四个步骤"，即课堂前置、合作探究、分享表达和拓展提升。整个课堂变革，聚焦"教"与"学"关系变革，多学少教，以学定教，力促学生更好发展。

### 3. 共学互教：实现每个学生学习效能最大化

课堂效能是每个学习者课堂学习效能的叠加与总和，因此，我们的学本课堂不仅指整个课堂教学效能的高效，还指每个学生课堂学习效能的最大化。每节课学生通过全体卷入学习、同学之间共学互教，取得满园丰收的教学效果。

例如，江北区十八中以教研组为单位，进行学本课堂学科教学模式的探索。探索方向：合理分配教学时间（以一堂课 40 分钟为例，教师讲授时间原则上不得超过 25 分钟，学生活动时间不得少于 15 分钟），优化教学方式（探索实践以学定教，先学后教，以教导学等方式），精选教学方法（运用启发式、讲授式、演示法、实验法、讨论式、问题式等多种方法），改革学习方式（自主、合作、探究成为常态），赋予学生充分的话语权，激发学生的主动性和积极性，保障学生的主体地位。按照"理念—方式—达成"的线索形成模式。其建构的学本课堂的基本结构为"六环五学"。

一、备课环节

备课要"三备"——备教材、备学生、备教法

二、上课环节(砺新学本课堂"五学")

1. 情境导学(激发兴趣，完成导学案，检查完成情况)5 分钟

2. 尝试汇学(学生尝试理解、解决问题，展示)10 分钟

3. 合作共学(学生互帮互助，共同理解和进步)10 分钟

4. 点拨激学(精讲点拨，开拓思路)5 分钟

5. 达标创学(检查达标情况，创生新的问题)10 分钟

三、作业环节(基本原则：各科作业必须在课堂内完成)

四、辅导环节

1. 课内辅导环节

2. 晚自习辅导环节

五、测试环节

1. 课堂测试：课堂学习的重难点和疑惑点

2. 学月测试：中高考学科按中高考要求，其余学科自定

3. 期中测试与期末测试：中高考学科按中高考要求，其余学科自定

六、评价环节 ——"自评＋组评＋师评""评教"

　　该教学模式，是以学习活动为中心，从根本上避免了传统教学以教材中心、儿童中心和教师中心考察教学过程的片面性。还形成了两条主线：小组为核心的组织形态(空间形式)和任务为主线的教学流程(时间形式)。学习小组是最基本的学习活动组织，而任务则是开展学习活动的理由。没有任务，活动就失去了存在的前提。在"尝试汇学""合作共学""点拨激学"等环节，学生先带着任务自学，在必要时才利用小组展开学习。教师要求学生带着任务学习时，一定会给学生一段相对独立思考的时间，不会人为地要求学生讨论，防止学生由过去依赖教师变成依赖同学。此时，教师观察学生是否都投入到学习中去，防止不自觉的学生开小差。在学生充分自学，均有一定学习收获，同时也可能有问题产生的基础上，再互帮互助，共同理解和进步。但是，学生毕竟认知有限，当他们都无法解决问题的时候，教师要从幕后走向前台，精讲点拨，开拓思路，将学生思维引向深处。实践证明，共学互教的学本课堂，确保了全体学生

都能卷入学习之中，致力于每一个个体都有最大化增量，都能得到最大发展。

江北区诚善中学也在大力推进"诚善·5S自主课堂"的实施，即"自主学习、合作探究、展示反馈、归纳检测、巩固提升"五个课堂环节，旨在转变教师的教学方式和学生的学习方式，让学习活动发生在学生身上，让每一个学生都得到发展，真正使课堂教学焕发出生命活力。

**4. 善学精教：实现教师点拨效力最大化**

我们认为，学本课堂的重心是"学"，但其主要发力点却是"教"，是精准到位的"点拨"，因为教师的教能够达成学生的学（如自学、群学、研学等）所难以达到的教学效能。因此，江北区学本课堂在压缩"教"的时间、空间、比重的同时，还致力于不断提升"讲授"的品质，力求让教师的课堂点拨效能最优化、最大化，以求给学生学习带来最佳的辅助功能。

我们明确提出教师在学本课堂上，需要从以下两个方面考虑：其一，把讲授插入到学生"心坎"上，即讲授那些学生在学习中遇到的真实问题，讲授那些学生百思不得其解的焦点问题，讲授那些学生最渴望得到点拨的难点问题。这样，教与学的期待之间就可能实现百分百的契合，才能确保时刻"抓住学生"，而学生对教师讲授内容的吸收率自然也会提高，点拨自然会变得有力；其二，教师要"点到为止"，给学生留有回旋、自由、努力的余地，不要一句话把问题点得过于透彻，要留半句给学生。无疑，问题的结论"从学生口中说出"与"从教师口中说出"所产生的教学反响差异迥然，从学生口中说出结论还会有激励学生学习信心与成就感的"额外收获"。变讲授为点拨，变教导为诱导，都需要教师引导学生善学，告诫自己精教，努力创建"借力学生学习"的教学形态。

例如，江北区望江中学采取导学案进行教学，致力于取得善学精教的效果。（见图 2-13）

分析导学案教学模式，可见教的活动与学的活动都是围绕课前设计好的导学案展开的。学的活动基本包括定向预习、内化理解、成果展示、巩固拓展、达标反馈五个环节。教的活动基本包括优化资源、巧设问题、组织调控、点拨释疑和查缺补漏五个环节。教学过程注重发挥教师在学生自主学习中的促进作用，体现在导读、导思、导说、导练和导评五个方面，在教与学的互动之中，促进学生自主学习能力的养成和学习获得，实现课堂教学质量的改进与提高。

实践证明，"善学精教"的学本课堂教学模式，其课堂教学要素的结构性和过程

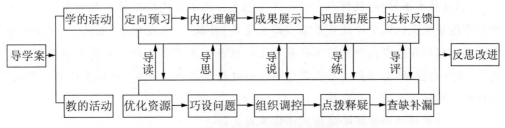

图 2-13　江北区望江中学导学案教学模式示意图

性变化，清晰地反映了教与学的关系属性，确立了学生是发展的主体，让其先动起来，自觉地开展学习活动，注重激发其好奇心和求知欲，增强学习自信心，培养学习能力，让学生主动建构知识，获得愉悦的学习体验。而教师在其课堂教学中，完全实现角色的转变，退居"幕后"成为"导演"，根据学生的学习情况，激励、帮助、点拨、引导学生经历发现问题、分析问题与解决问题的过程，实现教师点拨效力最大化，也促进师生的情智相长。

### (三)学科行动的创新点与突破口

**1. 以全新架构的课程体系实现学科的多向度发展**

江北区深化中小学课程改革的学科行动追求创新：改革内容创新、改革路径创新和改革措施创新，努力寻求每个学科课程改革的突破口和切入点，实现"牵一发而动全身"的精准引领。

## 重庆市江北区全面深化中小学课程改革信息技术
## 三年行动计划(节选)

二、改革内容

(一)完善的课程体系促进学科建设和特色发展

创新课程体系，设立多个课程项目。采用必修与选修的自主开放选择模式，对课程进行动态管理，同时关注学生基础知识的巩固和信息技术不同领域的能力提升，促进课程体系的不断完善，建成一批精品课程和特色课程。

区域信息技术课程体系分为"PC机＋移动终端＋网络＋外设"载体和"教学机器人"载体两类，学校根据实际情况进行选择。

《信息技术基础》对教材内容做了适当调整，在小学阶段培养兴趣的基础上主要由初中阶段完成，高中阶段在基础方面主要是"补缺"。立足学生"发展"，课堂教学与活动课程融合，在高中选修课的基础上，结合学生竞赛活动，与美术学科整合开发"多媒体与生活"类课程，与数学学科、科技活动整合，开发"程序设计与机器人"类课程，实现学生的全面发展。

(二)研究型的新型课堂促进人才培养模式转变

努力转变教师的教学方式和学生的学习方式，引进以研究型学习为重点的教学方式，构建集实践性、体验性和自主性于一体的信息技术"新型课堂"，有力推进人才培养模式的创新，强化信息技术与其他学科的整合，促进学生多元化、个性化发展，探索"技术支持下的立体、交互式学习模式"。

(三)科研型的课程基地促进区域教师协同发展

遴选学校教研组作为课程基地，建设区域学科教师专业发展联合体，聘请高校、教研部门专家、教授担任顾问，制定并实施教师发展规划，推动教师专业化发展，提升学科教师课程执行力，通过基本功比赛、优质课大赛提高学科教师知名度。

(四)科学的培养模式促进学生全面持续发展

坚持以学生为中心，在学习科学研究基础上，加强学习策略指导，以主题探究、问题引导为主线，通过情境创设、问题探究、实践活动、小组合作、讨论交流、展示交流等形式，培养学生的创新精神和实践能力，推动学生全面持续发展。

(五)自主学习平台促进教学与评价方式的转变

整合区域学科教师力量，以MOODLE①平台为基础，开发、建设高效、便捷、互动、开放的自主学习平台，实现教育教学成果的展示和共享，充分发挥课程改革功效，聘请高校专家通过学习平台对教师进行指导，推动课程建设不断向纵深方向发展。

三、推进策略

(一)遴选课程基地，以基地建设带动教师发展

遴选学校教研组作为课程基地，建设区域学科教师专业发展联合体，通过"内部挖潜，外部借力"建设课程基地，通过基地建设带动师资建设，全面提升学科教师课

----

① 注：MOODLE是一个用于制作网络课程或网站的软件包。

程改革执行力。

（二）建设学习平台，以平台建设促进学科建设

整合区域学科教师技术力量，建设基于 MOODLE 平台的区域性自主学习平台，根据翻转课堂的思想利用"微课"开展教学。在学习平台基础上，构建立体、交互的课程体系，平面横向上整合美术、数学等学科相关内容；纵向上融合课堂教学与活动课程；立体上整体设计基础教育信息技术课程内容。

（三）打造活动课程，以竞赛活动改善学科生态

把活动课程作为改革的突破口，打破课堂教学与活动课程的界限，从课堂教学与活动课程的融合切入，探索信息技术类学生特长培养模式。

课堂教学为活动课程奠基和选苗，活动课程在课堂教学的基础上提升，内部挖掘学科教师潜力，从教师特长出发，根据学生的兴趣，聚焦某一个模块进行深入学习，通过竞赛活动提高学科影响力，逐步改善学科生态。

信息技术学科不是单纯谈学科发展和教师发展，根据学科教师兼职课外活动辅导、学校信息化建设和应用技术支持工作的实然状态，江北区中学信息技术学科发展被重新定位为"学生未来发展信息技术关键能力的培养者，信息技术类活动课程的创建者，信息技术教育教学能力提升的引领者"。学科发展的重新定位，能够有效提升学科教师的角色认同感，对兼职的课外活动辅导、学校信息化建设和应用技术支持工作进行角色统整，破解学科教学工作边缘化的难题。

根据大课程观和课程统整理论，我区率先提出信息技术大课程概念。构建信息技术大课程体系，突破学段、学科、课堂的限制，横向上整合美术、数学等学科相关内容，纵向上融合课堂教学与活动课程，立体上整体设计基础教育阶段信息技术课程内容，关键在于正确处理不同学段之间整体与侧重的关系、不同学科之间整合与应用的关系、课堂内外基础与发展的关系。信息技术大课程的构建，横向上与其他学科的双

向融合能够有效促进学生的全面发展，一方面加强对其他学科的主动整合，用艺术思维、科学思维促进技术思维；另一方面引领学生创造性地应用信息技术解决信息生活中的"真问题"，养成应用自觉。纵向上突破课堂的限制，从课堂教学与活动课程的融合切入，解决信息技术学科教学内容多、课时少、无法深入，而课外活动缺乏根基的难题，课堂教学向内聚焦、深化，活动课程向外拓展、延伸，通过竞赛活动促进学生的发展，从而提高学科影响力，逐步改善学科生态。立体上整体设计课程内容有助于解决基础教育阶段课程内容缺乏顶层设计、学段划分与衔接不明晰、内容重复比较严重的问题。

信息技术学科课程对学科价值取向进行了重新定位，摆脱"纯技术"教育的狭隘观念，在掌握学科知识、学科工具的基础上，从现实情境中，批判性地认识技术变革给信息环境带来的影响，应用学科思维（见图2-14）解决信息生活中的"真问题"。课程发展的学科思维取向，有助于克服目前普遍存在的"只见技术不见人"的技术至上现象，在夯实与保持工具性的同时，丰富与拓展人文性，构建"社会价值和个人价值同轴强化、科学价值与人文价值和谐共生"的课程价值取向，实现信息技术课程显性的工具性与隐性的人文性的有机统一。

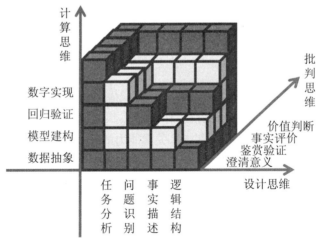

图 2-14　应用学科思维图

### 2. 以跨校整合区域师资突破学科发展瓶颈

小学科学学科在各校存在师资水平参差不齐的状况，主要表现为教师专业不对口、年龄偏大的情况，而各校对于小学科学教师的配备状况也有所不同，存在数量和质量上的差异。基于这样的师资状况，单个学校的研修团队无法组建，教师专业成长缓慢，缺乏团队支持的单打独斗使教师缺乏专业成长的动力，师资队伍成为小学科学学科发展的瓶颈。为此，小学科学教研员在行动计划中特别提出了教师共同体发展计划，提出"走校任教"和校际"师徒结对"，将全区的师资盘活，在激发教师专业成长动力的同时，也建立了强有力的研修团队联盟。

## 重庆市江北区全面深化中小学课程改革小学科学
## 三年行动计划(节选)

(二)教师共同体发展行动计划

根据我区现状，初步确定以下三种形式促进教师共同体发展：一是教师"走校任教"行动计划，主要针对较偏远和班级数量较少的学校，解决教师一人跨3～6年级教学，无法充分钻研教材、没有教研共同体的问题；二是校际教师"师徒结对"行动计划，主要针对中段和班级数量较多的学校。

1. 教师"走校任教"行动计划

研究教师走校任教的具体方式方法，确保教师走校任教的实效性和持续性发展。

(1)教师走校任教的必要性说明(详见下表我区各小学科学师资现状分析表格)

| 序号 | 师资情况／学校 | 固定专兼职人数 | 专业 | 年龄（35岁以下为青年 35～45岁为中年 45岁以上为老年） | 性别 |
|---|---|---|---|---|---|
| 1 | 行知学校 | 专职1人 | 生物本科 | 青年 | 女 |
| 2 | 玉带山小学 | 专职5人 | 生物本科1人 普通中师3人 计算机本科1人 | 青年2人 中年2人 老年1人 | 3女2男 |
| 3 | 华渝学校 | 专职2人 | 普通中师2人 | 青年1人 老年1人 | 2男 |
| 4 | 滨江小学 | 固定兼职1人 | 普通中师 | 中年 | 男 |
| 5 | 徐悲鸿小学 | 专职1人 | 普通中师 | 老年 | 女 |

续表

| 序号 | 师资情况 学校 | 固定专兼职人数 | 专业 | 年龄 （35岁以下为青年 35～45岁为中年 45岁以上为老年） | 性别 |
|---|---|---|---|---|---|
| 6 | 和济小学 | 专职1人、固定兼职2人 | 中文本科1人 普通中师2人 | 青年1人 老年2人 | 1男2女 |
| 7 | 科技实验小学 | 专职2人 | 普通中师2人 | 中年1人 老年1人 | 1男1女 |
| 8 | 苗儿石小学 | 固定兼职1人 | 计算机本科 | 青年 | 男 |
| 9 | 猫儿石实验学校 | 专职2人 | 生物专科1人 计算机本科1人 | 青年1人 中年1人 | 1男1女 |
| 10 | 蜀都小学 | 专职2人 | 科学本科1人 中文本科1人 | 青年2人 | 1男1女 |
| 11 | 洋河小学 | 专职2人 | 科学本科1人 计算机本科1人 | 青年2人 | 2男 |
| 12 | 观音桥小学 | 专职3人 | 科学本科1人 普通中师2人 | 青年1人 中年1人 老年1人 | 3女 |
| 13 | 建北小学 | 专职1人 固定兼职1人 | 普通中师2人 | 青年1人 中年1人 | 2男 |
| 14 | 鲤鱼池小学 | 专职2人 | 中文本科1人 计算机本科1人 | 青年2人 | 2女 |
| 15 | 新村小学 | 专职2人 | 中文本科1人 科学本科1人 | 青年2人 | 2女 |
| 16 | 新村同创国际小学 | 专职4人 | 科学本科3人 美术本科1人 | 青年4人 | 2女2男 |
| 17 | 华新小学 | 专职2人 兼职1人 | 生物专科1人 普通中师1人 数学本科1人 | 青年2人 中年1人 | 3男 |
| 18 | 钢锋小学 | 专职1人 | 普通中师 | 老年 | 女 |
| 19 | 劳卫小学 | 专职2人 | 计算机本科1人 科学本科1人 | 青年2人 | 2女 |

续表

| 序号 | 学校 师资情况 | 固定专兼职人数 | 专业 | 年龄<br>（35岁以下为青年<br>35~45岁为中年<br>45岁以上为老年） | 性别 |
|---|---|---|---|---|---|
| 20 | 培新小学 | 专职2人 | 体育专科1人<br>物理专科1人 | 青年1人<br>中年1人 | 2男 |
| 21 | 五里店小学 | 专职1人<br>固定兼职1人 | 普通中师2人 | 老年2人 | 2男 |
| 22 | 喜乐溪小学 | 固定兼职1人 | 普通中师 | 中年 | 女 |
| 23 | 雨花小学 | 专职3人 | 生物专科1人<br>体育专科1人<br>普通中师1人 | 中年3人 | 2男1女 |
| 24 | 米亭子小学 | 专职1人 | 科学本科 | 青年 | 女 |
| 25 | 港城小学 | 专职3人 | 普通中师3人 | 老年2人<br>中年1人 | 2男1女 |
| 26 | 寸滩实验学校 | 专职1人 | 中文本科 | 中年 | 女 |
| 27 | 黑石子小学 | 固定兼职1人 | 普通中师 | 中年 | 男 |
| 28 | 朝阳河小学 | 固定兼职1人 | 普通中师 | 中年 | 男 |
| 29 | 唐家沱小学 | 专职1人、固定兼职1人 | 普通中师1人<br>数学本科1人 | 中年1人<br>青年1人 | 1男1女 |
| 30 | 胜利村小学 | 固定兼职2人 | 数学本科2人 | 青年1人<br>中年1人 | 1男1女 |
| 31 | 五里坪小学 | 专职1人<br>兼职1人 | 普通中师2人 | 中年2人 | 2男 |
| 32 | 东风小学 | 无固定专兼职 | | | |
| 32 | 郭家沱小学 | 无固定专兼职 | | | |
| 34 | 石马村小学 | 无固定专兼职 | | | |
| 35 | 望江小学 | 专职1人<br>兼职1人 | 普通中师1人<br>数学本科1人 | 青年1人<br>老年1人 | 2女 |
| 36 | 鱼嘴实验校 | 专职2人 | 普通中师2人 | 老年2人 | 1男1女 |
| 37 | 复盛小学 | 无固定专兼职 | | | |
| 38 | 五宝小学 | 固定兼职1人 | 普通中师 | 中年 | 男 |
| 39 | 洋河小学头塘校区 | 专职1人 | 普通中师 | 老年 | 男 |
| 40 | 华新小学福宁村校区 | 专职1人 | 普通中师 | 老年 | 男 |

从以上表格能够分析出：

①各校小学科学教师师资水平参差不齐。观音桥中段地区相对师资年龄结构和专业对口现象好一些，而上下两段，特别是寸滩、唐家沱、郭家沱和鱼复(鱼嘴镇、复盛镇、五宝镇)四片区科学师资年龄结构偏大、专业不对口现象严重。

②各校小学科学教师数量差异较大。大石坝片区和观音桥片区，除极个别学校外，基本每所学校都配备了专职和固定兼职科学教师，特别是玉带山小学和同创小学，一所学校都已经有了四五名专职科学教师。而寸滩、唐家沱、郭家沱和鱼复四片区的师资配备情况就不容乐观了，几个片区除港城小学、寸滩实验学校、五里坪小学、唐家沱小学、望江小学、鱼嘴实验校有固定专职科学教师外，其他学校都没有固定专职科学教师。

(2)这样的教师结构存在以下问题

①教师备课工作量大且不深入。规模小的学校，即便有专职科学教师，因为任教年级多，通常是一名教师任教3～6年级四个阶段的科学教学，备课任务重，实验器材准备繁杂，单班不利于教师反思修改教学设计，专业技能提升缓慢。

②校内无法形成团队教研氛围。一所学校一名科学教师任教，无法有同伴互动的团队力量，不利于教师专业成长。

(3)期望教师走校任教方式，能够促进以下方面的进步和发展

①激励学校配备专职或固定兼职科学教师，从师资数量上首先保证科学课堂能够落实。

② 区域内形成教研团队，便于教师共同成长：优秀的更突出，兼职的更专业。

③教师走校任教，能够激发教师更多热情和积极性，同时执教年级内容集中，便于教师有更多时间和精力钻研教材，准备实验器材，确保科学课堂探究活动扎实深入开展。

④期望形成可推广性经验。我区目前的小学科学现状在全市乃至全国都具有普遍性，如果我们能探索出教师走校任教的方法和经验，那么在全市全国都将具有创新意义。

基于以上分析，为了确保区域内小学科学教学水平均衡发展，特提出教师走校任教方式。

(4)具体走校方式为各校自由组合教师走校任教小团队，针对此有如下建议。

第一，本着减少教师交通负担的问题，建议距离较近的学校相互走校任教。目前有以下区域划分建议：

一组：行知小学、玉带山小学、华渝实验学校

二组：滨江小学、徐悲鸿小学、和济小学、科技实验小学

三组：建北小学、苗儿石小学、猫儿石实验学校、米亭子小学

四组：蜀都小学、新村小学、华新小学、华新小学福宁村校区

五组：观音桥小学、洋河小学、新村同创国际小学、洋河小学头塘校区

六组：鲤鱼池小学、钢峰小学、劳卫小学、培新小学

七组：雨花小学、五里店小学、喜乐溪小学

八组：港城小学、寸滩实验学校、黑石子小学、朝阳河小学

九组：五里坪小学、东风小学、胜利村小学、唐家沱小学

十组：郭家沱小学、石马村小学、望江小学

十一组：复盛小学、五宝小学、鱼嘴实验校

以上各组划分以临近地域为标准，仅供学校参考，各校可结合学校和教师特点最少两所学校，最多四所学校自由组合。

第二，各自由组合走校任教学校商议联合排课和教师任教年级课时等具体事宜。有如下建议：

①一名教师一学期任教一个年级科学课程，分别走校任教小团队每所学校；一名教师一学期任教多个年级各一个单元科学课程，一学期走校任教小团队每所学校……

②各自由组合小团队把具体联合情况上报江北区教师进修学院，包括联合具体学校、负责学校、走校教师基本情况、任教安排等，便于江北区教师进修学院做下一步具体统筹安排。

③江北区教师进修学院根据全区自由走校任教整体情况，安排出3～6年级四个年级的备课组长。

④邀请全市小学科学课堂教学专家，分别参与四个年级集体备课，每月安排一次集中备课时间，使每位教师对本期任教教材都能读懂吃透，器材准备足够充分，保证小学科学课堂探究性教学的实效性和高效性。

a. 附拟邀请专家：

西南大学教授：唐小为

重庆市教科院教研员：曹雷

重庆市教科院教研员：邵发仙

南岸区教师进修学院教研员：周朝勇

教科版教材编写者之一、北碚朝阳小学校长：陈维礼

b. 集体备课的必要性和可行性分析：

全区小学科学教师师资大部分都是中途转科，对科学课程及学科大概念框架知识储备不足；少部分年轻教师虽是科学及相关理科专业毕业，但教学经验不丰富，在把握教材教法方面也有待提高。所以每月一次的专家引领集体备课非常重要和必要，它让每位走校任教教师都吃透教材，理解单元核心大概念，读懂单元大框架，并落实于每堂课。

⑤每月各年级集体备课和网络教研，及时总结上月任教情况，梳理下月任教课程，兼之随时可进行的网络QQ群交流互动，真正做到让每位教师的困难和疑惑都有团队帮助解决，以形成互帮互助的各年级团队。

⑥学期末形成教师走校任教的教学案例精选集和各教师走校任教经验体会汇总集。

⑦新学期继续循环走校任教方式，但一定注意，为保证科学教师专业成长更系统更迅速，走校任教教师必须循环任教3~6年级，不能长期带一个年级不交换。

(5)预设困难

①没有专职和固定兼职科学教师的学校如何走校？需要区教委统一下文，督促各校都积极参与到小学科学教师走校任教的课程改革中来，目前没有专职或是固定兼职科学教师的学校必须考虑教师配备问题。

②增加走校任教各学校排课工作量。确定走校任教各学校需要根据区域内走校教师人数和任教年级，协同商议各校科学课程课表。这样几所学校协同排课，相对以往自己校内排课的工作量有所增加。

③教师走校涉及交通费用，需要学校给予一定的经费补贴，期望各校领导给予支持。

④团队骨干力量的责任和任务加重。骨干教师除了上好自己的科学课外，还需

随时解答本年段教师的疑问和困惑，组织大家及时研讨和商议，需要一定的经费保障，以便激励骨干教师可持续地发挥好领头羊作用。

2. 校际教师"师徒结对"行动计划

班级数量较多的学校，教师原本就任教一个年级科学教学，就不用再走校任教，他们需要有个校际的教研团队，促进共同发展。

(1)校际教师"师徒一对一"行动计划

主要针对刚毕业的年轻教师或是自我发展愿望特别强烈的教师，通过校际师徒结对，让骨干教师带动这部分教师迅速成长。

具体行程操作如下：

①江北区教师进修学院根据全区统筹安排和教师自愿申请，确定师徒一对一配对；

②每个配对师徒，每周四上午教研时间，互相走校听课交流，同时平日充分利用网络随时研讨；

③学期末在教师进修学院听徒弟课，评价师徒结对效果。

(2)校际教师"师徒一对几"行动计划

主要针对工作几年有一定教学经验的和自我发展愿望特别强烈的教师，通过校际师徒结对，让骨干教师带动这部分教师迅速成长。

具体行程操作如下：

①江北区教师进修学院根据全区统筹安排和教师自愿申请，确定师徒一对几配对，每个配对师徒就是一个小教研共同体；

②每个教研共同体，利用每周四上午教研时间开展活动。每周共同体中一人上课，其他人听课，并在骨干教师带领下交流评课，同时平日充分利用网络随时研讨；

③学期末在教师进修学院听徒弟课，评价师徒结对效果。

小学科学学科从全区师资状况出发，通过"走校任教"和校际"师徒结对"两种方式实现资源的校校整合，根据实际情况制定了具体详尽的行动策略和实施步骤，并预设了在执行过程中存在的问题和困难，借助打破校际边界的师资整合方式创设了一个更大的区域研修共同体，更利用走校教师结合不同校情、学情对形成的成果和经验进行验证和修订，以形成更完美的区域课程改革经验和成果。此外，更大程度上促进了教师的专业成长，没有专职科学教师的学校能够尽快配备固定专职或是兼职科学教师，从师资数量上首先保证了小学科学课堂能落实。专职教师通过走校任教，由之前在一所学校四个年级的单班科学教学变成现在的多个学校两个或是一个年级的多班科学教学，因此，教师对教材的钻研和实验器材的准备时间、精力都更充分，同时还可以多个班级反复试教，从而促进教师反思成长。

**3. 基于发展层次和教学互动的目标细化**

学科课程的目标重新定位和细化是学科行动的关键环节。在学科课程改革中，小学语文学科基于发展层次，制定了低段、中段和高段的课程实施重点，教研员带领全区教师深钻教材，对"教什么""怎么教"有一个共性的话题与研究的平台，研究更聚焦，更深入，力求保证课堂教学目标更加明确，路径更直，策略更活。

# 重庆市江北区全面深化中小学课程改革小学语文
# 三年行动计划(节选)

三、行动策略

(一)立体化培训，激发动力

整合小语全员培训、三支队伍培训、小语国培等优质培训资源，尽量让培训"立体化"，促进三个方面的交融：促进理论和实践的交融，既注重专家的专业引领，也重视学员的实践活动；促进个人研习与学习共同体的交融，既重视教师个体对专题讲座内容的学习和自我教学实践，也重视与学习共同体的合作，如观课议课、主题研讨、分组交流、教学反思等；促进观摩与展示的交融，让每个学员有两重身份，既是其他学员课例展示的观摩者，又是自我教学重构后的展示者，达成学员彼此间的深度研讨和交流。通过这样的立体化培训，使小学语文教师专业素养得到有效的提高，激发全体语文教师投身课程改革的内驱力。

(二)调研分析，准确定位

从问卷调查、重点访谈、课堂观察等方面对全区小学语文课程改革现状进行全面的调研，进行数据和证据的分析，为小学语文课程改革提供支撑，帮助、指导各个学校依据不同情况找准本校语文课程改革的方向，分段、分类、有重点、有选择地确定自己的课程改革内容。

（三）任务驱动，全员卷入

在课程改革进程中，科学地对课程改革内容进行细化和分解，从全区—区域—学校—教研组—教师各个层面进行任务的分配，方式多元地卷入，使所有教师紧紧围绕共同的任务活动中心，在强烈的任务动机的驱动下，既自主探索又互动协作，不断地建构、交流、分享，发挥群体动力作用，让课程改革真正生动、活跃起来。

（四）聚焦课堂，循序渐进

课堂永远是课改的主阵地，按照教研部门整体推进、各校自主选择、教师全体卷入的工作思路，聚焦课堂教学，循序渐进。具体的课堂教学改革建议如下：

1. 教学关系变革策略建议

（1）学情调研教案化

教师备课必须进行学情分析，教学的起点要建立在对学生和学情的真实调研基础之上。

（2）学习反馈环节化

教师应把学习效果反馈作为教学设计的基本环节。

（3）学习策略课堂化

学习策略经历以下三个层级：一是学生所掌握的学习方法，这是学习策略的基础。二是学习方法的选用和调控，这是学习策略的关键。三是对学习方法的反思认知，这是学习策略的核心。

2. 教学研究策略建议

（1）低段：词汇积累与运用

①在语境中积累运用词汇：注重和教材中句段相融通，达到在阅读中积累的目的，并基于前期随文识字研究的经验和成果，进一步探索图文对照、肢体演示、情境演绎、联系上下文、链接生活、朗读感悟等方法。

②从思维训练角度积累运用词汇：例如，归类是一种趋向，可以是结构相同或相似的词语，也可以是意思相近或相对的词语；有序是一种推进，可以有序建构逐步积累，也可以有序再生扩充积累；变式是一种融通，可以有益勾连，形异意相通，也可以对应比照，形似意不同。

③在口语表达中积累运用词汇：利用丰富的生活情境，复现词语，激活词语，说完整的句子，说优美的句子。

（2）中段：读写一体

①基于单篇课文，贯穿读写一体：例如，通过"对应"实现读写一体；通过"仿写"实现读写一体；通过"拓展"实现读写一体；等等。

②承于整组，贯穿读写一体：可以把具有相同、相似写法的课文重组在一起，纵向联系课文，从这种联系中归纳整理出写作的途径，打开写作思路；也可以把单元写作目标自然地、有序地分解到单元整组阅读文本中，寓读于写，寓写于读，使读写之间零距离地水乳交融。

（3）高段：单元整组教学

①把一个单元的教科书内容以单元目标为核心，按照语文知识的学习、阅读方法的掌握、阅读思维能力的训练等单元目标创造性地整合在一起，变过去"线性"教学为"整体模块"教学。

②创造性地打破教材原有的单元体系，以单元课内文本为主，增加教材中相关文本或课外阅读材料，按照同一议题，将它们重新进行板块组合，形成新的学习资源，以进行探索性教学，让学生在新的板块内部进行意义重构。

③突破教材，立足单元精读课文，把课外阅读的范围扩展到整本书的阅读，"读整本书"或"一本带多本"。

（五）交流评价，展示成效

分阶段从不同层面（跨区—区域—学校—教研组）进行方式灵活的主题交流活动，可以是讲座、沙龙、论坛、走课等多种形式，并通过学生座谈、调查问卷、听随堂课、备课检查、课堂教学竞赛等，进行课程改革情况评价。本着不断发现问题、不断改进的态度展示和反馈课程改革的成效。

（六）总结提升，物化成果

总结课程改革中的经验，稳定、提炼和物化成果。

在小学语文学科具体的教学研究中，教研员始终保持清晰的思路，强调"联系""整合"，突出了过程性、探索性和主动性，在一定程度上改变了师生教学关系。在低年段（1~2 年级），教研员要强调以教材中常用汉字为基础，极大丰富词汇量；在中年段（3~4 年级），教学要立足精读课文，突出"读写一体"的理念；在高年段（5~6 年级）强化"单元整组教学"，突出综合性学习的课堂形态。

　　小学数学学科，学科教研员围绕教学两条线，制定了"双向细目表"，其中围绕"教"这条线重新定位了教学总目标、教学重难点、教学具体要求；围绕"学"这条线定位了学习起点、发展点、主要能力发展与数学思想方法。"教""学"两条主线均对教学内容进行了全面分析，"双向细目表"作为一项重要的学习资源，将成为每一位教师明确每个学习内容的核心本质的指南针，将促使教师更加明确学生学习的重点、难点、关键点，以及每个知识点背后蕴含的育人价值。

# 重庆市江北区全面深化中小学课程改革小学数学
# 三年行动计划(节选)

　　**二、改革内容**

　　本次江北区小学数学深化课程改革集中"抓三条线"，一是抓教师专业素养提升，二是抓课堂教学方式转变，三是抓低年级学生数学学习学业评价方式改革。

　　(一)抓教师专业素养提升

　　为了让教师能够明确学生要学习什么，各学习内容的核心本质是什么，重难点是什么，起点与发展点是什么，本次深化课程改革强调深化小学数学教材研究，准确把握教材意图，明确小学数学教学任务，以形成"双向细目表"。具体做法如下：

　　本着全员参与的原则，组织全江北区数学教师，按照责任分工的方式，对人教版(2012版)小学数学1～6年级教材学习内容进行深入研究。按照"分册—分单元—分小节"的线索深入研究教材意图。对各学习内容按照"基础知识、基本技能、基本数学思想方法、基本活动经验"四个维度准确定位学生学习目标，细化各学习内容的核心本质、重难点、起点与发展点。最后形成"人民教育出版(2013版)小学数学1～6年级教材学习内容"双向细目表，让江北区全体数学教师准确把握小学数学的教学任务，同时提升教师学科专业素养。

　　(二)抓课堂教学方式转变

　　本次深化课程改革，在课堂教学中强调坚持"学本"立场，实施"一项策略"，开展"两项研究"。

　　1. 实施"两把两重"的教学策略

　　"两把两重"的教学策略，主要是指把时间留给学生，把方法交给学生，重视学生学习动力的激发，重视学生数学能力的培养。在课堂教学中的具体表现如下：

把独立思考、合作交流、动手操作等学习活动的时间留给学生；把类比与化归、猜想与验证、归纳与抽象、简化等学习方法教给学生；重视将学生学习数学的外在兴趣转化为内在学习动力，特别重视学生数学学习中的归纳能力、推理能力、计算能力与解决问题能力的培养，同时加强学生的数学交流能力、应用能力、创新能力等的培养。

2. 开展"预学、导学"教学模式研究

新课程理念强调"学生为主体、教师为主导"，就是要求在教学中既要发挥学生的主体作用，也要发挥教师的主导作用，简称"双主作用"。通过学生的主体来充分发挥学生在数学学习中的积极性；通过教师主导来保证学生系统地、深入地理解和掌握数学知识。

预学：通过预习的方式，让学生主动参与数学学习，培养学生自学能力的同时，让学生了解要学的新知识，更好地实现课堂上的教学互动。

导学：在学生展示预习成果的时候，教师要参与学生的学习过程，通过追问，引导学生进行系统的、深入的思考。实现导学的两个目的：第一，学生自学的零散知识系统化；第二，学生自学的浅显知识深入化。具体来说，主要通过"预学"体现学生学习的主体作用，通过"导学"体现教师在教学中的主导作用。所以"预学、导学"的教学模式也就是体现"双主作用"的教学模式。

3. 开展小学生数学学习方式的研究

本次江北区小学数学深化课程改革坚持"学本"立场，以转变学生学习方式为突破口，切实转变教师的教学方式。引导教师围绕学生学习数学方法与规律以及心理认知过程开展研究，真正实现教师的教为学生的学服务。研究过程的具体工作如下：

第一，全面了解小学生数学学习认知规律及学习特点，以及江北区小学数学学习方式的现状。

第二，改革传统小学数学备课模式，突出学习方式的选择，强化备课中要关注学生的学。备课前要关注两点，一是要分析学生的认知基础及学前相关经验，二是要根据年龄段和学习内容明确学生的学习方式。

第三，落实课堂教学实施过程，全面实现小学数学学习方式的根本转变。

第四，围绕学生年龄段、学习内容和学习水平三个维度开展研究，探究一套适合江北区的小学数学学习方式，并建立一套完整的学习方法体系。

（三）抓低年级学生数学学习学业评价方式改革

本次课程改革，力图改变以一张试卷、一次检测结果作为评价学生一学期数学学习情况唯一标准的现状，探究一套"专项测查与综合测查"相结合、"过程性评价与结果评价"相结合、"实践性评价与书面评价"相结合的学生数学学习评价方案，从而全面评价学生数学知识与技能、学习方法的掌握情况，以及学习能力的形成情况、学习习惯的养成情况等，以真正实现从关注知识技能的掌握转向关注学生全面发展的目标。

"两把两重"的教学策略，坚持把时间留给学生，把方法交给学生，重视学生学习动力的激发，重视学生数学能力的培养；而"两把两重"的魂则是对课程目标的牢固把握，及对数学学科的透彻领悟。教师只有依靠"双向细目表"吃透目标，才能让"开放课堂"放得自如、放得有效，才能在开放中发现基于教学支持的契机，实现开放中的点拨效果最大化。

# 三、实现"三善"的课程改革学校实施方案

## （一）用"善心"指引学校课改的文化立场

课程改革是人才培养的不断修正，关系到育人目标和学科育人价值的实现。这种改革是基于"善心"的教育文化改革，是为了"首善"文化的改革，是建设"首善"文化的改革，所以，江北区中小学校深化课程改革的总体思路是：做有文化的课程改革，使课程改革有文化。各中小学校在设计深化课程改革实施方案时，都紧密结合所在学校的文化价值追求，把学校文化的理念、愿景、目标作为课程改革的指导和指引，让文化追求与课程改革、建设融会贯通。

### "有氧教育"催生"有氧课程"
#### ——鲤鱼池小学的课程改革文化

一、文化凝练：落脚课程建设

江北区鲤鱼池小学是一所闻名全市的书画艺术学校，书画是其特色。但有特色

不等于有文化，特色也不等同于文化。经过多年的课程改革实践，我们找到了自己的学校文化。我们逆向思考：学校不是"鲤鱼缸"，圈养着学生；教育不是"鲤鱼池"，使学生成为一潭死水。我们正向思考：学生是鲤鱼，他们的鲜艳活泼是因为有足够的氧气，他们的美丽多姿是因为自由畅游、自在呼吸。所以，我们的文化理念就是一句话："让教育充满氧气，让学生自由呼吸。"

文化理念要想落地，就需要再次回到"鲤鱼池"。鲤鱼池用什么样的水养什么样的鱼？教师是水，课堂是水，课程是水。这些水，是清澈的，是充满氧气的，是经常更新的，是能够让鱼儿自由地吐纳呼吸的天堂。其中，课程不仅是源头活水，也是鱼的食物，更是氧气。新课程改革中的课程建设，总体追求的是校本化。我们有两种途径。一是国家课程校本化，即对国家课程进行二度开发，实施"学科内整合"，进行单元内容的调换或重组、链接。例如，对人教版三年级语文第六单元、第三单元进行重组、链接。二是开发精品校本课程，按照艺体类、文化类、品德类、科技类、实践类五个领域逐项推进，每个领域打造1～2种精品校本课程，形成与"2＋2"、课程辅助活动融为一体的校本课程体系。

二、文化生根：追求"氧吧"课堂

教育的氧气和学生的呼吸主要体现在课堂，课堂应该成为"氧吧"。因此，建设"氧吧"课堂既是我们文化追求的生根之处，也是贯彻全市"卓越课堂"建设计划的具体行动。我们的"氧吧"课堂有三个标准。一是"吸氧"需求：点燃学生兴趣点，找准学生症结点，即从问题性学习情境中，发现学生的兴奋点，暴露学生的困惑点。二是"吸氧"方式：自学有目的，讨论有深度，发言有价值，使学生的学习行为不是演戏，而是体验和思考。三是指导"吸氧"：发现及时，点拨到位，方法成型，使教师对学生的学习信息搜集敏锐、扩展有度、提炼有方、评价有力。这就是"氧吧"课堂的三维标准，让学生在课堂的"氧吧"中自由地呼吸。

打造"氧吧"课堂，关键是教师要"识个体、知大体、明进退"。"识个体"，就是要研究学生的个体差异；"知大体"，就是掌握学生的群体差异和班级的学科学习面貌；"明进退"，就是从"满堂讲""满堂问"中退出来，并在"精要讲""如何学"等方面钻进去。为此，我们高度重视教师研究能力，加强校本研修，构建了"三阶段七环节"校本教研模式，开展了多层面、多样化的校本教研活动，总结推广了"学生立场、作文有效教学、中小幼衔接、教学与实践"等多个优秀的教科研成果。

（节选自鲤鱼池小学校长梁正雄《让教育充满氧气　让学生自由呼吸》）

用"有氧教育"的文化价值观建设"有氧课堂"。这样的课程建设，所呈现出的就是"充满氧气""自由呼吸"的"有氧课程"。也许，这种课程思想，带有"人从哪里来""人到哪里去""人该怎么活"的哲学思辨。

## （二）用"善学"沉淀学校课改的个性目标

学校课程改革深化的个性目标，不仅仅体现在国家课程的校本特色实施上，还更为鲜明地表现为校本课程开发和社团活动建设。十多年来，江北区的校本特色课程基本形成了"一校一品"的发展态势，为现在进一步深化课程改革中的校本课程建设奠定了坚实的基础。如今，江北区期待在"一校一品"的基础之上，进一步追求"校本课程精品化"和"社团活动课程化"，使学校的课程体系锤炼自身的课程特色。

### 突出宇水中学特点、适应学生发展需求的校本课程精品化设计

我校将坚持多样化发展的方向，为不同特点、不同志向的学生在原有校本选修的基础上，新设置不同的选修课程，以满足学生的发展需求。同时，进一步加强现有校本选修课的建设，进一步编写与现有的校本课程教材配套的教学参考书。加大校本课程开发的教师队伍培训，固定授课教师，固定在每周星期三下午用两节课的时间开设全校性的校本选修课，固定教学场所，实现真正意义上的走班选修。通过以上措施，打造出我校涵盖各科、覆盖全体学生的精品校本课程。

以下是在原有校本课程的基础上为我校教师提供的校本选修课，供教师们选择。

一、学科拓展类选修课程

学科拓展类选修课程旨在为学生根据自己今后的发展方向和兴趣选取的学科提供横向拓宽、纵向提升的空间，从而有利于学生的个性化学习，也为他们的多元发展提供可能。

| 科目 | 课程模块目录 | 进度安排 |
|---|---|---|
| 语文 | 中国古代文化漫谈 | 2015 年 |
| | 文学作品阅读与写作 | 2015 年 |
| | 外国优秀短篇小说欣赏 | 2015 年 |
| | 《红楼梦》研读 | 2016 年 |
| | 咬文嚼字 | 2016 年 |
| | 文学与人生 | 2017 年 |
| | 欧美作家的人生 | 2017 年 |
| 英语 | 英美概况 | 2015 年 |
| | 英语口语 | 2015 年 |
| 数学 | 生活中的数学问题 | 2015 年 |
| | 不等式选讲 | 2016 年 |
| | 数学文化 | 2017 年 |
| 思政 | 中学生人生规划 | 2015 年 |
| | 中西文化比较——以电影为载体 | 2016 年 |
| 历史 | 旅游的资源与历史 | 2015 年 |
| | 收藏中国 | 2016 年 |
| 地理 | 天文基础知识 | 2015 年 |
| | 家在中国 | 2016 年 |
| | 世界之旅 | 2017 年 |
| 化学 | 引领高中化学的诺贝尔奖 | 2015 年 |
| | 绿色化学 | 2016 年 |
| 生物 | 营养学 | 2015 年 |
| | 普通生态学 | 2016 年 |
| 信息 | 动画制作 | 2015 年 |

## 二、职业技能类选修课程

职业技能类选修课程旨在为学生提供体验、实践、动手操作的机会，提高他们的动手能力，增强他们的生存本领，为学生走向社会奠定基础。

| 课程模块目录 | 进度安排 |
|---|---|
| 艺术插花 | 2015 年 |
| 商务礼仪 | 2015 年 |
| 摄影技巧与图片处理 | 2015 年 |
| 红十字会急救培训 | 2015 年 |
| 学做面点 | 2015 年 |
| 形体健美 | 2015 年 |
| 服装折纸与打样法 | 2016 年 |
| 中式点心知识与制作 | 2016 年 |
| 影视编导与制作 | 2016 年 |
| 汽车使用常识 | 2017 年 |
| 外贸六日通 | 2017 年 |
| 机器人制作与编程 | 2017 年 |
| 工业产品设计 | 2017 年 |

## 三、兴趣特长类选修课程

兴趣特长类选修课程旨在激发学生兴趣，培养学生特长，通过体验式学习，使他们有一些爱好，有一技之长，提高生活品位和生活质量，丰富人生。

| 课程模块目录 | 进度安排 |
|---|---|
| 羽毛球运动 | 2015 年 |
| 排球运动 | 2015 年 |
| 篮球（男子） | 2015 年 |
| 足球（男子） | 2015 年 |

| 课程模块目录 | 进度安排 |
|---|---|
| 健身健美操 | 2015 年 |
| 毛笔、硬笔书法 | 2015 年 |
| 工艺(剪纸) | 2015 年 |
| 衣物编织 | 2015 年 |
| 十字绣 | 2015 年 |
| 围棋入门 | 2015 年 |
| 中国流行音乐 | 2015 年 |
| 中国象棋 | 2015 年 |
| 轻松打桥牌 | 2016 年 |
| 数码照片处理 | 2016 年 |
| 五子棋入门 | 2016 年 |
| 应用美术设计 | 2016 年 |
| 我爱摄影 | 2016 年 |
| 世界未解之谜 | 2017 年 |
| 跟我学萨克斯 | 2017 年 |
| 心语心情 | 2017 年 |

四、社团活动——基于培育适应时代发展新人的新课程

社团活动课程化是本次课程改革的愿景之一。将社团活动纳入课程供学生选修旨在让学生懂得"知行合一"的重要性，通过社团活动、实践探究，使他们不断提高能力，并丰富人生阅历，形成正确的价值观。社团活动实践类选修课程主要包括学校集体活动、调查探究活动、社会实践活动和校园文化活动等。我校拟在原有的社团活动基础上，将以下社团活动校本化，并提供给我校的社团活动选修课教师们。

| 类别 | 活动内容 | 进度安排 |
|---|---|---|
| 学校集体活动 | 国防教育与军事训练实践活动（高一） | 2015 年 |
| | 爱国主义与乡土文化实践活动（高一） | 2015 年 |
| | 农场劳动与探究（高二） | 2015 年 |
| | 励志行（高三） | 2015 年 |
| 调查探究活动 | 完成课题，提交开题报告、过程记录、结题报告、信息收集记录、心得体会、评价结论等材料（高一、高二） | 2015 年 |
| 社会实践活动 | 参加校外社会实践活动并提供活动计划、活动记录、活动总结及活动所在单位提供的证明 | 2015 年 |
| 校园社团文化活动 | 参加校园文化活动并提供名称或社团名称、活动内容、活动记录、活动总结等材料 | 2015 年 |

重庆字水中学根据高中新课程改革的特点，结合学校的发展历史，对校本课程的精品化进行了提炼，系统规划了社团活动的方向和类型，建设了开放、多元的课程环境，促进了高中课程育人价值的实现。由此可见，选择学习是为"善"，发展个性是为"善"；"善心""善学""善治"都将融会贯通，江北区不少学校的课程改革正熔炼并实践着"首善教育"。

### （三）用"善治"选择学校课改的基础目标

人有主食，教育就有主流课程。我国的主流课程就是国家课程，它承载着民族意愿和国家意志，每所学校都必须消化它。课程改革的"善治"起始于敲定首要目标和基础任务，即消化国家课程。所以，江北区深化课程改革的基础目标就是"国家课程校本化"，而各校的课程改革实施方案，就是完成国家课程的消化任务，实现学生的基础发展，绝不能因为追求校本课程的个性化而模糊、放弃了国家课程的校本消化。

### 重庆市十八中学［"树本课程"］——国家课程校本化

※ 课程目标

我们将国家课程整合为三级目标，主要实施分层教学，辅以走班教学：

一级目标即国家必修课程规定的课程目标，注重基础夯实；

二级目标是在完成一级目标的基础之上进行适度拓展提升，由学校自定目标；三级目标是在二级目标的基础之上进行拔尖培养，由学校自定目标。

在后续的实施过程中，将结合高考改革情况对课程目标进行修订。

※ 目标分解

| 学科 | 课程 | 课程目标 | 适用学生 | 修习方式 |
|---|---|---|---|---|
| 物理、化学、生物 | 物理Ⅰ、化学Ⅰ、生物Ⅰ | 一级目标 | 文科学生；达到高中会考难度 | 必选 |
| | 物理Ⅱ、化学Ⅱ、生物Ⅱ | 一级目标 | 理科学生；达到理科高考难度 | 分层必选 |
| | 物理Ⅲ、化学Ⅲ、生物Ⅲ | 二级目标 | 理科、自主学习习惯和能力较强的学生；在国家课程标准的基础上进行适度拓展提升 | |
| | 物理Ⅳ、化学Ⅳ、生物Ⅳ | 三级目标 | 理科、酷爱物化生且具备了较好的学科思维的学生；对初中、高中和大学的内容进行统整 | |
| 政治、历史、地理 | 政治Ⅰ、历史Ⅰ、地理Ⅰ | 一级目标 | 理科学生；达到高中会考难度 | 必选 |
| | 政治Ⅱ、历史Ⅱ、地理Ⅱ | 一级目标 | 文科学生；达到文科高考难度 | 分层必选 |
| | 政治Ⅲ、历史Ⅲ、地理Ⅲ | 二级目标 | 文科、自主学习习惯和能力较强的学生；在国家课程标准的基础上进行适度拓展提升 | |
| | 政治Ⅳ、历史Ⅳ、地理Ⅳ | 三级目标 | 文科、酷爱政史地且具备了较好的学科思维的学生；对初中、高中和大学的内容进行统整 | |
| 除物理、化学、生物、政治、历史、地理之外的其他学科 | 在过渡期内，按照原有方式在各行政班组织教学 | | | 必选 |
| 综合课程 | 以项目申报的方式开设综合课程，探索学科内综合、学科间综合，研究综合内容、综合顺序、综合方法。学科内综合，比如，语文学科可以将阅读和写作进行综合；学科间综合，比如，语文和政治综合，可以开设新闻相关课程 | | | 走班 |

　　重庆十八中学是"首善教育"思想形成的重要土壤。正是由于确立了十八中学"海纳百川、德建名齐"的办学理念，才据此演绎出"树本励新""海纳百川"的课程改革文化理念，把国家课程校本化为"树本课程"，把校本课程凝练为"励新课程"，把社团活动立意为"海纳课程"。上表所示就是学校的国家课程校本化建设的学科目标示例。

# 他人与社会评价

# 一、中国当代教育家的精神塑造

朱旭东

2013 年，受重庆市教育委员会的委托，由我承担首席专家的"重庆市未来教育家培养项目"在北京师范大学实施，学员共 50 位，时间是 10 天，培训主题是"研究能力提升"。我为他们上了本项目的第一堂课，在课堂上采取了对话式、启发式、引导式的教学方式，"强迫"每位学员提出一个在教育教学实践中最能够反映其思想的"概念"，来表明我对于他们作为未来教育家的态度。我逐一地给学员们梳理了他们提出的教育"概念"，使其教育实践概念化，这算是培训课堂教学中学习者的自我建构的过程。马培高先生恰好是这个班的学员，我也就这样认识了他，不过那时对他最深刻的印象应该是，他是这个班唯一一个来自行政系统的学员，因为其他学员大都来自学校，包括幼儿园，也有来自研究机构的，当时心里对他的评价是"应该有其独特性"，但并没有深入地去了解他。2013 年因重庆市教委启动了教师教育创新实验区项目，北京师范大学有幸被列入三个教师教育创新实验区之一，与重庆市江北区牵手，开始了长达三年的合作，恰好马培高先生是这个区的教育"首长"，于是我与他的交往就频繁了起来，也有了进一步了解他的机会，只是还没有一个概念化的认识，直到前不久我拿到他的书稿的时候，"首善教育"概念冲击着我的阅读视觉，也令我迫不及待地、好奇地阅读着他的书稿……在阅读中我开始不断地建构着对他的认识，形成概念，在我的思想中逐渐地形成了多年来一直在探讨的中国当代教育家的精神塑造。马培高先生作为中国当代一名成长中的教育家代表恰好印证了我对教育家精神塑造的认识。我认为，中国当代教育家应该具有实验精神、博爱精神、专业精神、反思精神、研究精神和学术精神。

我所理解的中国当代教育家的实验精神是在中国急剧变革的当代社会背景下，当一切都还在"摸着石头过河"的过程中时，总有一些教育者在努力地探索着基于自我生存环境的教育实验，无论这些实验是否有科学依据，但有一点是可以肯定的，那就是他们在实现教育目标上都获得了成功，重要的是在成功的道路上反映出来了科学实验应该具有的科学精神。马培高先生在重庆市十八中学所获得的教育实验的成功正是我这个观点的写照，他身上那种不断探索、摸索、探究的精神在这本书中表现得十分明显。

我所理解的中国当代教育家的博爱精神是在社会变革的复杂环境下，在社会结构、社会条件分层、分化的影响下，面对不同家庭和环境所造就的不同儿童类型，一位教育者所秉持的对儿童、对人类的深刻理解以及无限的爱，有的教育者对弱势群体的儿童给予了无限的关怀爱心，有的教育者对特殊儿童倾注了自己无限的情感和智慧，有的教育者对"过错"孩子给予了"挽救"和引导，重要的是，更多的教育者遵循儿童成长的身心发展规律，给予了儿童无限的尊重、理解、包容和激励，这些处处体现着教育的人文主义所应该具有的博爱精神。马培高先生在其教育生命中，无论是在普通教师的岗位上，还是在十八中开展教育教学的校长职位上，抑或是在其引领重庆市"首善"教育的江北区"首长"职务上都体现了这种博爱精神。突出的是，他理解、尊重、了解儿童，这是所有教育中的人文主义的博爱精神的基础和重要组成部分。

我所理解的中国当代教育家的专业精神是在一个高度的专业分工、专业分化的现代社会里，在一个专业选择、专业流动高度自由的专业世界里，在一个专业利益、专业名声高度诱惑的专业圈子里，还有一些教育者不为利益、不为名声而始终坚守在一个以清贫、单调，但同样具有高风险为特征的教育岗位上所表现出来的专业认同、专业美德和专业使命。马培高先生在其著作中所体现出来的专业发展历程就是这种专业精神的成长过程，没有对教育事业的热爱，没有对教育工作的深刻认识，没有对教育的功能和作用的深刻领悟，没有对教育所赋予的使命感的深刻了解，他不可能会深入到教育的专业精神塑造中去。

我所理解的中国当代教育家的反思精神是在信息无限、生活节奏快速的生活世界里，在高度快速运转的专业工作氛围中，在一个社会不断个体化的时代，教育者通过不断的学习、培训、观摩、交流等进行自省和反省的精神。自省主要是对自我的反思，反省是对他者的反思，二者构成了教育者的反思精神。马培高先生在其著作中以其丰富的生活经历、个体在教育实践中所积累的独特经验和对于著作主题的学术梳理塑造了专业成长中的反思精神，这种精神成为其突出的人格品质。

我所理解的中国当代教育家的研究精神是在复杂多变的社会中，专业工作的繁重性、复杂性、多变性决定了专业工作者要运用科学的研究方法来实现发现问题、提出问题、分析问题、研究问题和解决问题的研究目标，而教育者是在面对社会变革所导致的儿童和学生发展中的复杂性、神秘性和多样性中发现和提出教育问题、分析和研究教育问题，最终解决教育问题的目标而体现出来的科学研究的素养，包括数据的收集、分类、分析，以及解决教育问题的价值取向，从而形成其教育研究精神。马培高先生以其在过往的教师、校长、行政管理者的丰富的管理中所遇到的教育问题作为研究对象展开了不同角色和岗位中的问题解决式的研究，在其著作中所阐述的观点和思想正是这种研究精神的塑造中形成的。

　　我所理解的中国当代教育家的学术精神是面对不同类型的科层制提供无数的制度化社会背景下，个体要超越制度和政策，在自由精神、批判精神、质疑精神中去形成自己的分析、判断、推理、决策的认知模式，通过概念建构来实现认知模式而塑造的学术精神。马培高先生提出了"首善教育"的概念，并以数字化的概念建构路径提出三首和三善逻辑和范畴，以立德为先的教育价值的"首先"性、树人为本的教育哲学的"首要"性、创新为要的教育追求的"首创"性，育人以心的"善心"、达人以学的"善学"和群人以文的"善治"，充分体现了马培高先生通过这些概念和范畴全面阐述了其关于教育目标、教育过程、教育方法以及课程、教学，尤其是学校管理和行政管理的思想，及其以超越制度化的认知范围，形成自己的思想体系的学术精神。

　　重庆市江北区是我带领教育部普通高校人文社会科学重点研究基地北京师范大学教师教育中心的团队开展的、由重庆市教育委员会和江北区教师进修学院支持下的APEx(Advancing Professional Educator's Excellence)项目的实验区，实验区的工作已经推进了多年，也是在马培高先生的鼎力支持下促进的，这恰好是我深入了解一位区域教育的"首长"专业精神、专业能力、专业知识发展的一个机会，这部著作让我更好地熟知了一个中国典型的从教师到校长、从校长到行政管理者的专业教师的成长史和教育家精神的塑造史。

　　（作者系北京师范大学教育学部部长、教育部普通高校人文社会科学重点研究基地北京师范大学教师教育研究中心主任）

# 二、以爱育爱　为学生提供最好的教育

## ——马培高与他的"首善教育"

### 宋乃庆

　　最近，重庆江北区教委主任马培高同志的书稿《马培高与首善教育》（以下简称《首善教育》）一直让我回味不断。书中开篇娓娓道来的他的动人的成长故事，促使我一口气读完，一个有理想、有抱负、有能力、敢于创新的青年教师形象跃然纸上。《首善教育》让我看到了培高同志的教育情怀，看到了他的开拓创新、勇往直前，看到了他一路走来教育思想逐渐深刻，道路越走越开阔，更重要的是看到了培高同志首善教育思想的产生、形成与发展过程。

　　我对培高比较了解，《首善教育》中的成长故事更唤起了我对他的回忆。记得初为人师时，他满腔热情，在艰难困苦的磨砺中探求素质教育之路，以爱育爱，在学生心中播下爱心和善良的种子；首任农村中学校长时，他沉潜躬耕，身先士卒，在教育实践的田野里获得丰厚滋养，开始养成战略思维的习惯；再当重点中学校长时，他锐意改革，突破常规，创造"十八中奇迹"，展现了引领群伦的才干。2012年初，培高又接受重托，担任江北区教委主任，治教一方，不畏怯，不守成，铁肩担道义，把"首善教育"作为"学生—学校—区域"一以贯之的教育哲理，坚定地彰显"以爱育爱""奉献最好的教育给学生"的首善教育的本质属性。他带着教育理想和追求，一路前行，从教师、校长到教委主任，一步一步地探索出一条宽广的首善教育之路。

　　培高同志丰富的成长经历，铸就了这本教育论著，《首善教育》集中体现了他的"以爱育爱""奉献最好的教育给学生"的教育哲理。

　　本书阐述了首善教育的思想意蕴、研究述评、理论支撑、区域治理、学校变革、课程改革等内容，探讨了首善教育的内涵与层次、意义与价值，更重要的是探究了首善教育的理论基础与实践，其中有三大亮点。

　　亮点一在于培高同志明确地提出了自己的教育主张——首善教育，并进行了深入的阐释。我所理解的首善教育主要有两层含义，第一层是要"以爱育爱"，培养学生与人为善、善待他人、善待环境的品质，其目的是用爱的教育促进和谐社会的形成；第二层是从"学生—学校—区域"的角度打造最好的教育提供给学生，其目的是用最好的教育来感化、培养、发展学生，促进学生人人成才。首善教育以"善"作为教育的首要因素并将其作为教育的核心要义，完整阐明了教育所应具有的目的、内容和途径。教育应从个人心灵出发进行"立德"，应从社会重建出发进行"树人"，相应所成"立德树人"，以此达成"全社会善治"。在此基础上，他初步构建了由"三首""三善"与"三维路径"组成的首善教育体系。他在"首善教育"中注重"立德为先""树人为要""创新为魂"，通过"以爱育爱""育人以心""达人以学""群人以文"，以此达到以文化凝聚社会，以文明和谐社会。首善教育创生了"学生、学校和区域"这三个层面的实践路径："基础教育＋个性特长、质量＋特色、公平＋优质"。可见，首善教育思想是对教育本真的深刻认识，不仅切中"立德树人"的教育要义，也是其重要支撑。

亮点二在于本书是培高同志长期的基础教育理论学习与实践探索相结合的产物。作为担负重庆主城区域基础教育发展重任的教委主任，培高自觉锤炼未来教育家的目光与胸怀，承担未来教育家的责任与使命，站在传承历史、造福当下和创造未来的高度推进江北区基础教育，探析了首善教育的理论基础。他在马克思的全面发展学说中，强化了首善教育"良善"的道德追求与"止于至善"的精神觉悟；在加德纳的多元智能理论智慧光照下，坚定了学生发展的立场；在复杂适应系统理论那里，寻找到了包容多样性对首善教育培育"创新"的理解认识以及多因多果对首善教育变革视角的诠释。

亮点三在于培高同志的首善教育在"学生—学校—区域"的实践中结出了丰硕的果实，推动了江北区基础教育的公平发展，使其走向了优质教育。在首善教育思想的指引下，江北区在师生发展、学校变革、区域课程改革和教育治理结构完善等方面都取得了十分显著的进展。例如，建设优质均衡教育强区，优化整合教育资源，大力推行集团化办学，着力实施"学校文化建设工程"，以培育拥有深厚文化底蕴的"百年老校""百年名校"；切实杜绝"短板效应"，对农村偏远及薄弱小规模学校，实行人才引进、经费投入、贫困学生资助等方面的全方位倾斜政策；建设开放教育特区，立足都市功能核心区及"两江新区"核心区的区位优势，谋划开放教育，加强干部教师培训的国际交流，适应国际化趋势改革的学校课程设置，让区域教育具有开放的胸怀、世界的眼光和国际的视野；建设打造特色教育名区，鼓励学校办出特色，着力打造"一校一景，一校一品"，形成"各美其美，美美与共"的办学格局；等等。

教育乃千秋基业。19世纪英国惠灵顿公爵在滑铁卢战役中，打败不可一世的拿破仑后，留下一句迄今令世界教育界深刻反思的名言——当我在伊顿公学的操场上练习奔跑的时候，滑铁卢战役的胜负，其实就已经决定了。这句话深刻地揭示了学校教育，尤其是基础教育对人的一生成长与发展，乃至对国家命运的影响和作用。培高作为一名优秀的教师、出色的校长、有思想的教委主任，用他的生命轨迹，用他的思想力量，表达了教育人追求卓越的努力，当然，这种努力是没有止境的。

（作者系西南大学教授、博士生导师，教育部西南基础教育课程研究中心主任，教育部基础教育课程教材专家工作委员会副主任，中国教育学会学术委员会副主任）

# 三、在故事中成为他自己

李源田

朱永新先生说，他在新教育实验中一直提倡让学校成为汇聚美好事物的中心，让人类那些最美好的东西在学校里都能够和孩子相遇，每个孩子从中能够发现自我、找到自己，从而成就自己、实现自己。我们编著《走向教育家》一书，在梳理重庆未来教育家的教育思想与主张时，重点关注了马培高和他的"首善教育"。

马培高同志现任重庆主城江北区教委主任，我不想赘述他曾经获得的很多荣誉，诸如国务院政府特殊津贴、重庆市青年五四奖章、重庆市中小学骨干校长、江北区政府争光贡献奖等，这些光环的区分度仍然有限。然而，马培高同志近三十年的从教历程，尤其是渗透着心血和智慧的教育故事却独特得难以复制。

——初为人师时，有一段时间，班上接连有四五个学生生病住院，他用微薄的工资买了麦乳精等营养品，去医院看望，"学生看到我来了，十分感动"。教师收入有限，关爱学生的情谊却是无限的。

——刚当上忠县石宝区教办主任的那半年时间，由于兼任石宝中学高三两个班的政治教学，他在学校和教办之间来回奔波，经常深更半夜备课，一大早还要赶到学校值守早自习，上完课后，又要急急忙忙赶往区教办。被喻为常数的时间，其实可以变成函数，因为熊熊燃烧的生命总是能够让生命增值。

——每逢教师家里有红白喜事，他还会召集大家凑点小小的份子礼，拿来买鞭炮，让教师们"有面子"，真正感受到学校集体的温暖和身为教师的自豪，从而增强教师教书育人的荣誉感和团队凝聚力。教师这份职业是平凡的，平凡的职业同样需要尊严。看似简单的活动与组织，却是那个年代最有效的基层工作方法。

——21世纪初任忠县教委副主任期间，只花了300万，就在全县105所中小学实现了校校通，使忠县成为重庆第一个校校通全覆盖的农村县。信息化带动教育的现代化，需要实实在在的行动与举措。否则，它只是一串独立悬挂的口号而已。

——2005年12月，时任潍坊教育局局长（现任北京十一学校校长）李希贵在看到《中国青年报》上《"十八中老师当一天十八中学生"所引发的心理地震》一文后，专门签署并印发了一份学习该文的通知。2003年到2012年，重新当上中学校长的这九年，马培高校长在成就教师、成就学生，带领教师们创造出"十八中奇迹"的同时，也在提升着自己。他自己被评选为重庆市未来教育家培养对象，明确提出在江北区全面建设"现代化教育首善之区"。他所带领的重庆十八中，早已从拥挤的城区移动到铁山坪下长江边。今天的十八中，占地300亩，投资4.8亿元，可谓规划合理、学校古朴典雅，可见涛声漫卷、风景流芳。

行走在成为教育家的路上，马培高先生正在磨砺属于自己的教育思想，"首善"就是这种思想的简练表征。"首先、首要、首创""善心、善学、善治"，正是这一思想的结晶。"首善"影响教育，朝向个性特长更突出的学生，指引质量特色更鲜明的学校，建设彰显优质公平更卓越的区域，既是"立德树人"落地生根的区域样本，又是教育寻求解放的哲学思考，还是区域发展走向超越的文化自信。

儿童乐园在江北有流光溢彩的幼教"新村"；洋河花园、同创国际、满山带玉、花样和济等小学教育；国画大师已经走得很远了，但是徐悲鸿初级中学还在这里；"只有站在高处，方能看见字水"，因了乾隆渊源（"字水箫灯"）蓄势待发，有梦想就会书写传奇；还有"和雅"女职中，悠扬美名传巴渝……私人定制，有氧教育，课程改革，无限天地。目前全区教育战线拥有硕士、博士学位教师近500名。享受国务院津贴的教师、未来教育家培养对象及特级教师达到20人，中学研究员、重庆名师、市骨干校长达到20人，市区骨干教师即将达到600人。

培高同志的故事还有很多，星夜兼程地寻访优秀教师，与颇具个性的付老师打赌，大张旗鼓地宣传自己觉得挺提神的东西，中层干部招聘前夕的压强，为了集体利益敢于比较任性的坚持，外在形态的潇洒与内心深处的良善……凡是与他有交集的人物都可以从不同的视角，选择不同的方式去编辑这个人物，包括他的一些故事，并且加上不同分量的油盐酱醋，烹饪出不同的菜肴。他在匆匆的人生旅途中，总是能够坚持在自己的故事中成长，并坚持成为他自己！我认为，他是一个对事业充满热情，对教育富于感情，对生活比较抒情，对理想愿意"殉情"的"重庆崽儿"！

他的事业有许多的伴随者，他的身边有许多与他一起奋勇前行、志同道合的探索者，还有许多脚踏实地的支持者。他们为了江北，为了重庆，为了巴渝这一方热土，为了"首善教育"，"站在时代的前沿，着眼教育的本质，遵循教育的规律，把使命扛在肩上，用未曾停止过的区域教育改革步伐，以一往无前的勇气，思考、谋划和丈量着江北教育的明天"。这个判断我是支持的，因为命制出"首善教育"需要下一番功夫，而组织力量，谋篇布局，励精图治，交出一份满意的答卷，或许要下更大的功夫。

冬夜漫漫，我在通读了他即将出版的专著之后，德国哲学家康德的话就一直在我脑海回荡："我们的责任不是制作书本，而是制作人格；我们要赢得的不是战役与疆土，而是我们行为间的秩序与安宁。真正的大师杰作是一个适宜的生活方式。"是的，当培高同志的"首善教育"能够成为他和他的同事们的一种生活方式，并且这样的生活方式能够影响江北乃至更多人的生活方式的时候，教育家办学的梦想就会变成现实，江北区就会为重庆、为全国贡献一位优秀的教育家！

（作者系重庆市教育委员会师范处处长）

# 四、心之所向，力之所及

## ——读《马培高与首善教育》有感

### 田祥平

前段时间，我刚刚阅读完了一个关于梦想与坚持的故事——《温网荣耀：穆雷自传》（温网即温布尔登网球锦标赛的简称），书中以细腻、温情的文字回忆了穆雷数十年的奋斗历程，展现了这位网球界的灵魂人物从一位寂寂无闻的运动员成长为英国网坛传奇的艰辛历程。我正有感于这个故事对教育的启示，第二天，便收到了重庆市江北区教委马培高主任的书稿——《马培高与首善教育》。培高与我相熟多年，他在业界的发展历程我也是颇为了解的，他从一名乡村教师逐步走向政坛，可谓人生拔擢、蒸蒸日上，但他始终没有离开他所热爱的教育事业。真实的故事往往让人心生感慨，而沉静的文字更能流露出人的内在思想和精神。我满心欢喜地阅读完他的自述，便有感于这两本书的相似之处——关于生活中目标与奋斗故事的真实，也便有了我读后的些许感慨，或许正好可以作为《马培高与首善教育》的读书感想。

《左传》中说："太上有立德，其次有立功，其次有立言。虽久不废，此之谓不朽。"人生的事业不一定要轰轰烈烈、风风光光，但一定要于己无悔、于人有利，这样才谈得上立身处世。《左传》的这句话正可以作为培高人生发展的简要概况，只是这件"虽久不废"的事业，对他来说也是艰难历尽，五味遍尝。而他自己正是在这"三立"之中收获了那一份心安与自适。

十年树木，百年树人。自古以来，教育就是民族乃至人类的崇高事业。多少年来，人们曾高呼知识就是力量，教育就是让人类的宝贵知识与经验薪火相传，让人类的文明瓜瓞绵延，但是又有多少人认真地去理解过传统文化中对人才的培养就是"德才兼备"呢？"德"为育人之首，才识随之。知识的力量的确带来了科技的突飞猛进，却难以教化人本性之中的痼疾。不论是孟子的"性善"论，还是荀子的"性恶"论，其本质都是希望通过教化来抑恶扬善。中国有着深厚的道德基础，孔子的有教无类，不仅仅意在传授知识，而且力图以"仁义礼智信"的道德来规范社会，矫正时弊。通观如今的世界教育，文明的发展全然以"德"为一切发展的基础，德之所兴，才有人之所立。所以，培高倡导"首善教育"，正是一语切中肯綮，教育之本，旨在树人；树人之要，首在立德；立德之路，必在兴善。"德无常师，立善为师"，这是千百年来的古训。作者在书中以儒学传统为理论依托，详明地阐释了"首善"的本意，对"善"的哲学内涵、文化命意、教育使命做了详尽的阐述，构建了"三首""三善"的多维体系，这些必为天下教育所公倡。我们在作者的自述中，也清楚地看到了作者几十年的工作，始终贯穿着以善为始，以善为终的"善始善终"的教育情怀。这第一等的教育事业首先就是从"立德"开始的。

一位从教者在心中有善念、有善端、有从教不息的恒心；同时在言行之中有善行、有善举，便能在繁杂的工作中立功立业。他从基层的乡村教育做起，二十几岁便主导石宝这一方教育，这是需要个人的教育理念、饱满的热情、卓越的才能方能做到的。书中以"善"为思想内核，贯穿了作者几十年的教育观念，从年轻时的精心备课、匠心独运，成为学生的良师益友；到县级教育的锐意改革，救治沉疴；从重点中学校长的革故鼎新、力挽狂澜，到主教一方的教育蓝图，无不在人生的各个阶段去追求立德树人的崇伟事业，无不是本于人性，"磨揉迁革，使趋于善"。

凡为人师者，自然"既知教之所由兴，又知教之所由废，然后可以为人师也"。我们在书中可以真正地感受到培高的高远理想以及他为之付出而取得的辉煌成绩。在石宝区教育管理中，他大胆突破人事制度，以初生牛犊不怕虎的探索精神，打破常规，深谙想要培养为善之人，先要选好为善之长的道理，从而给一方教育带来了活力。我还记得他在重庆市重点中学十八中担任校长时，完全凭借个人的勇力突破重重阻碍，成为振兴一校教育的典范。其中讲到他对十八中付一河老师的任用一例，其实，最让我感动的并不是最后有了一个可以让十八中为之振奋的成绩，而是两位有"得天下英才而教育之"的老师思想上的惺惺相惜，感动于他们那份心中最单纯的书生意气。一个人有善念并不足贵，而一个人若要将心中的那一念转化为一行，固化为一事，点化为一功，才是难能可贵的。细细嚼来，他在担任各级领导时均有一个共同的特点，那便是选贤用能，不拘长幼。这份魄力非心地澄明的人不能为之，所谓"大道之行也，天下为公，选贤与能，讲信修睦"。在他的心中自有一个可以昭示世人的"大道"，这便是力推"首善"的教育，力主为公的事业，为人干练磊落，便无惧艰难险阻，无惧流言蜚语，也便齐聚人心、上下协力。生活中有许多人在年轻的时候一腔热情，壮志满怀，许下广育士类的理想，但是，又有几人能够矢志不渝，最后立功兴业呢？古人云："善教者以不倦之意须持久之功。"这不正是培高今天主教一方的成就根源所系吗？人们总是有着建功立业的宏愿，却少有"不倦"的心态，"持久"的毅力。培高不管在人生的哪一个阶段，总是在艰难面前不知倦怠，持之以恒；总是用自己的努力来换取时间的评判。石宝教育的变化，十八中的奇迹，江北教育的鼎新，都显露出作者的"立功"之举。

培高不仅在艰难环境下竭力尽心，而且在繁忙的事务中笔耕不辍。有理想，有行动，更有文字，是为"其次有立言"。其实他的心中早就有了真正属于自己的教育理念和情怀，之所以未能及早成书付梓，乃是因为任何一种理念都需要长时间的实践和印证，30 年的教育历程，他在教育的领域分担过各种角色，见多识广，博观约取之后而厚积薄发。先前我提到的温网名将穆雷也是在实现理想之后才将自己的人生经历付诸文字的。我在这两本书中，能够感受到的就是那份为目标而不懈努力的精神。今天的培高，已经主教一方了，但他的理想不改，对教育执着的热诚不改。若一人之教容易，一校之育可观，而一方之化便是为千万学子立心之举，实属宏远。穆雷在职业生涯第四次大满贯决赛失利之后说："最起码我离冠军更近了。"正是凭着这样的信念，穆雷才成就了他在温网的传奇。那么，我想培高也在以这样的信念来主教一方，所以离他自己的梦想近了一步。

记得胡适先生曾说，成功不必在我，功力必不唐捐。一个人的事业并不是要去追求那唯一的胜算，在这个过程中种种的努力不会付诸东流。穆雷即便没有拿下他人生的大满贯，也足以成为世人敬佩的人物，就像李宗伟很难获得羽坛的第一，但并不妨碍人们对他的称赞，因为他的永不言弃，给了世人鼓励，给了那些奋进中的人希望与动力；而培高在杏坛躬耕的这些年，不只是桃李满天下了，他的人生经历，他立言之中的"德"与"功"就足以成为众多从教者的精神示范，凡心之所向，定要力之所及。我想，这本书也隐含着一份善意、善心、善行在其中。

（作者系重庆市南开中学校长）

# 五、忠诚·奉献·创新
## ——记重庆市未来教育家培养对象、江北区教委主任马培高

龚春燕

在重庆市未来教育家培养对象中，江北区教委主任马培高同志的成长经历很有特点。"忠诚""奉献""创新"是他教育职业生涯的三个关键词。

首先，热爱教育，忠诚不移。1987 年，21 岁的马培高被分配到有江上明珠美誉的石宝寨的忠县石宝中学教高中政治，担任高 1990 级 2 班班主任。从 1989 年起先后担任石宝中学团委书记、石宝区教办主任、忠县石宝中学校长、忠县教委副主任等职务。2003 年 9 月公招调入重庆市第十八中学任校长。2012 年开始担任重庆市江北区教育委员会主任。28 年从教路，从农村普通高完中教师到重庆市重点中学校长，再到直辖市主城区教委行政管理一把手，无论外界多少诱惑，角色几多变换，马培高始终没有离开钟爱的教育事业。因为爱，所以追求——这正体现了他对教育事业的忠诚！

　　其次，立足育人，奉献爱心。"爱无止息，奋斗不息"是马培高对自己成长之路的概括。1987年，初为人师的马培高，就追求"把政治课上出素质教育的味道"，坚持在学生心中播下爱心和善良的种子，以至于多年后，许多学生回忆起马老师与他们相处的情境，记忆最深的"不是您所教给我们的知识，而是思考问题和为人处世的方式，在我们心中播下了爱心和善良的种子，培养了我们对于未来的自信心"。走上校长岗位，马培高坚持用心、用情、用智、用力办好学校，推动人事制度改革、管理模式改革、教师队伍建设、课程教学改革、学校特色发展等，"为成就每一位学生的未来服务"，为每一位教师的发展服务。担任教委副主任、教委主任等领导职务时，马培高坚持既谋全局又重细节，重规划又抓落实，抓学生全面健康成长又关爱教职工，追求教育理想，铸造"首善"教育品牌。虽然工作对象和工作内容在不断变化，但是马培高钟情教育、锐意改革的奉献热情从未改变！

　　最后，善于思考，永远创新。1992年夏天，我刚调到重庆就听说万县地区有一位28岁的"最年轻的高完中校长"。1997年秋天完成国家"九五"研究课题"学生学习矫正与指导"结题工作后，我有了"创新学习"研究的初步构想并开始了"创新学习"研究，到1999年，实验学校有了四百多所。这个时期，我更多的时间是在基层学校，忠县是创新学习的大本营，我和马培高同志的交往也逐渐多了起来，有更多机会听他和他身边的人讲述他的故事。印象深刻的是他刚上讲台时搞的教学创新和担任教委副主任期间的大胆抓信息技术发展行动。"初生牛犊不怕虎"，还是在初为人师的阶段，马培高就在高中政治教学中大胆突破常规，将书本知识与时事热点结合起来，给学生提供贴近实际的丰富素材；把知识传授与思维方法训练结合起来，把学生的"懂、信、用"结合起来，引导学生分析讨论，学以致用。所教的学生常常说："听马老师的课，一点不觉得枯燥，反而感觉很轻松、很有趣。"通过借鉴名师名家教学经验，结合自身实际，马培高先后探索过"三步法""四步法""三共三段教学法"等教学模式，逐渐形成他自己的教学风格，还总结出了一套科学的学习方法。1998年，马培高担任忠县教委分管教育教学的副主任，面对穷县办大教育的现实环境，他开创性地采取几条腿走路的方式：一是扎扎实实做好入校督导，坚持重心在课堂，狠抓教研和课改，以质量为抓手，推动工作。二是分层分类加强师资培训，针对高中扩招，从全县初中选拔教师，将其作为高中教师来培养，办班与跟师结合，举办公开课、示范课活动，要求人人献课、说课、评课，邀请外地专家现场讲学，还多次组织中小学校校长赴北京、上海、广东等地考察课改与素质教育，开阔视野，更新观念，适应课程改革的要求。三是以教育信息化抢占制高点，抓教育信息化，解决农村优质教育资源不足这一瓶颈问题。

2003年，马培高通过公招调任重庆市第十八中学任校长。当时的十八中，处于"六校联盟"的第二集团中，排位居后。更让他焦虑的是，全校教师安于"二流学校"的现状，人心不齐，士气不振。经过一段时间的调研，马培高带领班子在逆境中找准学校发展的"坐标系"，提出了"追赶、跨越、腾飞，尽早全面进入重庆市基础教育第一军团"的奋斗目标，坚持要走一条"创建示范高中，打造品牌强校，提升办学品位"的快速发展道路。他反复在全体教职工中强调："不服输，不畏难，不懈怠，别人走一步，我们必须走两步。"接下来，马培高在学校推动了人事分配制度改革，啃下了学校发展的"硬骨头"。他首先实行了真正意义上的公开聘任制，当聘任制改革顺利实施后，紧接着推动了分配制度改革。他重视思想引领，坚持"教师第一"、学生为本、为成就每一位学生的未来服务的发展理念，注重弘扬办学特色，营造生动活泼的校园文化生活。学校发展进入轨道之后，再审时度势力推学校转型升级，提升学校内涵发展层次。

通过九年时间，马培高带领他的团队创造了所谓的"十八中奇迹"，也入选了重庆市"未来教育家"培养对象。我对他的教育思想、成长经历尤其是他的创新精神和实践有了更深入的了解。2012年，马培高出任江北区教委主任，他提出把"首善教育"作为江北教育发展的思想主题，全面推进"现代化教育首善之区"建设；提出并实践"围绕一条主线，做好两篇文章，抓好三件大事，实施八大工程"的工作策略。马培高提出的首善教育，由"三首""三善"和"三维路径"构成，"三首"即首先、首要和首创，指"立德为先""树人为要""创新为魂"；"三善"即善心、善学、善治，指"育人以心""达人以学""群人以文"；"三维路径"即"基础教育＋个性特长、质量＋特色、公平＋优质"。所谓一条主线，即改革创新；两篇文章，即充分调动校长办学积极性，促进教育优质均衡发展；三件大事，即管好人、用好钱、做好事；八大工程，即办学水平评估科学化工程、学校文化建设工程、深化新课程改革工程、质量提升工程、学前教育普惠发展工程、教师专业化发展工程、教育民生工程和党风廉政建设工程。江北教育在首善教育思想的引领下，得到迅速发展。

"点子多，敢想、敢说、敢做，有一种超前思考的意识和视野。"——这是同事对马培高的评价。回顾他 28 年的从教路，荣誉一直相伴而行——他连续三年被忠县教委授予"优秀校长"；先后五年受到忠县县委、县政府表彰奖励；2001 年、2002 年、2004 年受到重庆市教委表彰奖励；2005 年被命名为重庆市中学骨干校长。他的三十多篇论文在国家级、省级报刊发表，多篇论文在全国、市、区论文评选中获一、二等奖。他参加了多项全国科研课题研究并获奖，其中很多课题被中央教科所评为"九五"国家重点课题和"十五"国家重点课题。他被评为重庆市基础教育改革先进个人，重庆市教育管理先进个人，享受国务院政府特殊津贴。

支撑这些荣誉的，其实正是马培高的三种可贵的品质——忠诚、奉献、创新！相信未来，马培高一定会写出更美的教育诗篇！

（作者系重庆市教育评估院院长）

# 六、侠骨柔情，一马当先

## ——关于"马班长"的平凡小事

### 李大圣

在重庆市第十八中学当校长时，马培高被教师们亲昵地称为"小马哥"，大家夸他朝气蓬勃、奋发有为。在重庆市首批教育家培养对象高级研修班时，他是班长，被一群"牛"人尊称为"马班长"，大家认为他待人热忱，有亲和力，值得拥戴。在江北区，他是我的上司，在未来教育家培训班，我和马班长同学四年。解读马班长有千万个视角，在这里，我仅仅讲他的"侠骨柔情"。

良善是马培高的人生底色，同理心和同情心是他最鲜明的人格特征，同时，这也是他聪明才智和生命活力的真正来源。我以为，一个真正有教育影响力的人，常常能在人性的层面上深刻理解他人并能够最大限度地释放善意。马培高就是这样的人，对上级、对师生、对同僚、对家人，都心存善意，习惯换位思考。我了解他越多，就越觉得首善教育思想由他提出实属必然；同时，对他的首善教育思想的认同感也越发增强。

他出身平民，不改初心，不忘本，令人尊重。28 年的教育从业生涯，他先后在农村政治教师、班主任、教研组长、团委书记、农村高完中校长、教委副主任、主城重点中学校长、主城区教委主任等多岗位锻炼。凡要求别人做的，他都自己先做到。在农村中学当教师时，看到学生寝室和礼堂脏乱不堪、臭气熏天，马培高会立马穿着短裤，拿着工具，第一个带头做清洁。在十八中当校长时，每个清晨，天还没亮，他就会出现在校门口，问候每个到校的师生；很晚了，他还会出现在住读生晚自习教室，助力那些勤奋读书的孩子。师生们都知道，马校长就是身边敬业的榜样，不努力自己都不好意思。担任江北区教委主任时，马培高看到个别校长开学前一天才到学校布置工作，就总是疾言厉色、痛心疾首，他认为校长作为学校当家人，不能如此对工作不上心！现在，在江北区，校长总会提前一周开始集中学习，谋划新学期工作。

　　江北区教委人事科刘勇英年早逝，马培高在政策许可的范围内，竭尽所能给予支持！十八中年轻教师廖星，遭遇意外，虽已去世多年了，但每年清明节，马班长都会悄悄到墓前吊唁。至今言及此事，他每每眼含热泪。私下想来，当马培高一个人坐在石宝寨二蹬岩的石凳子上静静地看书的时候，当马培高与同事一起在忠县下河洗澡，就着油炸面条喝小酒的时候，首善教育思想就已经在那些朴素而纯粹的日子里开始孕育生长了。

　　马培高是有勇有谋的。他身先士卒，敢于担当，不回避矛盾，更不诿过于人。他的成绩是公认的。2004 年 4 月 16 日，江北发生了天原化工厂氯气泄漏事件，几万居民紧急疏散转移，十八中作为主要的安置接受点，紧急接收了几千名居民，他在危急关头自觉承担起巨大的社会责任。2006 年高考前夕，十八中教师付一河提出了"冲北大清华"的目标，当时学校已经连续近十年，没有一个学生考上北大清华，所以许多人嘲笑他——"不信鸡毛能上天"。刚烈的付老师发誓："如果考不上清华北大，我付一河就从六楼跳下去。今年就是有希望！"马班长得知此事后，第一时间找到他，当着在场教师的面，坚定地对他说："付老师，我相信你一定能行！如果真要跳楼，我先跳！"2006 年，十八中考出了一个重庆市高考理科状元，三个学生考入清华北大。听到结果，付老师说："马校长，我们的命，保住了！"教师们则抱头痛哭。智勇兼备，壮士断腕，众志成城，十八中，怎么可能没有超常规发展？

　　以人为本的理念，刻进马培高的血脉。有一次为了引进一个教师，他晚上 9 点从江北出发，坐了几小时的车赶到那位教师家中，半夜请他吃夜宵，喝啤酒，说到动情处，眼眶有热泪，终于打动了那位教师。马培高看到高中学生课业负担偏重，为了倡导教师减负提质、尊重教育规律，就想到让教师们进教室当一天学生，教师们的反思是深刻的。2005 年 12 月 8 日，时任潍坊市教育局局长、现任北京十一学校校长的李希贵在看到发表在《中国青年报》上的《"十八中老师当一天十八中学生"所引发的心理地震》一文后，专门签署并印发了一份学习该文的通知。正如马培高自己评价的那样，面对问题不绕道，面对挑战不回避，面对教师不负心，面对学生不亏心。因为爱，所以追求；因为善，所以奋斗。

知人者智，自知者明。马培高有着清醒的自我认知，坚持锻炼，勤于学习，不断追求卓越。在未来教育家班里，他是全勤的人，能坚持四年，需要何等的克己和自觉。他任教委主任时间不长，所以自称学徒。事实证明，他头脑清楚谋全局，求真务实抓落实，教育事业进展迅速。他认为区教委主任最关键的责任是围绕"一条主线"——改革创新；做好"两篇文章"——充分调动校长办学积极性、促进区域教育优质公平发展；抓好"三件大事"——营造教育优先发展、率先发展的良好外部生态环境；着力于人才队伍建设；推进现代学校制度建设，简政放权，扩大校长办学自主权，促进学校内涵发展，激活每一所学校发展的内生动力！

至今，马培高回到忠县，还习惯带一把菜田里的葱苗回主城。当他描述用滚烫的开水冲泡葱花、酱油的美味时，感我至深。人生何其有限，任何人，为生活、为教育全心全意、诚心诚意歌唱的姿态，都感人肺腑、十分美好。

大道之行，天下为公。马培高的首善教育，是"把善放在首要位置的教育"，是"以至善为核心的教育"，是"走在善的道路上的教育"。而最大限度地彰显教育的道德本质和公益属性，就是平民出身的教委主任马培高的神圣使命与不懈追求。

（作者系教育博士、重庆市江北区教师进修学院院长）

# 七、教育者的使命：彰显道德本质和公益属性

## ——记重庆市未来教育家培养对象马培高及其首善教育

游　语　李　丹

两千多年前，教育家孔子让学生子路、冉有、公西华等弟子说自己的志向。轮到曾皙时，他说他的志向是"莫春者，春服既成，冠者五六人，童子六七人，浴乎

沂，风乎舞雩，咏而归"。

一群志同道合的人，怀着自由愉快的心情，朝着一个目标努力，亲切而且奋发！这不仅是让人向往的生活状态，也描绘了教育的理想境界。在重庆市江北区，有一群可爱的教育人，在教委主任马培高的带领下，尊重教育规律，回归教育本质，践行教育理想，致力于培育一批批纯真良善的学子，打造一所所各美其美的学校，推动区域教育信息化、现代化和国际化，充分彰显着教育的道德本质和公益属性。

更难能可贵的是，马培高结合自身的成长经历，研判当地教育现实和当今教育的发展形势，逐步形成了坚定鲜明的区域教育哲学——首善教育。首善教育思想不仅有严密的理论支撑，同时也有着系统的理论阐释框架与有效的教育实践探索。而且，这种理念与实践已经成为江北教育发展的统领，创造了越来越好的教育生态，催生了越来越多的兼济天下的教育人。

**"所志者大，所据者实"：首善教育植根于江北教育的现实土壤**

首善教育思想的形成，更不是一蹴而就的。

马培高有长期在教育一线摸爬滚打的经历。从政治教师、班主任、教研组长、团委书记、农村高完中学校长，到县教委副主任、市区重点中学校长，最终到重庆市江北区教委主任，一路走来，马培高留给学生、同事最大的印象就是关心师生，尊重规律，注重在学生心中播下真善美的种子。他教过的学生有很多至今还和他保持联系，亲切地叫他"马老师"。首任农村高完中校长时的种种改革举措和故事，依然被许多教师和家长津津乐道。订阅教育报纸杂志、阅读教育书籍的习惯，他如今还保持着……

理解、信任与关爱，是教育最大的力量源泉。记得他在十八中当校长时，发现学校的学生虽然学习很努力、很用心，但对父母和教师似乎缺少感恩之情。这很大程度上是错位的学校教育造成的：学校和教师更关注学生的学习成绩，关注升学率，一味地将学生当成考试机器。为了扭转这种局面，为了让师生认识到成才更要成人的重要性，他精心策划了"十八中老师当一天十八中学生"的主题活动。这一活动在教师群体中引发了一场心理地震，使得教师开始自觉改进自己的教育教学行为——坚决把时间还给学生，并提出提高学生自主学习能力的"四个留白"：课堂留空白，自习留空白，内容留空白，练习留空白。同时，教师开始转变教育理念，在学生的心灵成长上给予更多的关心和爱护，德育被放在了更加重要的位置。此种遵循教育教学规律的改革与管理创新，使得学校育人质量大大提高。令人欣慰的是，高考成绩不但没有受影响，反而年年攀升，原本二流的学校一下子进入重庆市基础教育第一军团，成为社会认可的优质学校。

2012 年初，马培高再次承担重任，担任了江北区教委主任，成为江北教育的领军人，并入选重庆市首批"未来教育家"培养对象，成为这个高级研修班的班长。培养伊始，培养工程项目负责人要求每位学员提炼自己的教育教学思想，这促使他开始对二十多年的教育工作经历进行系统的总结和反思。

经过与领导班子成员的不断沟通、交流，"首善教育"这一理念逐渐变得清晰起来，成为班子的共识，并进入了江北教育人的视野。之所以提出这一理念，在马培高看来，不是为了理念而理念，更不是灵机一动，而是江北教育的现实要求与价值选择，是水到渠成、瓜熟蒂落的自然结果。

马培高认为，"首善教育"之善，就是立教育公平之大义，循社会需求之导向，以求真务实之态度，真心实意办好人民满意的教育。首善教育理念得到了江北区委、区政府的认可和大力支持。为把首善教育落到实处，江北区委、区政府加大了对教育的投入，教育财政性投入逐年攀升：从 2005—2009 年总投入 27.9 亿元，增加到 2010—2014 年的 71.1 亿元！

马培高坚信，"首善教育"之善，还体现为行兼爱天下之大道，从唯才是举之准则，以敬贤礼士之风度，千心百计培养博学善教的教师。江北区在全市率先实行教师继续教育经费达教职工工资总额的 4% 这一措施；自 2010 年开始，江北区每年投入人才队伍建设专项经费 500 万元，推进干部教师队伍建设，使教师队伍质量得到了显著提升。

马培高说，"首善教育"之最大的善，莫过于凝自然天性之大美，顺因材施教之法则，以诲人不倦之气度，倾心倾力培育明德尚美的学生，为每一个孩子提供高质量的学习生活。例如，在行知小学和喜乐溪小学，80% 的学生都来自农民工家庭，但人人都是"演奏家"，民乐已经进入课程体系长达十年。正是这些在城市化进程中由村小组合而成的新学校，让艺术教育真真正正地走到了每个孩子身边，让公共财政的阳光温暖着每个正在拔节的年轻生命，让每个孩子都能幸福快乐地成长。这种朴素的表达，彰显的正是政府真办教育的公平与大义。

当下社会工具理性过度发达、商品经济过于泛滥，人的思想受到不同程度的冲击。在这种时代背景下，有必要从培养什么样的人这一角度重新认识、思考教育。首善教育理念，无论是对于遵循培育心灵的育人规律、坚守完善人格的教育常识，还是对于学校教育回归教书育人的本源、培养德智体美劳全面发展的一代人，抑或对于匡正时风、重塑精神之魂，营造良好的社会文化氛围，都具有重要意义。而且，首善教育提出的以善为先，绝非培育西方那种建立在自由个人主义基础之上的人，而是培育超越个人、在与人相处共生中体现其自身价值的"社群人"，强调教育应有的"明德、新民、止于至善"的使命与追求。

### "三首""三善""三维"：首善教育的理论基础与实践路径

教育最本质的任务是立德树人，如孔子所言的要引导学子"志于道，据于德，依于仁，游于艺"。在《国家教育改革与发展中长期规划纲要（2011—2020 年）》中，也进一步把"坚持德育为先"与"坚持能力为重""坚持全面发展"作为我国教育改革与发展的战略主题。实际上，首善教育就是从地区乃至国家发展的高度出发所提出的，它不仅内在地蕴含着重庆江北区的教育追求和梦想，同时也蕴含着中华民族长期以来所积淀的教育智慧和力量。

"教育的原则，是通过现存世界的全部文化，导向人的灵魂觉醒之本源和根基，而不是导向原初派生出来的东西和平庸的知识。"德国教育家雅斯贝尔斯说过，教育应帮助个人自由地成为他自己。首善教育的目的与之相契合，就是成就一个"全人"，而不是培养只具有某一方面知识、能力的人。

马培高及其班子成员也深深认识到，教育不能局限于当前流行的"生存的教育"层面，而要走向人的自我价值和意义重建的"存在的教育"层面。首善教育首先要让学生成为一个具有真善美品质的人。这个真善美目标的达成，是分多个层次、多个侧面的，一方面是"以爱育爱"，培养学生与人为善、善待他人、善待环境的品质，用爱的教育促进社会和谐；另一方面是从学生、学校、区域的层面打造最好的教育，用最好的教育来感化、培养、发展学生，促进学生成长成才。这些层次和侧面构成了首善教育的整体。

为了使首善教育在实践中落地生根，江北区构建了由"三首""三善"与"三维路径"组成的首善教育体系，创生了"学生、学校和区域"的实践路径。"三首"，即三个以"首"开始的关键词：首先、首要和首创。所谓首先，即"立德为先"，也就是把道德的建设作为首善教育的先行之旨；所谓首要，即"树人为要"，也就是把个人核心素养的培育作为首善教育的重中之重；所谓首创，即"创新为魂"，也就是把超越自我、不断创新的精神作为首善教育的核心追求。

"三善"，即三个以"善"开始的关键词：善心、善学、善治。所谓善心，即"育人以心"，把育人的事业做到每个孩子的心上，心善则一切善，心能则一切能，此为首善教育的育人之根；所谓善学，即"达人以学"，会学则能学会一切，善学则能学得一切善，如此方能成人，此为首善教育的育人之要；所谓"善治"，即"群人以文"，以文化凝聚社会，以文明和谐社会，此为首善教育的育人之本。

所谓"三维路径"，是指对于学生、学校和区域而言，实现首善教育的三条路径："基础教育＋个性特长""质量＋特色""公平＋优质"。"基础教育＋个性特长"是就学生成长而言，前者强调学生要有正确的价值追求、足够的基础知识和良好的基本能力，后者是指每个学生都要成为他自己；"质量＋特色"是就学校发展而言，前者强调学校教育应有一定的质量，确保学校获得有效的基础教育，后者则强调学校教育要办出自己的特色，让学生在学校获得充分的发展；"公平＋优质"是就区域教育而言，首先保证区域内每个公民平等的受教育的权利，而后追求快速发展、优质发展。

首善教育的"三首""三善"和"三维路径"，勾勒了首善教育的思想体系，既有思想追求，又有实践路径。首善教育的理想图景就是：每所学校都精彩，每位教师都发展，每个孩子都成功，区域教育高位均衡发展。

教育人的努力已经初见成效——

港城小学一根根律动的跳绳，舞动出矫捷的身姿，学生段中飞成为中国首个世界跳绳大师；

玉带山小学一幅幅精美的版画，描绘出绚丽的画卷，在巴黎、伦敦展览中完美呈现；

鲤鱼池小学一篇篇遒劲的书法，挥洒出广阔的心胸，远赴德国、英国交流，弘扬国粹，书尽风华；

望江小学一件件就地取材、随手捏制的泥塑作品，活灵活现，在马来西亚和莫斯科少儿艺术作品比赛中斩获特等奖；

米亭子小学的校园足球，小队员们娴熟的技巧，过人的本领，敢打敢拼的精神，代表重庆冲向了全国的赛场；

雨花小学的孩子似水中蛟龙，似林间飞蝶，多样的泳姿划出道道优美的水波，游出全国冠军；

华新小学、203 中学学生似天赋神禀，似高人点化，灵动的机器人在赛台上跳跃，一举夺得全国机器人创新设计与挑战赛头魁；

女子职业高级中学的孩子们，似惊鸿起舞，似游龙在手，灵巧的双手，翻飞拨弄出精致的发型，摘得全国中职技能大赛桂冠。

重庆十八中学，上清华北大等顶尖大学的人数，连续八年居于重庆市区县中学的首位。

……

为了实现江北教育均衡化、优质化、现代化的发展目标，江北区教委提出"围绕一个目标，贯穿一条主线、深化五项改革、实施九大策略"的工作思路：一个目标即实现教育现代化；一条主线即改革创新；五项改革即深化课程改革、深化义务教育优质均衡发展机制改革、深化现代教育管理体制改革、深化人才培养模式改革、深化认识分配制度改革；九大策略即学校标准化建设策略、课程改革攻坚策略、教育质量提升策略、教育特色发展策略、现代学校制度建设策略、人才强教策略、教育开放合作策略、数字化教育策略、学习型城区建设策略。

马培高认为，队伍建设是九大策略的奠基工程，因为人是教育系统变革中最大的变量。从 2013 年起，江北区成为重庆市教委命名的首批教师教育创新实验区。江北区政府与北京师范大学联手打造，双方在为期三年的项目合作中，将开展以培养具有国际视野的名师与未来教育家为目的的"名师工作坊"，促进共同体内全体教师发展和质量提升的"以校为本的教师研修集群"和打造后备人才队伍的"卓越教师培养创新实践基地"等项目的合作，建设北京师范大学教师教育研究中心重庆分中心。为首善教育的理论研究与实践探索，提供坚实的智力支撑与优质的资源平台。

### "各美其美""美美与共"：首善教育思想孕育新生机与新活力

曾几何时，位于江北区大兴村的钢锋小学，只是一所不知名的厂办子弟校。校园场地狭窄，只有几亩，办学条件较落后，师资素质不高，教学质量也不高，是老百姓眼中名副其实的薄弱校。

但短短几年间，在首善教育的引领和支持下，钢锋小学把剪纸艺术带入课堂，构建剪纸校本课程体系，开发学生创作潜能，实现了特色发展。慢慢地，学生变了，教师变了，学校变了。一批批剪纸艺术幼苗茁壮成长，一幅幅优秀作品脱颖而出，多批次学生的剪纸作品在各级艺术大赛中频频获奖。师生变得更自信了，学校变得更有底气了。提起钢锋小学，老百姓竖起了大拇指。

2012 年至今，江北区首善教育的实践路径变得愈发清晰，内涵越来越丰富，信念也越来越坚定。江北教育人已经意识到，一个区域的教育路径选择与价值立场，必须站在区域发展与现代化治理的高度，必须真正契合教育规律与时代发展的需求。

江北区教育人用特色教育、优质教育和开放教育来实现"完善的、理想的人的塑造"，凸显了教育的公益与公平，也推动了学校教育的发展和学校共同体的建设。学校变革是首善教育改革的落脚点，除了让每所学校具有一项或多项特色，首善教育倡导学校之间彼此关照、互相合作、共同成长。无论是紧密型的发展共同体，还是松散型的教育联盟，都使得区域内学校达到了各美其美、美美与共的境界。学校变革的这种集群发展战略，始终是以"止于至善"为境界追求，不断追寻"良善"的道德责任担当，从而实现教育的集群化发展，达到共生成长、优质均衡之目的。

例如，首善教育鼓励名校与新建学校、薄弱学校携手，最大限度地实现专家资源、教师资源和教学资源的共享，达到资源配置效果的最大化，这也有效推进了联盟学校的教研共同体建设，培养了各校的教学骨干，提高了联盟学校的教学质量。这种发展策略和名校与薄弱校捆绑式发展的模式，谋求教育集群内部核心校与成员校之间的协同实践、协同改善，做到了以城带乡、资源共享、互动合作、共谋发展。

2015 年年初，在首善教育的引领下，江北区推动全面深化课程改革，在区域规划、学科变革、学校行动三个层面，对全区的课程改革工作从行政保障到专业支持，提供了一系列的支持措施，以求趋近首善教育所倡导的善心、善学和善治，即用"善心"指引学校课改的文化立场，用"善治"选择学校课改的基础目标，用"善学"沉淀学校课改的个性目标。

"现代化教育首善之区的首善教育，就是学校软硬件优质发展高位均衡的教育，首善教育就是要理直气壮地彰显教育的公益属性与道德本质。"首善教育孜孜以求的正是建设一流的教育发展环境、打造特色鲜明的优质学校、培育善教爱生的师资、培养卓尔不群的人才。所志者大，所据者实，江北教育事业正发生着日新月异的变化。有统计数据显示，2009 年江北区获得硕士和博士学位的教师仅有 32 人，其中一线学校不足 20 人。而目前全区已毕业及在读的硕士、博士学位教师有 465 人，占专任教师的比例已由 2011 年的 1.1％提升到 13％左右，位居重庆市第一。"十二五"

期间，全区成功创建市级体育艺术特色学校八所，市级特色学校占比和绝对数量居全市 40 个区县的前列。

在许多教育场合，马培高不止一次地表示，首善教育既关注个人层面的"善"，也注重引导区域层面的"善"，同时借助优秀师生、特色学校的构建，带动区域教育乃至区域经济的发展。近些年，首善教育的深度、广度、气度逐步扩展，区域教育的高度、厚度与活泼度逐步彰显，围绕首善教育形成的价值共识更为坚定，推动区域教育始终保持协调进步、务实高效的一种发展态势，优质均衡教育强区、开放教育特区、特色教育名区的建设成效显著。

未来，萌芽于阳光普照的温暖中，散落在教育人执着跋涉的征途上，闪现在孩子们清澈明亮的双眸里。也许，在不久的将来，江北教育会迎来凤凰涅槃一般的重生，江北教育人的首善梦，将落地生根、繁花似锦且生生不息。

（此文刊登于《中国教育报》2015 年第 8 版）

# 八、马培高　智者的力量

邹　红

2003 年金秋，当马培高第一次在三百多位十八中教职工面前亮相的时候，他惊奇地看见竟然有那么多双亮晶晶的眼睛，直愣愣地看着他，确切地说是"观察着"他。在十八中发展停滞低迷、频繁更换校长的时候，教师们终于迎来了上面请来的"外来的和尚"。"外来的和尚"会念经？那些眼睛中，有质疑，有期盼，也有鼓励。

力量，因突破而彰显"核变效应"

真正走进十八中，马培高才感受到这所学校所面临的困境，才感受到自己身上所肩负的重任。由于历史、机制等原因，学校教育教学质量始终徘徊不前，教职工人心浮动，不思进取。而其他兄弟学校异军突起，发展态势如火如荼。十八中所在地江北观音桥商圈社会经济发展势头强劲，江北区老百姓呼吁十八中贡献出优质品牌教育。

那段时间，他觉睡不好，饭吃不香。每天早上，他第一个来到校门口，问候第一位师生；每天晚上，很晚，他都还在教室里、办公室里。他的心，全部用在了十八中的突围之路上。

可是，突围之路的空间在何方？

2004年春，经过周密思考和反复论证，马培高提出了人事制度改革的设想。他认为，十八中要实现第二次创业成功，要在激烈的竞争中走好内涵发展道路，就必须走好深化人事制度改革这步棋，这步棋走好了，就能在很大程度上激活十八中这整盘棋。

可是改革初期，有人认为是"作秀"，有人质疑"连北大、清华的教师聘任制度改革也改得不痛不痒，我倒要看看你们是真改还是假改"，有人好言劝阻，也有人预言："到时候大家哭的哭，闹的闹，拿刀子冲进办公室，看你们怎么办？"

为此，他和他的班子拿出"壮士断腕"的胆识和"破釜沉舟"的气魄，果敢坚决地指出："学校要生存，要发展，不改革不行。"

事实证明，"一棋活，则全盘活"。马培高以人事聘任和分配制度为主的人事制度改革，一下子统领和激活了学校的全面工作，学校面貌焕然一新，教职工精神昂扬振奋，教育教学质量明显提升，社会形象大为改观。

力量，因智慧而焕发耀眼光彩

马培高提出了十八中的办学理念——为成就每一位学生的未来服务，开创性地提出了十八中的育人目标——培养与科学对话的创新型人才，与世界沟通的开放型人才，诗意般地勾画出十八中的发展蓝图——创建重庆领先、西部知名、全国有影响的具有世界眼光的开放的现代化学校。

五年来，他坚持以人为本，坚持让每名教师都能绽放生命的光彩。他加大教师培训力度，派大量教师赴教育发达地区学习考察；他搭建成长平台，缩短青年教师成才周期；他为教职工的利益鼓与呼，极大改善了教职工的办公、生活条件。在短短的几年里，学校培养了两位国务院政府津贴获得者，4名特级教师，1名全国园丁教师，2名研究员，15名重庆市骨干教师。有57人次被评选为江北区骨干教师、学科带头人、教育导师。

他坚持素质教育，坚持让每个学生的个性都焕发光彩。他狠抓管理，注重细节，创造了十八中历史上一个又一个辉煌：2005年一人夺得重庆市中考状元；2006年1人夺得重庆市高考理科状元，1人获重庆市语文学科高考单科状元，3人被清华大学录取；2007年，4人被清华、北大录取。2008年高考，十八中再次显示了强劲的发展势头：1 人考出全市理科第五名的好成绩，1 人分获重庆市英语、语文单科第一名，1 人获重庆市文综总分第一名，4 人上清华大学、北京大学，1 人上香港中文大学。

　　仁立在十八中葱茏的校园，看着悠悠远去的两江水，又有一些新的理念在马培高的脑海中孕育、生长、成熟，良知、勤奋与智慧碰撞而出的思想光芒注定绚烂、注定永恒。

　　　　　　　　　　　　　　（此文刊登于《今日教育》2008 年第 9 期）

# 附　录
## 个人著述及研究课题

# 一、论　文

[1]　《西部城市地区普惠性幼儿园发展状况调研报告——以重庆市江北区为例》，载《教育导刊》，2015年第9期。

[2]　《首善教育：理论探索与区域实践》，载《未来教育家》，2015年第9期。

[3]　《首善教育的选择与实践》，载《未来教育家》，2013年第12期。

[4]　《顺应两江新区发展需要争办一流优质示范高中——重庆第十八中拟将学校办成重庆市两江新区最优品质现代化学校的构想》，载《科学咨询（教育科研）》，2012年第1期。

[5]　《沉心静气超越自我同舟共济谋定胜局》，载《科学咨询（教育科研）》，2011年第9期。

[6]　《面向每一位学生的全面发展——谈"教师第一学生第二"管理理念》，载《科学咨询（教育科研）》，2009年第1期。

[7]　《传承优秀传统文化构建和谐校园》，载《师资建设》，2008年第1期。

[8]　《锐意改革狠抓特色跨越发展》，载《科学咨询（教育科研）》，2008年第1期。

[9]　《避免对教师的漠视和伤害》，载《师资建设》，2008年第3期。

[10]　《关注教师心理健康》，载《师资建设》，2008年第3期。

[11]　《让优质教育的旗帜高高飘扬》，载《师资建设》，2008年第4期。

[12]　《教师第一，学生第二》，载《北京教育》，2008年第10期。

[13]　《探索校本"特色研修"，促进教师专业发展》，载《师资建设》，2007年第6期。

[14]　《浅谈状元学校的教学与管理》，载《科学咨询》，2006年第9期。

[15]　《关注学生人格发展，创建心理健康教育学校特色》，载《科学咨询（教育科研）》，2006年第11期。

[16]　《"以校为本"促进教师专业发展》，载《教学咨询（教育科研）》，2005年第12期。

[17]　《对中学校园文化建设的思考》，载《科学咨询（教育科研）》，2005年第10期。

[18]　《为成就每一位教师的未来服务——浅谈我的治校方略》，载《科学咨询（教育科研）》，2005年第8期。

[19]　《对校园文化建设的思考》，载《科学咨询（教育科研）》，2005 年第 19 期。

[20]　《为成就每一位学生的未来服务》，载《科学咨询（教育科研）》，2005 年第 20 期。

[21]　《锐意改革创辉煌与时俱进谱华章——重庆市十八中学人事制度改革纪实》，载《科学咨询（教育科研）》，2004 年第 8 期。

[22]　《加强村小建设和管理的对策与思考》，载《科学咨询（教育科研）》，2002 年第 10 期。

# 二、著　作

[1]　《高中思想政治易错、易混、疑难问题解析》，重庆：重庆出版社，2004。

[2]　《探索梦想——中学人事制度改革与示范高中创建》，重庆：重庆出版社，2008。

# 三、科研课题

[1]　2002 年，国家级课题"充分发挥艺术学科育德功能的研究"，主持人。

[2]　2005 年，全国教育科学"十五"课题"运用优秀电影对学生进行爱国主义思想品德教育研究"，主持人。

[3]　2007 年，重庆市重点课题"中学人事制度改革策略研究"，主持人。

[4]　2007 年，教育部课题"青年教师有效教学策略研究"，主持人。

[5]　2012 年，国家级规划课题"普惠性幼儿园建设中的问题与对策研究"，主持人。

[6]　2013 年，重庆市重点课题"区域推进学校文化建设促进教育内涵式发展的实践与研究"，主持人。

[7]　2015 年，重庆市重点课题"区域推进'首善教育'的探索与实践研究"，主持人。

# 参考文献

## 一、著作类

[1] 辜伟节．特色学校与校长个性．南京：南京师范大学出版社，2004．

[2] 李景林．教化的哲学——儒家思想的一种新诠释．哈尔滨：黑龙江人民出版社，2006．

[3] 梁漱溟．人生的三路向．北京：当代中国出版社，2010．

[4] 梁漱溟．中国文化要义．上海：上海人民出版社，2011．

[5] 石中英．教育哲学导论．北京：北京师范大学出版社，2002．

[6] 杨小微．全球化进程中的学校变革——一种方法论视角．上海：华东师范大学出版社，2004．

[7] 尹后庆．见证变革——站在上海基础教育转折点上．上海：上海教育出版社，2013．

[8] 中共编译局．马克思恩格斯选集（第1卷）．北京：人民出版社，1972．

[9] 杜威．民主主义与教育．王承绪，译．北京：人民教育出版社，2001．

[10] 雅斯贝尔斯．什么是教育．邹进，译．北京：生活·读书·新知三联书店，1991．

[11] 迈克尔·J. 桑德尔．自由主义与正义的局限．万俊人，等，译．南京：译林出版社，2001．

[12] 约翰·H. 霍兰．隐秩序．周晓牧，韩晖，译．上海：上海科技教育出版社，2000．

[13] 约翰·罗尔斯．正义论．何怀宏，等，译．北京：中国社会科学出版社，2001．

[14] 佐藤学．学习的快乐——走向对话．钟启泉，译．北京：教育科学出版社．2004．

## 二、期刊类

[1] 本刊特稿．重庆市江北区——以首善教育为抓手 改革创新求发展．科学咨询（教育科研），2013(9)．

[2]　范国睿. 从时代需求到战略抉择：社会转型期的学校变革. 教育发展研究，2006(1).

[3]　范敏. 学校变革机制：构成要素、结构特点与建设思路. 教育科学研究，2012(1).

[4]　高莉，褚宏启，王佳. 卓越与公平：澳大利亚英才教育的发展. 比较教育研究，2012(12).

[5]　高燕. 新加坡"未来学校"的发展及启示. 外国教育研究，2013(1).

[6]　胡乐乐，史德方. 新加坡：关注不同发展阶段的教师. 上海教育，2008(7).

[7]　黄荣，杨德强. 从艺术特色到首善文化的嬗变. 教育发展研究，2012(8).

[8]　韩晓霞，代建军. 谈学校变革动力机制. 教育理论与实践，2014(11).

[9]　阚阅. 促进教育均衡发展的新举措——英国"追求卓越的城市教育"计划评析. 全球教育展望，2004(9).

[10]　李红杨，余红菊. 彰显"首善"本色 促进内涵发展. 学校党建与思想教育，2011(12).

[11]　李家成. 透析学校变革的复杂性——当代中国学校变革理论建构的起点之一. 教育理论与实践，2006(11).

[12]　鲁洁. 道德教育的根本作为：引导生活的建构. 道德教育研究，2011(2).

[13]　鲁洁. 边缘化、外在化、知识化——道德教育的现代综合症. 教育研究，2005(12).

[14]　鲁洁. 道德教育的期待：人之自我超越. 高等教育研究，2008(9).

[15]　马培高. 首善教育的选择与实践. 未来教育家，2013(12).

[16]　宋兵波，王琦. 论我国基础教育学校变革的核心价值. 中国教育学刊，2014(8).

[17]　孙翠香，王振刚. 学校变革动力：概念、形成基础及系统构建. 教育科学研究，2012(1).

[18]　邵贵平. 中新卓越教育理念的比较研究. 现代教育科学，2015(5).

[19]　沈望舒. 人的现代化与首都城市文化的首善精神. 城市问题，2007(4).

[20]　沈望舒. 从"首善"到"人文"的心路趋向——浅述构建首都文化特质的着眼点. 北京联合大学学报(人文社会科学版)，2009(4).

[21]　王成荣. 践行北京精神建设首善商业. 北京财贸职业学院学报，2012(2).

[22]　王婷. "首善"宣言. 商周刊，2009(3).

[23]　许嘉璐. 首善之区需要首善文化. 北京师范大学学报(人文社会科学版)，2004(1).

[24]　叶澜．教育创新呼呼具体个人意识．中国社会科学，2003(1)．

[25]　叶澜．实现转型：新世纪初中国学校变革的走向．探索与争鸣，2002(7)．

[26]　杨炎轩．学校变革的动力机制探析．教育发展研究，2008(8)．

[27]　朱国仁．从国计到民生：关于我国教育民生的思考．清华大学教育研究，2013(4)．

[28]　郑师渠．"首善"之区与北京文化建设．北京师范大学学报(人文社会科学版)，2004(5)．

[29]　张兆芹．学校变革与发展的理论和策略分析．教育发展研究，2004(11)．

三、其他类

[1]　编辑部．建设教育强区 打造首善教育——河西区高标准完成 2013 年教育目标．天津日报，2014-02-26(006)．

[2]　成尚荣．以立德树人统领教学改革．中国教育报，2015-01-14(006)．

[3]　戴木才．筑牢天津"首善之区"的灵魂工程．天津日报，2014-10-27(013)．

[4]　史瑞杰．河西首善之区建设：价值维度与动力机制．天津日报，2014-10-27(013)．

[5]　张超，邵春琦．为实现首善教育提供保障．天津教育报，2013-12-11(001)．

[6]　曾卫康，穗宣．建首善之区先要培育首善之人．广州日报，2008-06-05(002)．

[7]　新华每日电讯．习近平就建设首善之区提 5 点要求，2014-02-27(001)．

四、外文资料

[1]　Thomas B. Timar and David L. Kirp. *Managing Educational Excellence*. New York：The Falmer Press，1988.

[2]　Gardner J. W. *The ldea of Excellence*. New York：Harper & Row，1961.

[3]　Ng. P. T. *Educational Reform in Singapore：From Quantity to Quality*. *Education Research for Policy and Practice*，2008(7).

[4]　*A Curriculum for Excellence：the Curriculum Review Group*(2004). http://www. scotland. gov. uk/ library5/education/cerv-oo. asp，2005-07-30.

[5]　*HAS Commentary on "A Curriculum for Excellence"* http://www. has-scotland. co. uk /Press Releases. htm，2005-07-30.

# 后 记

　　这本小书终于写完了。心里觉得很欣慰，也觉得沉甸甸的。

　　区域经济社会的快速发展催动着区域教育命题的深刻变革。各级领导心系教育，用责任和关爱、用心、用情促进了江北教育创新、均衡、优质、健康、和谐发展，推动了全区教育事业取得了引人瞩目的成绩。回首过去，展望未来，江北教育人坚持站在时代的前沿，着眼于教育的本质，遵循教育的规律，把使命扛在肩上，用未曾停止过的区域教育改革步伐，以一往无前的勇气，思考、谋划和丈量着江北教育的明天。经过这些年的不懈探索与创新实践，我们逐渐认识到，教育的本真在首善，江北教育的价值取向和未来追求是"首善教育"。"首善教育"成为江北教育发展的核心理念，成为解决区域教育问题的基本思路。这本小书是江北教育改革集体智慧的结晶，是江北教育人锐意革新的集中写照。

　　近几年，我也有幸参加重庆市教委组织的"未来教育家"培训。通过培训，我聆听到了教育大师的亲自教诲，与教育同行进行了深入交流，对教育有了一些新的理解。这本小书提出"首善教育"，则是希望教育更好地发挥其社会功能，让教育的公益属性和道德属性更加突出，用优质、均衡的基础教育，助推区域社会经济文化的和谐优质发展，使"善"的教育成就教育的"善"。

　　这本小书能够完成，必须感谢我的领导、同事和朋友们！感谢江北区委、区政府对教育工作的关怀和重视，感谢重庆市教委对江北教育的厚爱和支持，感谢各位教育专家、学者在百忙之中对我和这本小书给予的悉心指导，感谢过去和现在同我一起工作的同事、朋友的理解和关照，特别要感谢江北区教委的同事以及全区所有学校的领导，是他们的支持、协作和辛勤劳动，推动了"首善教育"，创造了丰富的实践经验。

掩卷沉思——书是出来了，但教育改革之路没有尽头！"首善教育"也只是教育改革浪潮中的一朵小小浪花。我们教育人永远在路上！

书中不足之处，敬请批评指正。

马培高